CORRESPONDANCE
D'ORIENT

1830-1831

PAR M. MICHAUD,

DE L'ACADÉMIE FRANÇAISE,

ET M. POUJOULAT.

I

PARIS.

DUCOLLET, LIBRAIRE-ÉDITEUR,

QUAI DES AUGUSTINS, 15.

1833

CORRESPONDANCE
D'ORIENT
1830-1831.

IMPRIMERIE DE DUCESSOIS,
QUAI DES AUGUSTINS, 55.

J'avais le projet de publier une relation complète de mon voyage en Orient; mais l'état de ma santé, et des circonstances malheureuses ne m'ont pas permis d'entreprendre un si grand travail; je me suis contenté de rassembler toutes les lettres que j'avais écrites à mes amis; je les ai revues avec beaucoup de soin, et c'est le recueil de ces lettres que je donne au public. Comme je ne suis ni géographe, ni antiquaire, ni naturaliste, ni érudit, une correspondance familière conviendra peut-être mieux à mes faibles connaissances, qu'un ouvrage grave et méthodique. Peut-être aussi que le style épistolaire qui peut prendre tous les tons, répondra mieux à la grande variété des objets que j'ai eus sous les yeux; sans rien négliger de ce qui peut faire connaître les pays que j'ai traversés, je me suis attaché surtout à rendre les impressions que j'éprouvais chaque jour, à exprimer tour à tour les admirations, les surprises, que m'a donnés le spectacle si varié de l'Orient; mes observations, mes descriptions avec tous leurs détails, auront au moins le mérite d'avoir été faites sur les lieux, en présence des peuples dont je parle, à l'aspect des contrées que j'ai parcourues. Ainsi j'espère que cette correspondance familière représentera mieux à mes lecteurs ce que j'ai vu, ce que j'ai senti, que ne pourrait le faire un ouvrage plus sérieux et plus savant.

Je donne dans ce premier volume les lettres que j'ai écrites depuis mon départ de Toulon, jusqu'à mon arrivée sur l'emplacement de l'ancienne Troie. Le second volume sera composé des lettres écrites des rives de l'Hellespont et de Constantinople. Le troisième renfermera ma correspondance sur la route de Constantinople à Jérusalem. Dans le quatrième, le cinquième et le sixième, seront les lettres écrites de la Palestine, de la Syrie et de l'Égypte.

Si j'avais fait ce qu'on appelle un ouvrage, je l'aurais dédié à l'ancien ministre qui m'a donné d'utiles encouragemens; il m'eût été doux d'adresser une flatterie au malheur et de parler de ma reconnaissance à travers les grilles d'une prison. Je désire toutefois que M. le prince de Polignac trouve ici l'expression des sentimens qui m'attachent à lui et qu'aucune révolution ne saurait affaiblir; je m'estimerais heureux si j'avais pu lui apporter des contrées lointaines d'Orient, je ne dis pas une joie, mais une distraction, et la meilleure fortune que je puisse souhaiter pour mon livre et pour moi serait d'occuper pendant quelques heures les studieux loisirs de sa captivité.

MICHAUD.

CORRESPONDANCE
D'ORIENT
1830-1831.

LETTRE PREMIÈRE.

À bord du *Loiret*, 27 mai.

DÉPART DE TOULON.

Nous voilà en pleine mer, embarqués sur le brick de guerre *le Loiret*. Nous sommes sortis hier matin à midi de la rade de Toulon. Dans les journées du 24 et du 25, l'expédition d'Alger avait mis à la voile; soixante bâtimens de guerre, plus de douze cents bâtimens de transport, couvraient la mer dans une étendue de plusieurs lieues; une immense population était assemblée sur la côte pour assister à ce spectacle. La scène avait bien changé quand nous sommes partis : dans la rade, sur la mer, au haut des collines du voisinage, ce n'était plus que le silence et la solitude. Les îles d'Hières sont la dernière terre de France qui ait frappé nos regards; je me suis ressouvenu que saint Louis avait abordé dans ces îles en revenant de sa captivité d'Égypte. Je n'étais pas fâché de commencer par là mon voyage en Orient; et le souvenir du saint roi a été pour moi comme une de ces apparitions qui encourageaient autrefois les pélerins partant pour la Palestine.

Les îles d'Hières avaient disparu, le soleil avait quitté l'horizon; nous n'avions plus que le spectacle de la mer et des étoiles du ciel. Nos pensées se sont portées naturellement vers le pays que nous venions de quitter. Je ne sais quels noirs pressentimens se sont emparés de mon esprit, et le souvenir de toutes les fêtes que je venais de voir à Toulon, ne pouvait m'en distraire. Ce n'est pas la première fois que le malheur aurait choisi un jour de fête pour frapper à la porte des rois et pour mettre tout un royaume en deuil. S'il est vrai que nous ayons toujours une espérance dans les temps de calamités, nous avons toujours aussi une crainte pour les jours heureux. Pendant mon séjour à Toulon, je voyais le général Bourmont presque tous les jours; nous nous étions connus autrefois dans la prison du Temple, dans cette prison où chaque pierre prophétisait des malheurs. Depuis cette époque, toutes les vicissitudes de la fortune avaient rempli notre vie; et, par une singulière destinée, voilà que nous nous trouvions chacun à la tête d'une croisade; M. de Bourmont commandant une belle armée, et préparant une expédition dans laquelle avait échoué le génie de Charles-Quint; moi, achevant ma carrière d'historien par une expédition plus modeste, et partant avec le bourdon et la panetière pour rechercher les traces des croisés dont j'avais raconté les exploits. Notre position présente ne nous aveuglait ni l'un ni l'autre, et l'avenir se présentait souvent à nous à travers nos vieux souvenirs du Temple. Le général Bourmont était occupé des préparatifs de sa grande croisade, et ne pouvait guères avoir d'autres pensées. Pour moi, qui n'avais pas tant de préparatifs à faire, j'avais tout le temps de rêver à la fragilité des choses humaines. Je me rappelle que j'allai faire une dernière visite à M. de Bourmont à bord de *la Provence*. Lorsque je prenais congé de lui, il m'invita à dîner, pour le premier lundi de juillet, dans le palais du dey d'Alger. Cette invitation, qui était de si bon augure pour le succès de nos armées, ne pouvait manquer de me sourire; mais la destinée n'a pas voulu que je prisse le chemin de la *Casauba*. Nous voilà séparés aujourd'hui par la mer, par les vents, demain peut-être par les orages de la politique, qui peuvent changer notre croisade en exil...

J'ai connu un temps où la gloire consolait de tout; maintenant elle ne console plus de rien. Je ne sais quelle tristesse nous suit jusque sur les chemins de la victoire, et tout ce que la nature et la douleur ont mis de mélancolie au fond de notre âme, nous paraît un avertissement, et prend à nos yeux le caractère d'une prophétie [1].

Toutefois, je veux écarter de moi ces images sinistres ; car j'ai besoin de tout mon courage pour achever mon entreprise. Je reviens donc à mon itinéraire. Nous allons maintenant à Navarin ; si nous en avons le temps, nous visiterons une partie de la Grèce ; nous nous rendrons ensuite à Smyrne et à Constantinople, d'où nous partirons pour Jérusalem. Je ne désespère pas de voir les côtes de la Syrie, et de suivre saint Louis sur les bords du Nil. Je sais que le projet de ce voyage lointain a étonné plusieurs de mes amis ; et je vous avoue qu'il est des momens où je partage leur surprise. Après avoir travaillé vingt ans à terminer l'*Histoire des Croisades*, le repos semblait mieux me convenir qu'un long pèlerinage. Je me compare quelquefois au ver qui file la soie et qui sort du tissu qu'il a péniblement formé, pour prendre son essor et fendre l'air avec ses ailes. Le ver industrieux trouve ordinairement le trépas où la gloire semblait l'attendre : il peut fort bien m'en arriver autant ; mais j'aurai du moins

---

[1] Plusieurs fragmens de cette correspondance ont été imprimés dans les journaux, à l'époque où j'ai écrit mes lettres ; on peut y voir les mêmes pressentimens.

ouvert une carrière que d'autres pourront remplir mieux que moi.

Dans l'antiquité, Thucydide, Polybe et plusieurs graves historiens, ont visité de même les lieux dont ils ont fait mention, et qui ont été le théâtre des événemens qu'ils ont racontés. On ne contestera pas l'utilité de mon voyage; mais on me dira peut-être qu'il eût fallu commencer par-là. J'ai déjà décrit les lieux que je vais voir : il eût été plus convenable de les voir avant de les décrire. Je voyage aujourd'hui pour corriger mes fautes ; il eût été plus sage de voyager d'abord pour les éviter. Je répondrai qu'il est toujours temps de se corriger; je n'ai point d'ailleurs décrit tous les lieux dont j'ai parlé. J'ajouterai que, pour parcourir avec fruit le vaste théâtre des guerres saintes, je devais m'y préparer d'avance par de longs travaux. Pour faire d'utiles découvertes, il fallait savoir d'abord tout ce que j'allais chercher; il fallait connaître toutes les difficultés avant de les résoudre. L'étude des chroniques a pu m'apprendre ce qui manquait à l'histoire des temps reculés ; je sais maintenant tout ce que la géographie peut ajouter aux narrations contemporaines, et tout ce qui a besoin d'être éclairci par l'aspect et la description exacte des localités.

Au reste, je ne me bornerai point, dans mes lettres, au simple itinéraire des croisés. La seule géographie des guerres saintes n'aurait pas pour vous l'intérêt qu'elle a pour moi. Tout ce qui aura excité mon attention ou ma curiosité, deviendra le sujet de ma correspondance. Je me rappelle qu'au temps des guerres d'Orient, les papes avaient soin de recommander aux croisés *d'aller à Jérusalem sans regarder à droite et à gauche.* Cet avertissement ne les empêchait pas de s'arrêter tantôt à Constantinople, tantôt à Antioche, ou en Égypte. Je ferai comme les croisés, non que je veuille planter quelque part mon drapeau et me faire une baronnie dans de lointaines régions, mais seulement parce que je veux étendre le cercle de mes connaissances et avoir beaucoup de choses à raconter à mes amis. Mes infirmités, une santé usée par le temps et le travail, trahiront quelquefois mes efforts ; mais je prierai alors mon jeune compagnon de prendre la plume. Il a travaillé avec moi à l'analyse des vieilles chroniques ; il connaît les croisades aussi bien que moi ; il verra des lieux que je ne pourrai pas voir ; et, pour que tout notre voyage vous soit connu, je vous enverrai ses lettres avec les miennes. En quittant la France pour si long-temps, ce qui me console et me charme tout à la fois, c'est d'avoir laissé à Paris un ami à qui je puisse dire tout ce que j'aurai vu, tout ce que j'aurai senti, et d'emmener avec moi un autre ami non moins cher, qui partagera mes fatigues, me secondera dans mes travaux, et qui pourra me remplacer si je succombe dans mon entreprise. Après le plaisir de faire des découvertes, vient celui de les communiquer aux autres et d'en jouir avec eux. La découverte même d'un monde nouveau, me trouverait indifférent si j'étais seul à le voir, et si je ne savais à qui le montrer.

A bord du *Loiret*, le 27 mai 1830.

LA CORSE, LA SARDAIGNE, STROMBOLI.

Placés entre l'immensité de la mer et l'immensité du ciel, nous n'avions plus d'objet auquel notre attention pût s'arrêter. Point de distraction au milieu de ce spectacle admirable quoique uniforme. Dans cet état, on reste long-temps sur les mêmes pensées, et notre imagination se livrait aux vagues et tristes rêveries de la veille. Toutefois une pensée ou plutôt un sentiment occupait tous ceux qui habitaient le *Loiret*, c'était la flotte partie pour la côte d'Afrique; les vents qui nous portaient avec rapidité vers l'Orient, ne paraissaient pas favorables à la grande expédition; il n'y avait pas à bord un officier ou un matelot qui n'eût donné la moitié de son traitement pour que la navigation de la flotte fût aussi heureuse que la nôtre. Il y a plaisir à voir le patriotisme des Français, surtout lorsqu'il s'agit de la gloire de leurs armes.

Tandis que nos pensées se portaient ainsi vers

les rives africaines, les montagnes d'Ajaccio nous ont montré leurs cimes; bientôt nous avons pu contempler à notre gauche l'île de Corse, et l'île de Sardaigne à notre droite. Le premier besoin qu'éprouve un voyageur à l'aspect d'une côte ou d'une île qu'il voit pour la première fois, c'est de demander à ses souvenirs et même à son imagination, quels événemens s'y sont passés, quels peuples l'ont habité ou l'habitent encore. C'est là le véritable plaisir et quelquefois l'utilité des voyages. L'histoire de la Corse est comme celle de toutes les îles de cette partie de la Méditerranée. Aucune d'elles ne pouvait exister par elle-même, et l'antiquité nous les représente comme la proie des conquérans venus des côtes d'Italie, ou des côtes d'Afrique : ainsi les Étrusques, les Carthaginois, les Romains, furent d'abord les maîtres de la Corse; puis vinrent les invasions des Barbares, partis de tous les coins du globe; je ne vous parlerai point des temps modernes; vous savez comment l'île de Corse était tombée en la possession de Gênes, et comment elle secoua le joug de cette république, pour devenir une des provinces de la France. La réunion de la Corse à un grand royaume paraissait peu importante en elle-même; mais par une de ces combinaisons dont la Providence s'est réservé le secret, cette réunion devait avoir une grande influence sur les destinées de l'Europe et du monde. On ne peut porter ses regards sur Ajaccio, sans se rappeler que c'est de là que sortit cet homme extraordinaire qui, s'appuyant sur sa nouvelle patrie, vint brusquement prendre sa place parmi les conquérans et les rois; singulière destinée de ce génie de nos temps de troubles, de ce géant des tempêtes! une île le vit naître, une île accueillit son premier exil; et comme si la mer eût voulu le disputer à la terre qu'il avait conquise, une autre île fut sa prison et son tombeau. Il n'est resté de lui qu'une gloire immense, que ne peuvent réclamer ni sa famille ni le lieu de son berceau; cette gloire fut, comme lui, l'ouvrage du destin, et, comme les monumens de nos cités, elle appartient à la France, car la France l'a payée de son sang, de ses trésors, et même de sa liberté. Quoique l'homme des destinées n'ait eu pour dernier asile qu'un rocher solitaire, des gens qu'il avait associés à sa fortune, et qui ont été rois de son vivant, rêvent encore à l'empire tombé de ses mains puissantes; un fils, des frères, des cousins, se présentent, dit-on, pour recueillir sa succession, et pour régner après lui; il faut avouer que les prétentions de tout ce monde-là seraient fort raisonnables si on héritait d'un météore, et si les orages fondaient des dynasties.

Les Romains, qui nous ont fait connaître tous les pays qu'ils ont conquis, n'ont pas négligé la Corse; mais comme cette terre était pour eux un lieu d'exil, ils ont dû en parler avec prévention: Si nous en jugeons par quelques vers de Sénèque, qui avait passé plusieurs années dans cette île, on n'y trouverait que des précipices et des déserts; le premier aspect de l'île a en effet quelque chose de rude et de sauvage qui rappelle d'abord les images du poète exilé. Mais, au rapport des voyageurs qui l'ont parcouru, l'intérieur du pays renferme des vallons fertiles, des terres auxquelles « l'automne ne refuse point ses fruits, ni l'été ses moissons. » La Corse a plusieurs villes où fleurissent le commerce et l'industrie; les arts même y sont cultivés, et l'île pourrait être comparée à plusieurs provinces de France, si les habitans des montagnes n'étaient pas restés barbares. Là, on retrouve encore les passions des âges les plus grossiers, les querelles de la jalousie, les vengeances héréditaires, la fureur du meurtre. Les lois de la métropole n'ont pu discipliner ces peuplades sauvages; de même que le territoire de la Corse se partage entre la culture et le désert, ainsi la population se trouve partagée entre la civilisation et la barbarie. On pourrait croire qu'il y a dans cette île deux peuples et deux pays différens, qu'une partie est réunie à la France, et que l'autre ne l'est pas encore. Dans les villes et dans les campagnes cultivées, la population est française par ses lois, par ses usages et ses manières; partout ailleurs, le nom de la France est à peine prononcé, à peine connu, et les habitans des montagnes ne sont guères plus Français que les aigles qui planent au-dessus de leurs têtes, ou que les bêtes fauves qui peuplent avec eux les forêts de l'île.

En jetant les yeux du côté de la Sardaigne, nous voyons encore un pays montueux comme la Corse; mais les montagnes y sont beaucoup moins élevées. Plusieurs savans ont pensé que ces deux îles, d'abord réunies, ont été séparées l'une de l'autre par quelques grandes secousses; la multitude d'îlots et d'écueils semés près de la côte, ont paru comme les indices du déchirement qui s'est opéré. Nous avions devant nous le village ou le bourg de Longo-Sarde, bâti sur un promontoire : des tours couronnent toutes les hauteurs du voisinage; on en compte cent trente-huit sur les côtes de l'île. Elles furent d'abord bâties pour défendre le pays contre l'invasion des Africains et les surprises des pirates. Elles ne servent plus aujourd'hui qu'à faire observer les lois sanitaires, et la surveillance de leurs gardiens n'a d'autre objet que d'écarter le fléau de la peste. J'ai vu plusieurs voyageurs qui ont parcouru l'intérieur de l'île; tous s'accordent à vanter la variété pittoresque des aspects que présente le pays. Ils ont trouvé, en beaucoup d'endroits, des monumens qui attestent la domination des Romains, ou qui portent l'empreinte des âges primitifs; la partie septentrionale de l'île renferme encore quelques régions, dont les habitans ont la barbarie et le caractère indomptable des montagnards de la Corse.

Plusieurs auteurs anciens ont parlé de la fertilité prodigieuse de l'île, et de l'insalubrité de son climat; on ne dit plus rien aujourd'hui de sa fécondité, et son climat passe encore pour être malsain, au moins dans quelques vallées. Conquise et deux fois ravagée par les Romains, mêlée ensuite dans leurs guerres civiles, livrée enfin sans défense aux attaques des Barbares, la Sardaigne, comme la plupart des peuples, eut également à souffrir de l'élévation de Rome et de sa décadence. Je ne vous rappellerai point ici l'invasion des Vandales, les incursions des Goths et des Lombards. Dans cette série de peuples conquérans et dévastateurs, les plus formidables furent les Sarrasins, parce qu'ils avaient un mobile religieux et que le fanatisme les animait dans leurs conquêtes. La Sardaigne fut pendant près de deux siècles soumise aux Musulmans, ou l'objet de leurs continuelles aggressions. Il fallut opposer à leur fanatisme comme à leur ambition opiniâtre, le mobile puissant du christianisme. Deux républiques chrétiennes, Gênes et Pise, se levèrent en armes à la voix du souverain pontife, et la Sardaigne fut à la fin délivrée du joug des infidèles. La guerre des Pisans et des Génois, qui remonte au commencement du onzième siècle, n'était pas encore une croisade; mais on peut la regarder au moins comme le prélude des guerres saintes. Cette île fut long-temps gouvernée par ses libérateurs : les papes et les empereurs s'en disputèrent quelquefois la souveraineté. Au seizième siècle; elle fut le partage des rois d'Arragon, et dans le siècle dernier elle devint la possession des ducs de Savoie. La Sardaigne donna à ses nouveaux maîtres le titre de rois ; ils lui donnèrent en échange de sages intitutions. En 1792, une flotte et une armée française où se trouvait le jeune Bonaparte, se présentèrent devant ses côtes, mais l'ile fut défendue par la tempête et par le courage de ses habitans. Plus tard, lorsque les révolutions troublaient l'Italie et que la guerre désolait toute l'Europe, la Sardaigne resta dans une paix profonde; et, protégée par la présence de son roi, elle conserva ses mœurs, ses lois et ses libertés [1].

Dans la nuit du 28 au 29, sous un vent toujours propice, nous avons laissé bien loin derrière nous la Sardaigne et la Corse. Le 29, au lever du jour, nous étions déjà à cent lieues de Toulon. Nous voguions sur une mer tranquille, et nous cherchions des yeux les monts voisins de l'embouchure du Tibre, les côtes de Terracine, la cime enflammée du Vésuve, les beaux rivages de Naples, l'île si célèbre par le séjour de Tibère; les rives des Amalfitains qui, les premiers, connurent au moyen-âge les chemins de Jérusalem ; Salerne, dont le vin

---

[1] Pour connaitre la Sardaigne, il faut lire l'excellente histoire de M. Mimaut, ancien consul de Sardaigne, et maintenant consul de France à Alexandrie en Égypte.

fut tant vanté par le poète de Tibur, et le promontoire qui redit encore aux voyageurs la triste aventure de Palinure. Toutes ces terres, si glorieuses, restaient dans un horizon lointain, et nous regrettions de ne pouvoir saluer autrement que par des souvenirs la belle et poétique Italie.

Les seules terres que nous ayons aperçues, ce sont les îles d'Éole ou de Lipari, consacrées par les traditions merveilleuses des poètes. Les auteurs anciens n'en connaissaient que sept; elles sont aujourd'hui au nombre de onze, ce qui prouve qu'elles ont été produites successivement à la suite d'éruptions volcaniques. L'île de Lipari, qui donne son nom à cet archipel, est la plus considérable de toutes; et c'est là que Virgile fait descendre le dieu du feu pour forger les armes d'Énée; c'est là aussi que le poète a placé les Cyclopes *Brontes*, *Stéropes* et *Pyrachmon aux membres nus*, qui, pour travailler aux armes du fils d'Anchise, délaissent les foudres destinées à Jupiter. Les cavernes souterraines de ces îles furent aussi, comme vous savez, la demeure du dieu des vents; et c'est de là que partaient l'*Eurus*, l'*Aquilon* et le terrible *Borée*, qui troublent les mers, et la brise propice qui enfle doucement les voiles. Les anciens expliquaient ainsi les volcans et l'origine des orages : le monde était alors dans l'âge de la poésie ; on entassait partout merveilles sur merveilles. Lorsqu'on voyage pour son instruction, il n'y a pas de doute qu'on doit oublier toutes ces fables et marcher au flambeau de la science; mais si je ne voyageais que pour le bon plaisir de mon imagination, il me semble que j'aurais quelquefois à regretter la poétique ignorance de Virgile et d'Homère.

Au milieu de cet archipel, les voyageurs ne remarquent guères que le Stromboli. Pline a décrit ce volcan qui existait long-temps avant lui, et dont les éruptions n'ont jamais été interrompues jusqu'à nos jours; ces éruptions se font sentir à des intervalles très-rapprochés, avec une régularité qu'on pourrait presque comparer à celle des battemens du pouls et des artères dans le corps humain; les naturalistes vous feront connaître les causes d'un pareil phénomène; pour moi, je m'en tiens à la beauté du spectacle. Quand nous avons aperçu la cime flamboyante du Stromboli, la nuit commençait à tomber; c'était l'heure favorable pour contempler le volcan avec sa couronne de feux. Ce qu'on découvre d'abord, c'est un point lumineux qui se montre de moment en moment, puis c'est une montagne qui s'embrase, et enfin tout l'horizon réfléchit les flammes échappées du cratère. Une grande illumination dans nos cités, l'incendie d'une forêt sur les hauteurs des Alpes, ne vous donneraient qu'une faible idée de ce que nous avons vu. Le calme nous avait retenus en face de cette montagne enflammée; pendant toute la nuit elle n'a pas cessé de gronder, de mugir;

et de lancer dans l'air du soufre, du bitume et des roches brûlantes; et la mer était immobile, les étoiles brillaient silencieusement sur nos têtes, tout paraissait en repos dans la nature, excepté le Stromboli.

Avant la tombée du jour, nous avions pu découvrir plusieurs des îles de Lipari; une de ces îles, appelée *Vulcano*, ressent encore de temps à autre des secousses volcaniques. L'histoire naturelle a tenu registre de ces sortes de révolutions, dont la dernière a eu lieu en 1786. Depuis ce temps, aucune détonation ne s'est fait entendre ni dans le *Vulcano*, ni dans les îles voisines, qui tour à tour ont vomi autrefois des torrens de flammes, et qui maintenant restent là comme des canons encloués sur un champ de bataille.

Aujourd'hui 29, nous avons eu toute la matinée la montagne de Stromboli à notre droite. D'autres tableaux se sont offerts à nos regards; les rivages de l'île nous ont apparu couverts de vignes, d'oliviers et de moissons; on y découvrait des plantations de coton, des jardins, des maisons de plaisance, des bergers conduisant des troupeaux de chèvres; une petite ville même est bâtie sur le côté nord-est du volcan. Cette sécurité, ces travaux, ces plaisirs, si près d'un cratère enflammé, donnent d'abord quelque surprise; mais on est un peu moins étonné, lorsqu'on songe à ce qui se passe dans nos sociétés que les révolutions menacent sans cesse. Quel trône de rois, dans le temps où nous sommes, n'a pas son Stromboli, qui gronde à ses côtés? et cependant, les fêtes, les spectacles, les intrigues, les flatteries des cours vont toujours leur train! Laissons donc les pauvres habitans de cette île volcanisée bâtir des maisons, cultiver les champs, et conduire en paix leurs troupeaux, dans le voisinage des abîmes grondans.

A bord du *Loiret*, le 30 mai 1830.

DE LA SICILE ET DE LA CALABRE, MESSINE.

A peine avions-nous dépassé l'archipel de Lipari, que nous avons vu paraître les côtes de la Sicile et de la Calabre.

Cette première vue de la Sicile, avec ses frais bosquets et ses sites rians, nous rappelait les gracieuses peintures de Théocrite; on y reconnaît d'abord les coteaux que fréquentait Daphnis, où paissaient les troupeaux de Ménalque, où les bergers se disputaient le prix du chant. La Calabre présente une physionomie plus sévère, et répond très-bien à ce que nous dit Horace de la rudesse de ses habitans. Nous avions à notre gauche le golfe de Sainte-Euphémie; on remarque sur la rive plusieurs bourgs ou villages, presque tous bâtis au pied de hautes montagnes; nos marins nous ont fait distinguer le petit bourg de Petzio, où Joachim Murat débarqua en 1815 : il ne trouva qu'une mort tragique, là où il cherchait une couronne perdue, l'insensé, qui

2.

avait pu voir ce qu'il y a de misères au fond de la royauté, et qui y revenait comme à un festin !

Un vent léger nous poussait vers l'entrée du détroit, et nous avions devant nous le phare de Messine, lorsqu'il nous est arrivé une barque avec des rameurs siciliens, chargés de diriger les navires dans ces parages dangereux. Le chef de ces rameurs, après nous avoir complimentés, nous a dit d'un ton solennel : *Voilà Scylla et voilà Carybde.* Du côté de Scylla, on entend encore le sourd mugissement des vagues ; tout paraissait tranquille autour de Carybde. Ces deux écueils, au moins dans les temps de calme, n'ont rien qui puisse expliquer la terreur des anciens. Nous sommes entrés paisiblement dans le canal, et nous avons pu jouir du magnifique spectacle des deux rives. Dans le lointain, et à notre droite, c'étaient les monts Pelores, dont les cimes bleuâtres conservent encore les traces des frimas ; près de nous, des vallons où la pâle verdure des oliviers se mêle au vert foncé des pins et des cyprès. A mesure qu'on avance dans le détroit, on distingue quelques maisons blanches sur un terrain jaunâtre, des lits de torrens qu'on prend d'abord pour des chemins poudreux, une certaine culture qui annonce le voisinage d'une grande ville, enfin plusieurs églises ou monastères dont les paisibles habitans ne songent guère que leurs demeures servent de points de reconnaissance aux navigateurs poussés par la tempête. Sur la rive de la Calabre, c'est un autre spectacle. L'horizon est borné par des rochers stériles et des collines nues, où la bruyère croît à peine. De vastes campagnes s'étendent vers la mer, les unes livrées à la culture, les autres sillonnées par des ravins profonds. On aperçoit de distance en distance des maisons avec des bouquets d'arbres, des villages avec leurs jardins et des plantations d'oliviers et de mûriers. Là jaunit la moisson sur des terres prêtes à s'ébouler, et soutenues par des murailles de pierres; plus loin, la vigne monte au sommet des ormes et se mêle à leur feuillage, ou, portée d'espace en espace sur de longs échalas, elle s'étend dans la plaine et se déploie en festons verdoyans. Les paysages des deux côtes présentent parfois des contrastes qui étonnent; on trouve en quelques endroits une autre nature, une autre physionomie, et le voyageur est surpris d'éprouver des impressions si différentes à l'aspect de deux contrées qu'anime également le voisinage de la mer, et que le même soleil éclaire.

Les pilotes siciliens qui nous avaient pris à l'entrée du détroit nous ont quittés devant Messine, non sans solliciter notre générosité. Le temps était trop beau pour que nous pussions apprécier le service qu'ils venaient de nous rendre; au reste, quel mal y a-t-il que de pauvres marins exploitent les opinions des temps héroïques, et vivent des souvenirs que nous ont laissés les malheurs d'Ulysse et de ses compagnons? Une chose qui vous étonnera peut-être, c'est qu'on nous a pris pour des pestiférés ; les lettres que nous avons données à nos pilotes pour le consul de France ont été remises dans une boîte de fer-blanc, placée au bout d'un grand bâton ; les pièces de monnaie que nous avons jetées dans leur barque ont été passées scrupuleusement à l'eau de mer ; toutefois, il était bien certain que nous venions de Toulon, où, grâce à Dieu, la peste n'exerce pas ses ravages. Ne craindrait-on pas à Messine une autre contagion, et la crainte de la peste ne servirait-elle pas de prétexte pour éviter d'autres fléaux ? la politique, en un mot, n'aurait-elle pas pris ici pour auxiliaire ce qu'on appelle la *santé publique*, et ne lui aurait-elle pas emprunté ses lazarets et ses réglemens préservatifs ?

Quand nous avons passé devant Messine, le soleil était au milieu de son cours : la chaleur était si grande, qu'on ne voyait personne sur le magnifique quai qui borde la rade ; on n'apercevait aucun mouvement ni dans le port, ni sur la rive ; on n'entendait que le bruit des cloches qui sonnaient l'*angelus* de midi. Toutefois, nous avons été frappés de l'aspect de la ville. Les maisons les plus voisines de la mer paraissent fort bien bâties ; elles ont sur le devant de larges arcades. Nous avons distingué dans l'intérieur de la ville un grand nombre d'églises et de monastères, plusieurs palais. Trois châteaux dominent le coteau sur lequel Messine est bâtie. Au-dessus de ces châteaux s'élèvent des collines couvertes de jardins et de maisons de plaisance. Dans le lointain, au midi, on voit les sommets des monts Pélores; rien n'est plus ravissant que cette perspective aperçue du milieu de la rade.

Dans le temps des pèlerinages à la Terre-Sainte, et pendant les Croisades, les pèlerins et les croisés, partis de Gênes ou de Marseille, s'arrêtaient presque toujours à Messine. Richard-Cœur-de-Lion et Philippe-Auguste y séjournèrent avec leur armée. Comme j'ai avec moi plusieurs des vieilles chroniques de ce temps-là, il faut que je vous transcrive ici un passage curieux de Gauthier Vinisauf, que j'ai traduit sur les lieux et devant le port où abordaient les flottes chrétiennes. « Le roi
» de France, dit le chroniqueur, précéda Richard.
» Quand on sut qu'il était arrivé au port, les ha-
» bitans de la ville, de tout rang, accoururent
» pour voir ce prince, à qui d'autres princes et
» tant de nations obéissaient; mais Philippe,
» n'ayant avec lui que le vaisseau qui le portait,
» sembla fuir la vue des hommes; il se rendit se-
» crètement dans le château, et tous ceux qui
» étaient venus sur la rive, trompés dans leur at-
» tente, jugèrent qu'un roi qui évitait d'être vu
» n'était pas capable de grandes choses. » Lorsqu'on
» sut, poursuit le chroniqueur, que le roi d'An-
» gleterre approchait, les peuples se précipitèrent
» de nouveau sur le rivage pour le voir. Toutes les

» hauteurs voisines étaient couvertes de spectateurs;
» bientôt on vit d'innombrables galères. Le bruit
» des trompettes et des clairons retentissait au loin ;
» les navires s'avançaient à la file ; les étendards
» et les panaches flottaient au gré des vents ; les
» proues des vaisseaux étaient peintes de diverses
» couleurs ; les boucliers des chevaliers réfléchis-
» saient les rayons du soleil ; les flots blanchis-
» saient sous les coups redoublés des rames. A cet
» aspect la multitude tressaillait d'impatience et
» de joie. Tout à coup apparut à la foule surprise
» le roi d'Angleterre, sur une galère richement
» ornée ; on le distinguait de tous les autres à la
» magnificence de ses vêtemens. Il descendit sur le
» rivage, où il fut reçu par ses nautonniers et par
» les troupes qu'il avait envoyées devant lui. Les
» Siciliens se pressèrent autour du prince, et l'ac-
» compagnèrent jusqu'à son palais. Le peuple,
» frappé de son air majestueux, le jugeait digne
» de commander aux nations, et le trouvait plus
» grand que sa renommée. »

Le chroniqueur à qui nous empruntons ce récit accompagnait le roi d'Angleterre. Vous aimerez comme moi à retrouver dans cette description le ton vif et animé, et la simplicité naïve de nos vieilles chroniques. Ce récit d'ailleurs a mes yeux le mérite de nous faire connaître le faste du monarque anglais et le caractère des Messinois, qui, dit-on, n'a pas changé. Toutefois, leur admiration ne dura pas long-temps; car Richard ne tarda pas à se brouiller avec le roi de Sicile et avec le roi de France. Dans ses démêlés, il menaça plusieurs fois Messine de la prendre d'assaut; et pour contenir les habitans, il fit bâtir le château de *Mattegriffons*, qui existe encore au-dessus de la ville.

Ce fut alors que commencèrent pour la Sicile ces temps de révolutions qui la firent si souvent changer de maître, et détruisirent à la fin les sources de sa prospérité. Pour connaître les richesses que possédait ce pays, au douzième siècle, il vous suffira de savoir à quelles conditions le monarque sicilien put acheter l'amitié ou plutôt le départ du roi d'Angleterre. Richard exigeait qu'on lui donnât une table d'or de douze pieds de long et d'un pied et demi de large; une tente de soie où deux cents guerriers pourraient s'asseoir; quatre-vingts coupes d'argent, quatre-vingts disques d'argent, soixante charges de froment, soixante d'orge, soixante de vin, deux cents navires armés avec tout leur appareil, et des vivres pour deux ans. Jamais la victoire ne se montra plus exigeante. Mais quelles devaient être les ressources d'un pays à qui on imposait de pareilles conditions, et qui pouvait les remplir? Les choses ont bien changé depuis cette époque; on vendrait aujourd'hui Messine, Syracuse et Palerme, qu'on n'en retirerait pas la moitié des trésors emportés par Richard.

A bord du *Loiret*, le 2 juin 1830.

L'ETNA, LES COTES DE LA MER IONIENNE, ARRIVÉE A NAVARIN.

Le vent était bon ; Messine fuyait derrière nous ; nos regards se portaient à notre gauche vers Reggio. Il existe entre cette ville et Messine la même différence qu'entre les deux rives. Reggio fut aussi renversée par le tremblement de terre de 1783 ; mais elle n'a jamais pu se rétablir, et quarante-trois ans n'ont pas suffi à relever ses ruines.

La nuit nous a surpris au sortir du canal : le lendemain 31 mai, au lever du jour, nous étions dans le golfe que les marins appellent *Sparti-Venti*. Le calme nous a retenus toute la matinée en présence de l'Etna ; le côté de cette montagne qui nous apparaissait ne présente qu'une teinte grisâtre, quelque chose qui ressemble au désert ; on n'y distingue point les trois régions différentes remarquées par les voyageurs. Une verdure et une végétation rare et dépouillée de vie se montrent au penchant de la montagne ; aucun village, aucune habitation. Dans la partie supérieure, des rochers arides, des surfaces calcinées frappent seuls les regards des navigateurs. La région qu'on appelle la région du feu paraissait immobile et calme. On apercevait seulement sur les points les plus élevés une fumée blanche, que les naturalistes regardent comme le signal[1] des grandes éruptions.

Vers le soir, le vent s'est levé, et nous sommes entrés dans la mer d'Ionie, laissant à notre droite la mer et les côtes d'Afrique, et à notre gauche les rives méridionales de la Calabre, les golfes de Tarente, d'Otrante, de Brindes et de Bary. C'est dans ces ports, autrefois célèbres, que s'embarquaient les armées chrétiennes pour se rendre dans les contrées d'Orient. C'est de Bary que partirent le comte de Vermandois, le comte de Chartres, et plusieurs autres chefs de la première Croisade. C'est à Brindes que s'embarqua l'empereur d'Allemagne, Frédéric II, excommunié pour n'avoir pas été dans la Terre-Sainte, excommunié ensuite pour y être allé.

Brindes nous rappelle aussi un grand souvenir littéraire : Virgile y mourut au retour de son voyage en Grèce ; il avait vu la ville de Minerve, Chio et son école d'Homère, Samos et son temple de Junon, les beaux rivages de l'Ionie où coule le divin Melès.

---

[1] Nous avons appris plus tard que, le lendemain même de notre passage, une terrible éruption a porté l'effroi dans Catane et dans toutes les lieux voisins.

Quels spectacles pour enflammer l'imagination et réchauffer l'enthousiasme d'un grand poëte! que de merveilles l'auteur de l'*Enéide* ne devait-il pas ajouter au chef-d'œuvre que les Muses d'Italie lui avaient inspiré! Sans vouloir pénétrer ce que le génie a quelquefois de mystérieux dans ses desseins, ne serait-il pas permis de croire que Virgile mourant avait condamné son poème, parce qu'il revenait de son voyage avec des inspirations nouvelles, et que le beau ciel de la Grèce et de l'Ionie lui avait donné l'idée d'une épopée plus parfaite? L'*Enéide* fut sauvée des flammes, malgré la sentence du poète. Mais qui pouvait sauver ces nouveaux trésors de poésie que le chantre d'Énée apportait d'Orient, et dont il devait enrichir son poème immortel? Pour moi, pauvre voyageur que je suis, j'ose à peine, après cela, vous parler des courses que j'entreprends pour améliorer mon faible ouvrage et pour mettre un peu plus de clarté et d'exactitude dans un récit simple et modeste de nos guerres d'outre-mer!

Nous avons passé deux jours sans voir la terre, ce qui arrive rarement dans la Méditerranée. En suivant notre route sur la carte, nous avions au nord l'île de Corfou, cette île des Phéaciens, où le sage Ulysse fut reçu par le roi Alcinoüs, où, plus de deux mille ans après, des guerriers français et vénitiens se réunirent sous les drapeaux de la Croix, et jurèrent de marcher tous ensemble à la conquête de Byzance, puis à celle de Jérusalem. Le 1er juin, dans l'après-midi, nos matelots ont crié : Terre ! c'était la terre classique de la civilisation et des arts, le pays du génie et de la gloire, c'était la Grèce. Dans la soirée, nous sommes arrivés en face de Navarin ; en voyant de près ces côtes jaunes et désertes, notre enthousiasme se mêlait d'une certaine tristesse, et la Grèce que nous avions devant nous semblait perdre une partie des charmes que lui donnaient nos souvenirs. Comme l'entrée de la rade est difficile et que nous avons été surpris par le calme, nous sommes restés toute la nuit à une assez grande distance de la côte. Enfin aujourd'hui, 2 juin, nous avons pu nous approcher des rivages du Péloponèse : *le Loiret* a profité d'une faible brise pour dépasser l'énorme rocher placé à l'entrée de la rade, et nous voilà mouillés dans un des plus beaux ports de l'Orient.

LETTRE II.

De la rade de Navarin, le 5 juin 1830.

NAVARIN ET MODON.

Je ne vous parlerai point de la baie de Navarin; vous en trouverez des dessins et des plans chez tous vos marchands d'estampes. Quand les armées françaises ont remporté quelques triomphes, Paris ne manque jamais de gens qui nous décrivent les lieux où la gloire de la France a passé. Je ne reviendrai pas non plus dans cette lettre sur la bataille de Navarin; toutefois, la vue de la rade ajoute quelque chose à l'idée que je m'étais faite de cette victoire, et les impressions que j'éprouve rajeunissent pour moi les récits tant rebattus de la renommée. Quel spectacle que celui de quatre flottes combattant dans une enceinte qui n'a pas deux fois l'étendue du port de Toulon ! On voit encore au fond de la mer les débris et les carcasses des vaisseaux ; des plongeurs s'occupent encore chaque jour d'enlever les ancres, les carênes englouties pendant le combat, et vivent depuis trois ans des ruines de la marine turque ; on ne peut se défendre, à cet aspect, de quelques réflexions sérieuses. Quelque honorable que soit la bataille de Navarin pour ceux qui ont combattu, comment doit-on juger la politique des cabinets qui l'ont provoquée, et qui en ont adopté les conséquences ! La réponse d'Aristide à ceux qui lui proposaient de brûler la flotte de Lysandre n'aurait-elle pas dû servir de leçon aux rois de l'Europe moderne ! On a comparé la bataille de Navarin à celle de Lépante : la victoire de Lépante sauva la chrétienté ; celle de Navarin n'a rien sauvé en Occident, et par elle l'Orient peut être changé, sans avantage pour la cause des Grecs qu'on a voulu servir, ni pour les sociétés chrétiennes qui n'ont rien à redouter du Croissant. Je me demande quelquefois comment on peut faire de la gloire avec ce qui n'est ni juste ni utile, et même avec ce qui peut amener dans l'avenir des événemens malheureux.

J'étais impatient de descendre à terre, et de fouler le rivage de la Grèce. Lorsque le canot du *Loiret* m'a mis sur la côte, le soleil était au milieu de son cours ; une poussière rougeâtre brûlait sous mes pieds ; l'horizon paraissait en flammes ; je distinguais à peine les objets ; j'étais ébloui par l'éclat de la lumière, suffoqué par la chaleur ; ajoutez à cela ce trouble d'esprit qu'on éprouve dans un pays qu'on n'a jamais vu, et auquel on a rêvé toute sa vie. Quand j'ai eu repris mes sens, et que mes yeux ont commencé à voir ce qui était autour de moi, je me suis trouvé au milieu d'une espèce de bazar, construit près du rivage, et composé de méchantes boutiques, de pauvres cabanes de bois. Deux ou trois tavernes, quatre ou cinq billards sont les édifices les plus apparens et les plus fréquentés de cet amas confus d'habitations. La population grecque ainsi entassée n'avait, il y a quelques mois, d'autres demeures que les cavernes du voisinage. On trouve là un assez grand nombre de Francs, venus de tous les coins de l'Europe ; vous devez croire qu'ils ont apporté de leurs pays plus de besoins que de richesses, plus de vices que de vertus : voilà cependant quels seront les fondateurs d'une cité nouvelle ! Nous ne sommes plus au temps où la lyre d'Amphion bâtissait des villes, c'est la misère industrieuse qui se charge maintenant du prodige ; rien ne se fait plus que par l'industrie, et tout doit commencer par des boutiques. Cette réunion d'habitations informes n'a point encore reçu de nom, même dans le pays ; il est probable que, dans quelque temps, on l'appellera le nouveau ou le troisième Navarin.

Je suis monté au château, que le feu du ciel a fait sauter l'année dernière, et qui ne présente plus qu'un amas de décombres. Deux ou trois artilleurs français que j'y ai trouvés sont là comme les gardiens des ruines. A voir leur physionomie triste et morne, on se croirait au lendemain du désastre. Je leur ai adressé quelques questions sur le fort : ils m'ont interrogé à leur tour sur la France; ils se plaignent d'être abandonnés à Navarin, comme sur une terre d'exil.

Au pied du château, du côté de la mer, on voit encore aujourd'hui la petite cité de Navarin, que ses habitans ont désertée. J'y ai vu, pour la première fois, une mosquée ou sanctuaire musulman : elle sert de magasin de farine; j'ai visité des maisons turques; je suis entré dans des chambres qu'on appelait des *harems;* elles n'ont plus que les quatre murailles; les fenêtres, les portes, tout est ouvert; l'araignée y file partout sa toile et n'a plus rien à craindre que la présence de quelques curieux. Les remparts qui gardent cette enceinte solitaire sont restés debout; ils seront bientôt détruits à leur tour, car on en prend les pierres, pour reconstruire le fort. Dans quelques mois, il ne restera plus rien de cette misérable bourgade, qui donnait son nom à la rade, et les étrangers se demanderont où elle était bâtie. Il faut donc se hâter de dire qu'elle domine l'entrée de la baie, qu'elle fut construite par les Turcs dans l'année 1752, que les Russes y furent assiégés en 1770, et qu'elle tomba au pouvoir d'Ibrahim, peu de temps avant la bataille de Navarin.

Un bateau grec nous a portés à l'île de *Sphagia* ou *Sphacterie*, située en face de Navarin. Cette île, qui peut avoir près d'un mille de longueur, sur une largeur de trois ou quatre cents toises, ferme la rade du côté de l'ouest. Quoiqu'elle n'ait jamais été habitée, elle n'a point été oubliée par l'histoire. Le souvenir des désastres dont elle a été le théâtre remonte à la guerre du Péloponnèse, et c'est dans le récit élégant de Thucydide qu'il faut lire comment un corps nombreux de Lacédémoniens s'y trouva renfermé sans espoir d'être secouru. Lacédémone, pendant le siège de Pilos, avait perdu sa flotte; il ne lui restait aucun moyen de délivrer ses guerriers. Elle envoya des ambassadeurs à Athènes, et s'abaissa jusqu'à implorer la paix. Toute la Grèce avait alors les yeux sur l'île de *Sphacterie*; ces négociations n'eurent aucun résultat pacifique, et les Athéniens firent une descente dans l'île. Les Spartiates, qui s'y trouvaient assiégés, opposèrent d'abord une vive résistance; mais après plusieurs combats, accablés par le nombre, affaiblis par la faim, ayant vu massacrer la moitié de leurs compagnons, ils mirent bas les armes et furent conduits à Athènes, chargés de fers. Après ce désastre des Lacédémoniens, l'histoire ne parle plus de l'île de *Sphacterie*, que pour les temps modernes, où les mêmes scènes d'extermination se sont renouvelées deux fois. En 1770, un grand nombre de Grecs insurgés se réfugièrent dans cette île et furent massacrés par les Turcs; en 1826, un corps de troupes grecques, poursuivies par les soldats d'Ibrahim, y cherchèrent aussi un asile et n'y trouvèrent qu'une mort malheureuse. On lit dans Thucydide que l'île de *Sphactérie* était couverte de bois, et que les forêts qui en couvraient le sol furent entièrement consumées par un incendie. Aujourd'hui, il n'y croît pas un seul arbre; la végétation qui s'y trouve suffit à peine à nourrir quelques chèvres qu'on y envoye dans la saison des pluies. L'aspect de ces lieux déserts, de ces rocs arides, n'est que trop en harmonie avec les tristes souvenirs de l'histoire. Lorsque notre bateau nous ramenait au *Loiret*, on nous a fait voir, vers le nord de la rade, un îlot, connu aussi par le grand nombre des victimes que les fureurs de la guerre y ont immolées. Cet îlot est formé de quelques rochers à moitié découverts. C'est là que les Turcs, au nombre de sept à huit cents, furent jetés après la capitulation de Navarin, et condamnés à périr de faim et de soif. Lors de la grande bataille navale qui fut livrée ensuite dans la rade, plusieurs soldats ou marins blessés se traînèrent sur cet écueil, et achevèrent de mourir parmi les cadavres de ceux que la faim y avait moissonnés. Une foule d'ossemens blanchissent dans cet îlot sans nom, parmi des ronces, des pierres et quelques boulets couverts de rouille.

Telles sont les images qui frappent les regards du voyageur, lorsqu'il arrive dans la Grèce par le port de Navarin. Je ne veux pas, mon cher ami, vous laisser dans des idées aussi tristes; et pour vous distraire de tant de lugubres tableaux, je vais vous conduire à *la divine Pilos*. La montagne de *Zanchio*, où nous plaçons Pilos, est séparée de l'île de *Sphacterie* par un petit détroit : cette montagne est assez haute et fort escarpée, et le côté septentrional est couvert de bois épais et difficiles à franchir. Du haut de son sommet, la vue se promène, à l'occident sur la vaste mer, au nord sur des côteaux boisés, à l'est sur des plaines et des vallons rians, au midi sur la rade, et sur les barraques du nouveau Navarin. Je dois vous dire néanmoins qu'il s'est élevé parmi les savans quelques discussions sur le véritable emplacement de l'ancienne *Pilos*. Thucydide donne le nom de Pilos à une ville située au lieu que je viens de décrire; il est vrai qu'il ajoute que cette ville était nouvellement bâtie. M. Pouqueville place l'ancienne ville au village de Pila, en face de la rade, dans les montagnes. Il a trouvé là des ruines qui remontent à la plus haute antiquité; il est fâcheux que le bon Nestor, qui n'épargnait pas les détails dans ses discours, n'ait rien dit sur sa capitale, qui puisse éclaircir nos doutes, et nous mettre dans le cas de prononcer entre Pausanias et Strabon. Jusqu'à ce que la question soit examinée plus à fond, je m'en tiendrai à l'opinion de ceux qui ont cru trouver l'emplacement de Pilos dans l'enceinte du vieux Navarin [1]. Cette position a, en effet, les trois avantages que recherchaient les anciens Grecs, pour l'emplacement d'une grande cité; un lieu élevé, le voisinage de la mer, et un sûr abri contre les surprises des pirates. Comme il est convenu aujourd'hui qu'on ne peut raisonnablement assigner l'emplacement d'une antique cité, sans montrer au moins quelques murailles, quelques fondations cyclopéennes, les érudits qui placent, comme nous, Pilos à *Zanchio*, se sont mis en règle à cet égard, et des ruines de ce genre ont été découvertes au nord de la montagne. Au reste, la divine Pilos a dû être rebâtie bien des fois, depuis la prise d'Ilion, et tous les âges de l'architecture pourraient, au besoin, se retrouver dans ses ruines dispersées. Nos vieilles chroniques nous apprennent que Nicolas de Saint-Omer avait fait bâtir le château de Navarin, ce qui veut dire qu'il avait fait reconstruire la ville de Pilos. On aime à voir le nom de Nestor mêlé à celui d'un chevalier picard ou flamand; le premier avait quitté la Grèce avec ses fils, pour combattre sous les murs de Troie; le chevalier picard, avec sa famille, avait quitté la France, pour aller à la con-

[1] Voyez la relation très-détaillée et fort intéressante de M. Bory de Saint-Vincent, directeur de la commission scientifique de Morée.

quête de Bysance ou de Jérusalem. Nestor revint dans sa chère Pilos ; mais les seigneurs de Saint-Omer renoncèrent à leur pays natal, pour s'établir dans la seigneurie de Thèbes et sur les côtes de la Messénie. Maintenant ce qui reste de Pilos ou du vieux Navarin est une vaste enceinte enfermée par des murailles flanquées de tours ; ces murailles et ces tours, qui rappellent les fortifications de la France féodale, n'ont pas trop souffert des injures du temps. Des arbustes, des plantes et des herbes croissent dans l'enceinte abandonnée, et les serpens, les tortues et les sauterelles sont les derniers hôtes de la ville de Nestor et de Saint-Omer.

Nous avons voulu voir ce qu'on appelle, dans le pays, la grotte ou l'étable de Nestor ; j'étais avec le commandant du *Loiret*, qui avait visité cette grotte plusieurs fois. Surpris par la nuit, nous avons perdu notre chemin, et nous avons marché quelque temps au hasard, à travers des bruyères, des cailloux et des monceaux de sable. A la fin, gravissant la montagne du côté du nord, nous avons pu reconnaître l'entrée de la grotte. Comme la nuit était close, et que nous n'avions point de flambeaux, un heureux incident est venu à notre secours. On avait mis le feu à une cabane abandonnée ; quelques matelots qui nous accompagnaient sont allés prendre des tisons enflammés. Des bruyères sèches nous ont servi de torches, pour entrer dans la grotte de Nestor. Cette grotte n'a rien de remarquable ; son entrée est assez large ; elle est divisée en deux grandes salles d'une trentaine de pieds de hauteur, et d'une centaine de pieds de circuit. Ces voûtes sombres renferment une grande quantité de chauves-souris, qui ont failli plusieurs fois éteindre nos flambeaux. On s'aperçoit, en parcourant la grotte, que les moutons et les chèvres y cherchent quelquefois un abri, comme aux temps homériques. Il paraît que des excavations y ont été faites en plusieurs endroits. En nous avançant dans la seconde salle, nous répétions, à haute voix, les noms de *Nestor*, de *Nélé*, de *Pilos*, et les noms de *Pilos*, de *Nélé*, de *Nestor*, nous étaient fidèlement renvoyés par les cavités retentissantes de la grotte ; il nous semblait que l'antiquité elle-même nous répondait. Il nous a suffi d'une demi-heure pour tout voir. La plus belle lune du monde nous attendait au sortir de la grotte : sa clarté nous a aidés à descendre de la montagne ; nous sommes revenus par un chemin ferré, ayant à notre droite le mont *Zanchio*, et à notre gauche une espèce de marais ou de lac, qui communique avec la rade.

Sur le penchant de la montagne, on nous a montré, de loin, une tour en ruines. Cette tour a longtemps servi de retraite à une femme de mauvaise vie, dont les charmes attiraient les matelots et les soldats. On nous a dit, à ce sujet, que des courtisannes s'étaient établies de même dans tous les lieux où les troupes françaises ont placé leur camp, et près des ports où abordaient les alliés. Il ne tiendrait qu'à moi de vous raconter des aventures presque semblables à ce qui se passait dans le palais et dans l'île de Circé. Cette réunion de la corruption et de la solitude a quelque chose qui étonne et qui afflige. Que la débauche se montre au milieu d'une grande capitale comme Paris, cela se conçoit aisément, mais qu'on la trouve dans des lieux qui semblent réservés à la dévotion des ermites, voilà un contraste dont l'esprit est révolté !

Les femmes qui se prostituent de la sorte viennent des îles ou bien des parties de la Grèce que la guerre n'a point visitées. Vous savez que la plupart de celles qui étaient tombées au pouvoir des Egyptiens ont suivi leurs ravisseurs en Égypte ; ce qui fait que le nombre des femmes, sur cette côte, n'est pas encore en proportion avec la population mâle. Je me rappelle maintenant que cet exil volontaire des femmes grecques, que cette préférence donnée à des Turcs et à des Arabes nous avait beaucoup scandalisés à Paris ; mais il ne faut pas toujours voir les choses du mauvais côté, et malgré de fâcheuses apparences, malgré les faits que je viens d'exposer, j'aime à croire que le monde n'est pas aussi corrompu qu'on nous le dit. Les filles de la Grèce, qui ont renoncé à leur terre natale, avaient presque toutes perdu leurs époux et leurs parens ; il ne leur restait plus d'asile ni de ressource dans le pays qu'elles quittaient. Aucune de celles qui avaient séjourné dans la tente des Musulmans, ne pouvait retrouver sa place, ni dans la patrie, ni dans la famille : les opinions, les préjugés, les lois, tout la repoussait. Vous devez donc penser qu'elles ont bien plus cédé à la nécessité qu'à leur penchant. Des gens, très-dignes de foi, m'ont dit que plusieurs de ces victimes innocentes de la guerre sont mortes de désespoir dans les harems d'Alexandrie et du Caire.

J'éprouve une véritable satisfaction à réparer ici, autant qu'il est en moi, l'injustice des jugemens humains. Autrefois, les chevaliers parcouraient le monde pour venger l'honneur des dames et pour les délivrer de leurs oppresseurs. Je ne me suis pas donné cette honorable mission ; ma courtoisie ne peut aller aussi loin que celle des chevaliers errans ; mais comment ne romprais-je pas une lance pour de pauvres captives qu'on a calomniées ! Plus j'étudie les sociétés humaines, plus je vois qu'il y a souvent, dans sa destinée des femmes, quelque chose qui ressemble à la fatalité des anciens. Combien de malheurs dans leur vie, qu'elles ne pouvaient éviter, et qu'elles sont condamnées à expier comme on expie des torts ou des fautes graves !

Modon n'est qu'à deux lieues de Navarin. Nous avons fait hier une promenade de ce côté-là. On marche d'abord entre deux montagnes assez élevées. Le chemin, réparé par les Français, en plusieurs endroits, est couvert d'une poussière jaune; il est raboteux et si difficile, que nos meilleurs chevaux de France pourraient à peine y marcher au pas. Certains géographes ont coutume de marquer les routes et les distances par des villages, des maisons et même des arbres; la guerre et la révolution ont mis toutes ces géographies en défaut; car on ne trouve plus, de Navarin à Modon, ni arbres, ni maisons, ni villages. Notre guide nous montrait à chaque pas quelques ruines récentes, et d'une voix lamentable, il répétait : *Ibrahim! Ibrahim!* Ce sont les souvenirs qu'a laissés en Morée le fils de Méhémet-Ali. La Grèce avait reçu autrefois de l'Égypte des leçons moins barbares.

Pendant toute notre route, nous ne voyions que de misérables débris de cabanes, cachés sous des ronces et des herbes sèches. Nous n'avons vu debout qu'une mauvaise baraque où de pauvres gens vendent du vin aux passans. Au-dessus de cette baraque flotte un drapeau blanc, semblable au signal de détresse qu'on arbore après un naufrage. Dans tout l'Orient, le drapeau blanc est le signal de la paix, et c'est de ce drapeau que la Grèce attend aujourd'hui son salut. Puisse-t-il porter bonheur à la cabane hospitalière!

Après une heure de marche à travers des montagnes stériles, la vallée s'élargit, et le voyageur peut découvrir les remparts et les tours de Modon. A mesure qu'on arrive dans la plaine, on voit, çà et là, des terres cultivées; ce qui console un peu du spectacle affligeant qu'on a eu jusques-là. Les habitans de ce canton avaient perdu leurs bœufs pendant la guerre; on s'est avisé d'un singulier procédé pour y suppléer. On leur a prêté les bœufs destinés à l'approvisionnement de l'armée française. Lorsque ces pauvres animaux avaient travaillé pendant tout le temps des semailles, on les ramenait à la boucherie pour les tuer. Un économiste peut applaudir à ce moyen d'industrie agricole; mais je ne crois pas que Théocrite en eût fait le sujet d'une idylle; ni que les anciens pasteurs d'Arcadie l'eussent célébré dans leurs chansons. Je veux arrêter votre pensée sur d'autres images. On a donné aux soldats français des terres à cultiver dans les campagnes de Modon : le désœuvrement et l'ennui ont fait, des pacifiques libérateurs de la Grèce, autant de *Cincinnatus*. Je les ai vus, le sabre au côté et la bêche à la main, cultiver des lentilles, des choux et des pastèques.

Mais il est temps d'arriver à Modon. Vous savez que cette ville est très ancienne; Strabon l'appelle *Méthone*; dans l'Iliade elle est appelée *Pedazos*, *Pedaze*. Au temps des Romains, elle fut prise par Agrippa; protégée et favorisée par Trajan. On ne la voit plus figurer sous l'empire grec. Dans le douzième siècle, elle inspira quelque jalousie à Venise, et fut presque détruite. Il est quelquefois question de Modon après la prise de Constantinople par les croisés. Guillaume de Ville-Hardouin y aborda en revenant de la Terre-Sainte; et ce fut là qu'il forma le projet de conquérir la Morée. Modon fut dans la suite cédée aux Vénitiens qui l'ont gardée jusqu'en 1715. On y a retrouvé sur d'anciennes murailles le lion de Saint-Marc et plusieurs écussons de Venise. En 1770, les Russes s'étaient emparés de Modon : les Turcs, qui l'avaient reprise, montraient avec orgueil les canons qu'avaient laissés dans la ville les guerriers du Nord, et disaient, dans leur langage oriental, que les Moscovites avaient fui comme l'abeille qui laisse son aiguillon dans la blessure. Modon fut la première des villes de la Grèce qui vit flotter les étendards d'Ibrahim; et c'est là, sans doute, le plus douloureux des souvenirs qui lui restent. Les voyageurs et les savans de la commission ont vainement cherché dans cette ville les vestiges de l'ancienne Méthone. On n'a pas même trouvé l'emplacement des temples de Minerve et de Neptune, dont parle Pausanias. Il faut croire que la ville a changé de place, et que, dans les temps reculés, elle n'était point sur la langue de terre qu'elle occupe maintenant. Je ne veux point anticiper ici sur les découvertes de nos savans, et je vous renvoie à la description détaillée qu'ils ne manqueront pas de vous donner [1].

---

[1] Nous lisons, dans la relation de la commission scientifique en Morée, une description complète et curieuse de Modon et de ses environs.

Les fortifications de Modon sont aujourd'hui dans un très-bon état; les ruines qui encombraient l'enceinte de la ville ont été enlevées, et de vieilles masures ont fait place à des maisons nouvellement bâties. Mais ces maisons sont en petit nombre, les habitans ne s'élèvent pas à plus de deux cents, et Modon ressemble bien moins à une ville nouvelle qu'à une place forte évacuée. Un misérable bazar, où se trouvent à peine quelques comestibles grossiers, où vous ne rencontrez que des Grecs sales et déguenillés, deux pauvres tavernes dont l'une est tenue par une cantinière, et l'autre par un vieil Italien, voilà ce que l'on trouve dans cette ancienne Méthone, que le roi des rois promettait au fils de Pélée pour apaiser sa colère. Ce qu'on appelle la place-d'armes est un espace vaste et bien pavé, où la garnison française a coutume de promener son désœuvrement, je dirai presque les ennuis de l'exil. Il est resté à Modon trois ou quatre Turcs, qui sont un objet de curiosité. Une remarque générale, c'est que les Turcs ont partout quitté les villes où ne flotte plus l'étendart du Croissant; d'après l'animosité qui a présidé à la guerre, on devait prévoir que les vainqueurs et les vaincus ne pourraient jamais vivre ensemble. Les osmanlis d'ailleurs, qui ont l'orgueil du Coran bien plus que les chrétiens n'ont l'humilité de l'Évangile, ne restent guères que dans les pays où ils commandent. Les Grecs ne leur ressemblent pas sur ce point; car, après la conquête des Turcs, ils ont tout souffert plutôt que d'abandonner leurs foyers; on peut dire qu'ils ont tenu à leur patrie, désolée par toutes sortes de fléaux, comme notre pauvre humanité tient à cette vallée de larmes, qu'on appelle la vie. Il faut louer pour cela leur résignation et leur courage.

Losqu'on songe à la population presque entièrement renouvelée de toutes les côtes de la Grèce, on regrette de ne pas trouver, parmi ses nouveaux habitans, quelques colons, quelques hommes capables de cultiver les terres; voilà les hommes qu'il faudrait au pays; mais tous ceux qui arrivent, n'apportent qu'une industrie stérile, et ne sont poussés que par le besoin de vivre aux dépens d'autrui. Tous les habitans sont marchands ou brocanteurs; tous ces marchands, les Grecs comme les autres, n'aspirent qu'à faire passer dans leur bourse la paie de nos soldats, et ne voient dans leurs libérateurs que des étrangers avec lesquels ils peuvent s'enrichir ou tout au moins gagner quelques piastres. Quant aux militaires français, ils sont tristes et taciturnes, ce qui contraste singulièrement avec l'idée qu'on se fait en France du bonheur qu'il y a de vivre sous le beau ciel de la Grèce. Les lettres qu'on leur adresse de leur pays sont remplies de félicitations et d'expressions qui annoncent qu'on porte envie à leur sort. Leurs réponses seraient sans doute fort curieuses à lire, car elles doivent être pleines de doléances, de regrets et de tous les termes de notre langue qui expriment la tristesse, la solitude et l'ennui. J'ai causé avec plusieurs de ces braves soldats: « La Grèce, me disait l'un d'eux, est comme le dôme des Invalides de Paris, il est tout éclatant de dorure, mais nous savons ce qu'il y a dessous. »

Comme il était encore de bonne heure, lorsque nous sommes revenus de Modon, nous avons voulu voir à notre retour la côte septentrionale de la rade; à deux mille de la baie, on trouve des campagnes assez agréables; un ruisseau, que dans la langue des Grecs on pourrait appeler un fleuve, y fait tourner deux moulins. La terre est, en plusieurs endroits, couverte de moissons. Sur les deux rives du ruisseau, on voit des bosquets de tamarin et des touffes de lauriers-roses. C'est dans ce lieu qu'on avait fait d'abord camper l'armée française, lorsqu'elle arriva en Morée. Ce campement fut très-funeste à nos soldats, qui furent cruellement moissonnés par l'épidémie. Ainsi, cette terre n'a point de lieu qui ne réveille un triste souvenir.

Le soleil commençait à tomber, lorsque nous sommes revenus sur le rivage, pour reprendre le canot du *Loiret*. Nous avons traversé le méchant bazar dont je vous ai parlé dans le commencement de ma Lettre. Toute la population était sortie des hangards et des boutiques; les enfans, les hommes mûrs, les vieillards dansaient en plein air la Romaïka, et chantaient des hymnes patriotiques.

La première fois que j'avais vu ces pauvres Grecs, le spectacle de leur misère m'avait donné des idées tristes, mais en les voyant danser et chanter, j'ai fini par prendre aussi mon parti sur les malheurs de la Grèce. Je suis rentré au *Loiret*, tout préoccupé des contrastes qui se trouvent dans ce pays, et fort aise, d'ailleurs, de voir la facilité avec laquelle un peuple malheureux peut oublier ses maux.

LETTRE III.

ROUTE DE NAVARIN A NAUPLI. — LE MONT ITOME. CALAMATA. LE MAGNE.

A bord du *Loiret*, 7 juin.

Nous avons quitté ce matin la rade de Navarin. Le commandant du *Loiret* porte des dépêches à M. l'amiral de Rigny, qui est maintenant à Naupli. A peine sortis de la rade, et prenant notre chemin à l'ouest, nous nous sommes trouvés entre les côtes de la Morée et les îles de Sapience. Les îles de Sapience, les *Ænuses* ou *OEnuses* de Pline, forment un petit archipel qui s'étend du nord au sud; nos savans naturalistes peuvent y faire d'utiles découvertes; mais jamais l'homme n'y a établi sa demeure; il n'est même jamais arrivé à un proscrit d'y chercher un asile, ni à la piété d'y choisir une solitude.

Beaucoup de batailles navales se sont livrées autour des îles *AEnuses*, mais jamais aucun de ces combats n'eut leur possession pour objet; je ne vous parlerai point de l'idée singulière qu'on a eue, il y a peu d'années, de placer dans ces îles, l'ordre si célèbre de Malte, et d'établir sur des rochers nus, sur des îlots incultes, ce qui nous reste de l'ancienne chevalerie des croisades. Tout ce que je puis vous dire sur les îles *Sapience* ou *Sapienza*, c'est que les amiraux des flottes alliées y ont tenu une conférence, avant la bataille de Navarin. Ce seul souvenir historique ne suffisait pas pour attirer long-temps notre attention; aussi nos regards se portaient-ils le plus souvent sur la côte de Morée. Les tours et les remparts de Modon, que nous avons visités pendant notre séjour à Navarin, nous apparaissaient à notre gauche, et nous présentaient un spectacle pittoresque et animé. Pausanias rapporte que des vents terribles désolaient les parages de Modon, et qu'on y adorait Minerve sous le nom d'*Anémotis*, parce que cette déesse avait interposé sa puissance contre les tempêtes. Quand nous y avons passé, les vents favorables enflaient nos voiles, et nous n'avons pas eu besoin d'implorer le secours de la déesse *Anémotis*.

En poursuivant notre route, nous avons bientôt découvert la ville de Coron, située à huit ou dix lieues de Modon; ces deux villes sont comme deux sœurs qui ont la même histoire, et la même physionomie, à l'exception que Coron se trouve dans l'enfoncement d'un golfe. Cette dernière ville occupe, dit-on, l'emplacement de l'ancienne Colonidés; Pausanias y avait vu un temple de Diane, un temple de Bacchus et d'Esculape; on n'y trouve aucun vestige d'antiquités; seulement le Lion de Saint-Marc atteste encore, sur des murailles délabrées, la domination des Vénitiens. Les Turcs de Coron passaient pour être les plus barbares du Péloponèse; aussi la révolution y a-t-elle été plus sanglante qu'en aucun autre pays de la Grèce.

A quelque distance de Coron, de l'autre côté du golfe, nous apercevons Calamata. Si nous en croyons les voyageurs qui nous ont précédés, toutes les campagnes voisines du golfe de Messénie, tout le pays qui s'étend depuis le mont Itôme jusqu'au Taygète, n'étaient qu'un vaste jardin planté d'oliviers, de mûriers et d'orangers. Tout a été ravagé par la guerre; mais telle est la fertilité du sol, que la végétation commence à reparaître, et qu'on aperçoit au loin de vastes tapis de verdure sur les coteaux; on nous a dit qu'une émeute populaire avait éclaté à Calamata, à cause d'un impôt sur le bétail. Pour effrayer les habitans et les ramener à l'obéissance, on avait répandu le bruit que les Français allaient marcher contre eux. A cette nouvelle, tout le monde s'était enfui dans les montagnes. Depuis quelques jours, ils sont rentrés dans les maisons, mais bien décidés à ne pas payer l'impôt,

4.

Je ne veux pas juger ici le gouvernement de Capo-Distrias ; mais, au premier examen, il me semble que rien n'est plus déplacé qu'un impôt sur des objets qui manquent et dont on ne saurait trop encourager la reproduction ; pourquoi, dans ce cas, n'aurait-on pas aussi imposé un tribut pour chaque olivier, pour chaque oranger qu'on a plantés sur les bords de l'Iparissus? Un impôt dans un pays qui renait de ses cendres, est, sous quelques rapports, comme une prohibition indirecte ; il faut bien se garder de prohiber les choses dont le pays a besoin.

Les habitans de cette côte sont connus sous le nom d'*hommes aux yeux noirs* ; ils se ressentent, dit-on, par leur caractère et la grossièreté de leurs mœurs, du voisinage des Maniotes. Calamata a été long-temps sous la domination des croisés champenois. Guillaume de Ville-Hardouin était né à Calamata, et s'appelait pour cela *Calamatis*. La chronique de Morée nous représente ce pays comme la plus belle seigneurie que les Francs eussent établie dans le Péloponèse.

Dans le tableau si varié que nous offrait la côte, deux spectacles imposans frappaient surtout nos regards ; le mont *Itôme*, et le mont *Taygète*. Au pied et sur le penchant du mont Itôme, on a trouvé les ruines de l'ancienne Messène. Ce sont des pans de murailles, des fondations, les restes d'un théâtre et de plusieurs temples, des colonnes, des chapiteaux, des bas-reliefs, des débris d'architecture grecque et d'architecture romaine La ville d'Aristomène, la ville rebâtie par Epaminondas était depuis long-temps ensevelie sous l'herbe, et la végétation qui couvrait ses ruines en avait jusqu'ici dérobé la vue aux voyageurs; cette montagne, dernier asile d'un peuple malheureux, n'est plus habitée que par des sangliers sauvages. On n'y entend plus que la prière des caloyers, qui ont là un monastère, et le bruit d'une source limpide, s'échappant parmi des rochers et des troncs d'arbres.

J'ai relu sur le pont du *Loiret* le récit des guerres qui ont fait de Messène une profonde solitude. Un peuple, comblé de biens et de gloire, fut dispersé jusque dans la Sicile, jusque dans la Lybie. Quels étaient donc les ennemis des Messéniens ? Des Grecs, les Spartiates, leurs plus proches voisins. Ainsi la Grèce antique se déchirait elle-même ; les Turcs, dans leurs conquêtes, se sont montrés moins cruels, et n'ont pas forcé les habitans à fuir loin de leur patrie. Quel est donc ce patriotisme farouche et jaloux qui ne s'exhalait que par la haine, et qui ne s'enflammait que pour donner la mort ! Les savans de la commission française ne tarderont pas sans doute à publier leurs découvertes. Que Messène sorte enfin, à leurs voix, du sépulcre où elle dort depuis tant de siècles ; qu'elle reparaisse au grand jour, non pas vivante et dans son antique splendeur, mais défigurée, couverte de ses blessures, entourée des images de deuil; qu'elle reparaisse avec sa rivale, qui a succombé comme elle, avec cette jalouse Sparte dont on a aussi cherché l'emplacement, et que toutes les deux viennent nous dire, qu'elles viennent dire aux Grecs d'aujourd'hui comment l'ancienne Grèce a péri.

Le Taygète élevait devant nous ses sommets blanchis par les frimas; l'aspect de la neige au mois de juin semble nous offrir un autre ciel que celui de la Grèce, et contraste avec la chaleur qui nous accable. Polybe compare le Taygète à nos montagnes des Alpes; leur cime neigeuse qui domine des chaînes de roches bleuâtres, ressemble à la pointe du Mont-Blanc, lorsqu'on l'aperçoit du lac de Genève.

Les montagnes du Taygète s'étendent le long de la mer, jusqu'au promontoire du Ténare, aujourd'hui appelé le cap Saint-Ange. Ce pays montueux est la partie de la Laconie qu'on nomme le Magne. On a beaucoup parlé de ce pays, sans qu'il en soit pour cela mieux connu; je n'en connais rien moi-même que ce que j'en ai pu voir avec de bonnes lunettes d'approche, et ce que j'en ai appris de quelques voyageurs. Cette contrée, protégée par les chaînes du Taygète, et que la nature avait en quelque sorte fortifiée, dut sans doute servir d'asile aux Grecs du Péloponnèse, lorsque, dans les temps primitifs, les invasions et les brigandages désolaient les provinces voisines. Des ruines qu'on trouve dans le Magne, et qui paraissent remonter à une très-haute antiquité, nous attestent que ce pays fut habité dès les premiers âges. Toutefois, je ne vois pas dans les vieux historiens que les peuplades de cette côte aient été chez les anciens ce qu'elles sont aujourd'hui, ce qui prouverait que d'autres peuples sont venus s'y mêler dans des temps postérieurs; quelques savans y font venir des Albanais, d'autres des Esclavons; on ne peut avoir là-dessus des notions bien positives; les barbares, quels qu'ils soient, qui sont venus dans le Magne en des temps qui n'ont point d'annales, peuvent être comparés à ces voleurs de nuit, que les ténèbres ont dérobés aux recherches de la justice : on ne peut ni connaître leurs noms, ni suivre leurs traces.

La chronique de Morée nous raconte comment, au moyen-âge, les conquérans champenois établirent leur domination sur le Magne, qu'elle appelle les *défilés de Melinges*. Déjà le château de Misithra, bâti près de l'ancienne Sparte, dominait ces défilés. « Guillaume de Ville-Hardouin, dit notre chroniqueur, monta à cheval, traversa Passava, et arriva dans le grand Magne; là il trouva un rocher d'un aspect terrible situé sur un cap; cette situation lui plut, et il fit bâtir un fort auquel il donna le nom de *Mani* ou de *Maina*. » Plus tard, Ville-Hardouin fit construire sur la côte, à quelques lieues de Calamata, un fort qui fut appelé Leuctro, et dont on voit encore les ruines. A l'aspect de ces deux forteresses et du château de Misithra, les habitans du Magne promirent de reconnaître l'autorité du Champenois, à condition néanmoins que leurs droits seraient respectés, et qu'on n'établirait point de *seigneurie* dans la contrée comme on l'avait fait dans les autres provinces de la Morée.

Il est probable que, dès cette époque, les Maniotes empruntèrent aux Francs plusieurs coutumes de la féodalité. Les capitaines qui commandent dans chaque village, et qu'on pourrait appeler des seigneurs châtelains, les *Heptarkes* ou seigneurs de plusieurs villages réunis qui sont comme les marquis et les comtes des âges féodaux, les beys, dont l'autorité s'étend sur une province, et qui représentent les princes ou les ducs, toutes ces divisions du territoire, ces seigneuries en un mot, dépendant les unes des autres, ne nous offrent-elles pas une image des gouvernemens de l'Europe aux siècles des croisades? Les Turcs sont venus après les Champenois, et quoiqu'ils n'aient pas été plus heureux et qu'ils n'aient jamais pu complétement établir leur domination dans le Magne, quelques-unes de leurs institutions s'y sont néanmoins accréditées, de sorte que le gouvernement des Maniotes présentait dans les temps modernes, et présente encore aujourd'hui le singulier mélange de la féodalité du treizième siècle et de la politique du sérail. Ajoutez à cela que ce peuple a conservé dans son caractère et dans ses usages quelque chose des temps primitifs, un certain amour d'indépendance, et des passions belliqueuses qu'on a prises quelquefois pour les mœurs de Sparte.

VUE DU MAGNE, MŒURS DES MANIOTES.

A bord du *Loiret*, le 7 juin 1830.

Nous sommes restés la moitié d'une journée en présence des rives du Magne; nous avons été quelquefois assez près des côtes pour reconnaître les accidens du sol et la configuration du pays. Après avoir dépassé Calamata, on voit, à quelque distance les unes des autres, deux ou trois pauvres bourgades qui paraissent renfermer quelques centaines d'habitans : puis, on aperçoit de loin en loin des villages ou *corios* dispersés sur le penchant des montagnes; on les reconnaît d'abord à quelques bouquets de verdure jetés sur une terre pierreuse et stérile. Ces villages, bâtis en pierres, ont presque tous de grandes tours carrées, dont le seul aspect nous fait penser qu'on n'y est pas toujours dans une sécurité profonde. On se fait souvent la guerre d'une tour à une autre, et c'est la victoire, ou plutôt la force qui fait la loi. Si le Magne avait une histoire, il serait curieux d'y voir ce que la conquête d'un défilé, d'un rocher désert, a coûté de sang, ce que la domination d'un village ou d'une *heptarchie* a enfanté de discordes, a fait commettre de crimes.

M. Bory de Saint-Vincent, qui a bien étudié ce pays, nous a donné des renseignemens peu connus sur le caractère et la politique des chefs qui le gouvernent. Plusieurs des *capitaines* et des *heptarkes* qui se partagent le territoire du Magne, ont commis tant d'excès, ont soulevé contr'eux tant de haines, qu'ils osent à peine se montrer en public; les plus puissans et les plus redoutés restent enfermés dans leurs forteresses, et vivent en proie à toutes les sollicitudes qui empoisonnent la vie des tyrans.

A mesure qu'on avance le long de la rive, on n'apperçoit que d'affreux précipices, un terrain hérissé de pointes rochereuses, des sommets nus et arides. La perspective sauvage de ces montagnes semble avertir le voyageur que, s'il y a là des hommes, il faut en redouter l'approche, car la misère les poursuit, et doit les mettre en guerre avec tout le monde. Ne serait-il pas possible de reconnaître les passions violentes des Maniotes, par le seul aspect de la terre qu'ils habitent, comme on reconnaît quelquefois les passions humaines, d'après la physionomie et les formes extérieures de l'homme? En voyant les récits et les criques dont la côte est semée, en voyant une terre dépouillée de toute végétation, on peut dire : C'est ici que sont les pirates, et que se forment les sinistres complots contre la sûreté des navigateurs. Lorsqu'on approche du cap Ténare, le pays devient plus horrible à voir; partout des fondrières, creusées par les eaux des pluies, d'énormes couches de rochers, de profondes cavernes, nulle part un espace de terre où puisse végéter un arbre, où puisse croître la moisson. Telle est le pays habité par les *Cacovouniotes* (*mauvais montagnards*), la plus féroce et la plus sauvage des peuplades du Magne; malheur au navire qui échoue devant cette côte, ou que le calme retient dans le voisinage! Le Maniote du promontoire Ténare, foulant un sol qui ne produit rien, regarde la mer comme son domaine ou son héritage; tout ce qu'il voit passer sur cette mer lui appartient par droit de conquête : les tempêtes lui apportent des tributs, les écueils deviennent ses auxiliaires; le désespoir des marins fait sa joie, et c'est pour lui que l'or *vient de l'aquilon.*

Je vous invite à lire, dans les anciens voyageurs, ce qu'ils nous disent des brigandages de ce peuple. Comme aujourd'hui les pirates sont fort à la mode chez nous, et qu'on en fait des héros de romans, je ne crains pas de m'étendre sur ce chapitre. Les pirates de *Cacovounia* ont le teint hâlé; ils sont coiffés d'un bonnet ou d'une calotte de fer; ils portent des vêtemens couleur de terre, pour n'être pas aperçus de ceux qu'ils veulent surprendre. Les femmes, les enfans, s'associent à leurs expéditions : les papas eux-mêmes montent quelquefois dans les chaloupes armées pour la course, et disent qu'ils vont recueillir la dîme du butin. Tout le peuple des *Cacovouniotes* est exercé au maniement des armes. On ne compte les hommes que par le nombre des fusils ; chacune de leurs habitations est crénelée ; ils fortifient les grottes qu'ils choisissent pour retraites ; quand ils n'ont point d'expédition à faire sur la mer, ils se font la guerre entr'eux. On se bat de maison à maison, de caverne à caverne ; la religion seule a pu suspendre pendant certain temps leurs sanglantes querelles, et la trève de Dieu qu'ils ont sans doute empruntée aux Francs du moyen-âge, y défend toute hostilité depuis le samedi après l'*angelus* jusqu'au lundi après la messe.

Le plus grand trafic des Maniotes était autrefois celui des esclaves. Ils faisaient des prisonniers sur toutes les nations ; ils enlevaient des Chrétiens qu'ils vendaient aux Turcs, et prenaient des Turcs qu'ils vendaient aux Chrétiens. Ce genre de commerce est tombé faute d'acheteurs ; mais il n'est pas sûr que l'humanité y ait gagné, car si on n'a plus rien à craindre pour sa liberté, on doit encore trembler pour sa vie. Dans le temps que les *Cacovouniotes* vendaient des esclaves, il leur arrivait quelquefois de vendre leurs voisins et leurs proches. Un ancien voyageur, qui avait séjourné dans le pays, nous raconte à ce sujet une anecdote dont je veux égayer mon récit. Deux capitaines de corsaires, Anapliotis et Théodoro s'étaient brouillés, comme cela leur arrivait souvent, pour le partage du butin. Après plusieurs menaces de part et d'autre, chacun d'eux cherche à se venger d'une manière éclatante, et tous deux s'arrêtent à la même pensée. Il y avait alors dans la rade un corsaire de Malte : Théodoro s'empare de la femme de son adversaire, et va la vendre au capitaine maltais. Ils ne s'entendirent point d'abord sur le prix ; et comme Théodoro insistait pour la somme qu'il voulait avoir, le capitaine lui dit qu'il avait acheté le matin même une femme plus jeune et plus belle, et qu'il l'avait eue à beaucoup meilleur marché. Théodoro voulut la voir ; on la fit venir. Mais quelle fut sa surprise ! c'était sa propre femme ! Il jugea qu'Anapliotis l'avait prévenu ; et, pour que son adversaire ne conservât pas sur lui un pareil avantage, il se hâta de vendre la femme de ce dernier au prix qu'en avait offert le corsaire maltais. Vous croyez peut-être que l'histoire finit là ? Point du tout. Tel était le caractère de nos deux pirates maniotes, que ce qui devait allumer en eux une haine mortelle, fut précisément ce qui les raccommoda. Semblables à ces maîtres d'escrime qui se sont portés des bottes savantes, et qui se retirent du combat pleins d'estime l'un pour l'autre, ils se rapprochèrent bientôt par une admiration réciproque, et réunirent enfin leurs efforts contre le capitaine maltais, qu'ils forcèrent de leur rendre les deux femmes [1].

Cette anecdote, qui pourrait fournir le sujet d'une comédie, me donne lieu de vous faire remarquer une étrange contradiction dans les mœurs

[1] La Guilletière.

et les lois de ce pays ; voilà deux femmes enlevées à leur famille et vendues à un corsaire, sans que la loi prononce aucune peine ; si on eût seulement tenté de les séduire, on était puni de mort. La société, chez les Maniotes, repousse de son sein celui qui a séduit une femme ou une fille, même avec l'intention de l'épouser ; le coupable n'a plus d'asile dans son pays, et tout le monde a le droit de le tuer, jusqu'à ce qu'il ait satisfait à des conditions qu'il ne peut pas toujours remplir. L'épouse adultère est condamnée à perdre la vie, et doit mourir de la main même d'un de ses proches ; ces lois subsistent encore aujourd'hui dans toute leur rigueur. Ainsi, pour réprimer le vice, on outrage l'humanité, et les lois ont voulu que chez ce peuple tout fût barbare jusqu'à la vertu.

Telles sont, en général, les mœurs des Maniotes. Leur fierté opiniâtre et leur bravoure indomptable ont fait quelquefois oublier leur barbarie ; il faut leur savoir gré d'avoir résisté, comme ils l'ont fait, à la domination des Ottomans ; ils montrent encore dans certaines gorges de leurs montagnes les ossemens blanchis des Turcs, à peu près comme les Suisses montrent les ossemens des Bourguignons, à Morat. Cette bravoure patriotique mérite des éloges, mais elle ne peut suppléer, chez les Maniotes, aux vertus qui leur manquent. Les temps où nous avons vécu ne nous ont que trop disposés à voir dans la violence, je ne sais quoi d'héroïque, et dans une humeur farouche et indocile un certain amour de la liberté; nous avons pu prendre ainsi des passions barbares pour des passions généreuses. Quoique les Maniotes se vantent d'avoir combattu pour la révolution de la Grèce, je ne crains pas de prédire qu'ils resteront étrangers à tout progrès de la civilisation chez les Héllènes, et que le caractère de ce peuple, ne changera pas plus que l'aspect sauvage de ses montagnes. Au mois de mai dernier, le comte Capo-Distrias avait voulu envoyer un gouverneur dans le Magne; mais on a fait dire à celui qui était désigné pour cette mission, que s'il aimait la vie, il ne prît point possession de son gouvernement. Quant aux habitans du cap Ténare, ils ne renonceront jamais à leurs brigandages, car ils n'ont pas d'autre moyen de subsister. On leur a envoyé des missionnaires pour leur prêcher l'ordre et la paix, ils ont continué leurs pirateries; on leur a enlevé leurs barques, ils en ont trouvé d'autres. Il n'y a pas de jours qu'on ne parle de leurs excursions nocturnes sur la côte. Je ne connais qu'un moyen de les arracher à leurs habitudes, et d'en faire des citoyens utiles; c'est de les éloigner du rivage de la mer, et de leur donner, dans l'intérieur du pays, des terres à cultiver.

Après avoir doublé le cap Ténare, nous avions à notre gauche le golfe de Laconie. Les sommets blanchis du Taygète se montraient encore à nos regards vers le nord-ouest. J'aurais voulu découvrir au fond du golfe l'embouchure de l'Eurotas. Dans ma pensée, éveillée par mille souvenirs de l'histoire, je remontais le cours du *fleuve Roi*, du *fleuve aux beaux Roseaux*, et, pour donner quelque réalité aux tableaux de mon imagination, je relisais ce qu'ont dit MM. de Châteaubriand et Pouqueville des champs où fut Lacédémone. Que ne m'est-il donné de parcourir les cinq collines où s'élevait Sparte, et de m'asseoir un moment sur *les vieux murs*. C'est ainsi qu'on désigne aujourd'hui la cité de Lycurgue, ou plutôt son emplacement. J'aurais pu voir près de là la ville de Misithra, bâtie par les Champenois, qui fut aussi la ville des braves, et à laquelle on a fait quelquefois l'honneur de la prendre pour Sparte. Je voudrais savoir surtout, ce que je ne trouve éclairci nulle part; qu'est-ce que cette grande ville de *Lacedemonia* dont parle la chronique de Morée? Serait-ce l'ancienne Lacédémone qui aurait subsisté jusqu'à la fin des Croisades? Comment se fait-il que la patrie de Lycurgue et de Léonidas ait été rayée du tableau des cités, sans que les générations l'aient su, et qu'elle ait disparu tout à coup, semblable au voyageur inconnu qui périt dans le désert, ou que le poignard des meurtriers a frappé dans les ténèbres!

A bord du *Loiret*, 8 juin.

LE CAP MALÉ, L'ILE DE CÉRIGO, NAPOLI DE MALVOISIE.

Il était huit heures du soir lorsque nous sommes arrivés devant le cap Malé ou Matapan. Les rayons du soleil couchant doraient la cime du promontoire. Cette montagne paraît un peu moins sauvage que celle du Ténare; on y voit quelques traces de végétation, et même des terrres cultivées. Toutefois, le sol y est sillonné par de profonds ravins, par des abîmes qu'ont creusés les torrens. Au pied d'un rocher désert, nous avons cru distinguer une chapelle ou ermitage. La piété, qui fuit les orages du monde, qui craint les troubles et les vicissitudes de cette vie, se plaît à contempler les tempêtes de la mer et recherche les périls et les aspérités des montagnes solitaires.

On aperçoit souvent au haut du promontoire un personnage mystérieux dont on ne connaît ni le nom ni la patrie. Comme les marins l'ont vu en prière lorsque la mer était agitée, ils laissent quelquefois sur la rive une cruche d'huile, un vase rempli de vin, un boisseau de farine; après avoir ainsi déposé leur offrande, ils poursuivent leur route, persuadés qu'un génie bienfaisant protège leur navigation.

En relisant les chroniques du maréchal de Champagne, je retrouve, dans ces parages, un souvenir des Croisades. La flotte de Venise, qui portait les croisés de la Flandre et de la Champagne à Constantinople, était partie de Corfou; elle avait passé devant Navarin et devant Modon; elle avait doublé, comme nous, le cap Ténare et le cap Malé. Ce fut en présence du cap Malé qu'elle rencontra des pélerins qui revenaient de la Terre-Sainte. Elle présentait alors un aspect si redoutable, que deux de ces pélerins descendirent de leur navire avec des cordes, et laissant au capitaine tout ce qu'ils avaient, lui dirent : « Nous allons prendre parti » avec ces hommes, car ils vont faire de grandes » choses. » Les Croisés, qui marchaient ainsi à la conquête de l'Orient, côtoyaient les rivages du Péloponèse sans rien connaître de l'histoire de ce pays, et sans prévoir surtout que leurs victoires futures allaient changer les destinées de la Grèce et de toutes les îles.

En doublant le cap Malé, nous avions à notre droite l'île de Cerigo, de Cythère. D'un côté l'histoire de la navigation nous offrait ses plus terribles souvenirs, et, de l'autre, la mythologie ses fables

les plus riantes. Hésiode raconte que Vénus, au sortir des eaux, fut portée par les Zéphyrs dans une nacre de perle, sur la côte de cette île fortunée, et c'est pour cela que le nom de Cythérée a été donné à la déesse par les poètes qui sont venus après Hésiode. Pausanias rapporte que les Phéniciens d'Ascalon avaient bâti dans cette île un temple magnifique à Vénus-Uranie. Une des chroniques du siége de Troie parle des solennités célébrées à Cythère en l'honneur de la mère des Amours. La même chronique ajoute que ce fut dans une de ces solennités que Pâris séduisit et enleva l'épouse de Ménélas. Les poétiques souvenirs se sont conservés dans l'île de Cérigo. Les habitans montrent encore, nous dit-on, les ruines du temple de Vénus et du palais de Ménélas; ils font voir aussi aux étrangers une grotte qu'ils appellent *les Bains d'Hélène*. L'île de Cythère, à ces époques reculées, devait sans doute présenter partout le spectacle de l'abondance et de la joie; mais les choses paraissent avoir bien changé: le temps n'a pas plus épargné l'île des Amours qu'il n'a coutume d'épargner la beauté elle-même. On retrouve à peine quelque restes incertains de ce qu'on admirait autrefois; la terre végétale, la terre où naissaient le laurier et le myrthe, et tout ce que la nature produit de fruits délicieux, a fait place à des rochers stériles; et la partie de l'île que nous avons vue en passant près de la côte, ne suffirait pas, je crois, à nourrir les colombes de Vénus.

Je ne m'étendrai pas beaucoup ici sur la partie historique, car les poètes ont plus parlé de Cérigo que les historiens et même les voyageurs. Dans l'antiquité, elle fut long-temps sous la domination de Lacédémone; elle subit ensuite le joug des Romains. Dans le moyen-âge, elle appartint d'abord aux empereurs de Bysance, puis à Venise, enfin aux Turcs. Les Anglais l'ont fait comprendre dans la catégorie des îles Ioniennes. Le léopard britannique y a succédé au Croissant et au lion de Saint-Marc. La politique anglaise ne pouvait négliger une île que les marins ont appelée la *Lanterne de l'Archipel*, et qui peut offrir une station commode au milieu d'une mer orageuse. Quoique le gouvernement des Anglais soit fort modéré, ils ne sont pas aimés des habitans, dont la plupart passent dans la Morée. Nous en avons vu plusieurs à Navarin, qui nous disaient beaucoup de mal de ceux qu'ils appellent les *habits rouges*. Toutefois, on doit s'applaudir de voir l'île la plus voisine des Maniotes gouvernée par une nation civilisée qui ne manque pas de motifs pour faire la guerre aux pirates, et qui a plus de moyens qu'il n'en faut pour réprimer leurs excès. Thucydide dit, dans son histoire, que les Lacédémoniens avaient occupé l'île de Cythère pour défendre les côtes de la Laconie contre l'invasion des pirates. Aujourd'hui, tous les pirates sont sur les côtes de la Laconie; et l'île de Cérigo servira peut-être à en préserver l'Archipel.

La nuit nous a surpris, lorsque nous avons eu dépassé l'île de Cérigo et le cap Matapan. L'île n'était plus dans le lointain qu'un point noir au milieu d'une mer azurée. Le cap *Assommeur d'Hommes* projetait au loin sur les flots les ombres de sa montagne. Le lendemain, au lever du jour, nous avions à notre droite, vers l'ouest, l'île de Paula, sur laquelle l'histoire ne dit rien de remarquable, et que nous n'avons pas vue d'assez près pour que je puisse vous en parler. Comme les vents sont devenus contraires, nous avons été obligés de louvoyer; et dans une bordée qui nous a rapprochés de la terre-ferme, nous nous sommes trouvés en face de Napoli de Malvoisie. Les Grecs et même les Turcs lui ont conservé le nom de *Mononbasia*, qu'elle avait sous la domination des Champenois. Elle a été bâtie avec les ruines de l'ancienne Épidaure *Limera*, sur une colline qu'environnent de toutes parts les eaux de la mer. La Morée n'avait point de place plus forte au moyen-âge; ce fut la dernière ville fortifiée qui tomba au pouvoir des Croisés. Guillaume de Villardoin, pour s'en rendre maître, eut besoin d'invoquer le secours du duc d'Athènes, du grand sire de Thèbes, des seigneurs de Céphalonie et de Négrepont, de la république de Venise. Le prince, dit la chronique, établit le blocus devant la ville, et *resserra Mononbasia aussi étroitement qu'on enferme le rossignol dans sa cage*. Bien pourvus de tout, les habitans ne faisaient que fort peu de cas de l'armée française ; ils espéraient même qu'elle ne tarderait pas à se décourager ; mais Guillaume, blessé de leur orgueil et plein de colère, jura, sur son épée, de ne pas s'éloigner qu'il n'eût pris la place. Plusieurs *trébuchets* furent aussitôt établis, qui tiraient jour et nuit sur la ville ; ces machines de guerre abattaient les maisons et tuaient les hommes. » Le chroniqueur, après avoir donné ces détails, ajoute que le siége dura plus de trois ans. « Les assiégés manquant de tout, et *presque forcés de se dévorer les uns les autres, égorgèrent les souris et les chats.* Enfin, ils proposèrent de se rendre, à condition qu'on leur laisserait leurs biens et leurs priviléges, et qu'ils ne seraient tenus de ne servir le prince que par mer, en recevant toujours une somme pour l'équipement, et de plus, une légère indemnité ou gratification. Guillaume accepta cette proposition, qu'il fit mettre par écrit, et qu'il scella de son sceau. Puis, en *homme sage qu'il était*, il distribua aux députés de la ville de superbes coursiers, des habillemens d'or et d'écarlate, et leur donna des terres dans la Laconie. »

Vous voyez par ce récit que Mononbasie, ou Napoli de Malvoisie, était alors une ville maritime très-florissante. Elle fut rendue à l'empereur grec Michel, puis tomba au pouvoir des Vénitiens, qui l'ont occupée pendant près de deux siècles. Ses murailles et ses maisons, qui tombent en ruines, attestent aujourd'hui sa décadence; son port ne reçoit que de petites barques : le voisinage des pirates en a sans doute éloigné le commerce et l'industrie. Quelques voyageurs, entre autres M. Pouqueville, parlent des ruines cyclopéennes de Limera, qu'on trouve à une lieue de Mononbasie, et qui portent l'empreinte des temps les plus reculés. Après ces ruines, la seule des célébrités de ce pays qui ait résisté au temps, ce sont les vignobles de Malvoisie qui couvrent les coteaux voisins de la mer, et dont la verdure éclatante contraste agréablement avec les plaines et les campagnes desséchées de cette partie de la côte.

Le calme ou les vents contraires ont souvent changé ou suspendu notre marche. J'aurais bien voulu aborder quelquefois dans le port le plus voisin, ou descendre sur les rivages que nous voyions dans notre route ; j'aurais voulu visiter l'intérieur de chaque pays, connaître ses habitans, étudier son histoire sur les lieux mêmes. Malheureusement il faut se contenter de la perspective. La situation où je me trouve, en côtoyant ainsi la Grèce et ses îles, ne ressemble-t-elle pas un peu à celle d'un homme studieux qui serait condamné à se promener devant les rayons d'une riche bibliothèque fermée par des vitraux et des treillages ? Il ne pourrait voir que le dos, le titre et la forme des volumes ; mais il ne lui serait pas permis d'y toucher, et tout ce que ces livres contiennent, serait pour lui lettre close. Il ne faut pas croire, toutefois, que nos promenades rapides à travers l'Archipel soient sans charme et sans agrément. Mille tableaux se succèdent sans cesse autour de nous, et nous offrent des distractions continuelles. Ce sont tour à tour des rochers sauvages, des terres couvertes de vignes ou de moissons, des cités avec leurs tours et leurs remparts, des lieux remplis de grands souvenirs ; s'il ne nous est pas permis de parcourir les pays offerts ainsi à nos regards, et d'en rapporter quelques trésors d'érudition, nous pouvons du moins admirer de loin toutes ces merveilles, et jouir chaque jour de la magnificence et de la variété du spectacle.

Il y avait trois jours que nous avions quitté la rade de Navarin. Nous étions toujours contrariés par les vents. Après avoir erré long-temps dans les parages d'Hydra et de Spezzia, nous sommes entrés enfin, le 8 juin, dans le golfe de Naupli, ou la mer Argolide. Vers le milieu de la journée, le *Loiret* a mouillé au fond du golfe en face de Naupli, que nous appelons, d'après les Italiens, Napoli de Romanie. Naupli est une des principales villes de la Morée, aujourd'hui le siége du gouvernement. Les Croisés, après la prise de Constantinople, s'en emparèrent, et la gardèrent jusqu'au XVe siècle. Elle resta ensuite, comme plusieurs autres conquêtes des Croisés, au pouvoir des Vénitiens qui l'ont prise et reprise plusieurs fois sur les Turcs.

C'est la seule ville de la Grèce qui, dans les derniers temps, ne soit pas tombée entre les mains d'Ibrahim. Elle est bâtie sur une langue de terre ou sur un coteau rapide qui s'avance dans la mer. Plusieurs tours, plusieurs fortifications, assez bien entretenues, en défendent l'approche du côté de la rade ; la ville est dominée, vers le nord, par la citadelle de Palamède ou Palamide. C'est un roc fortifié depuis sa base jusqu'à son sommet ; il a une très-grande élévation ; et lorsque le canon gronde à cette hauteur, il me semble qu'on pourrait bien le prendre pour la foudre du ciel.

Je termine là cette lettre ; je vais descendre à terre. Je ne reprendrai la plume que lorsque j'aurai vu la ville et tout ce qu'elle peut offrir de curieux aux voyageurs.

LETTRE IV.

NAUPLI.

A bord du *Loiret*, le 9 juin 1830.

Lorsqu'on aperçoit la terre classique des beaux-arts, l'antiquité, avec ses prestiges de gloire et de grandeur, se présente à la pensée. Mais le charme ne dure pas long-temps; les rêves les plus poétiques sont sur le point de s'évanouir et de disparaître comme une ombre vaine, lorsqu'on arrive sur les lieux et qu'on va mettre le pied sur la rive.

A peine *le Loiret* avait-il jeté l'ancre, que nous avons vu autour de nous trois barques chargées de Grecs aveugles et de quelques petits enfans qui demandaient l'aumône; les vieillards aveugles frappaient les mains, tendaient les bras vers le ciel, et s'écriaient d'un ton lamentable: *Christos, Christos, Francese, Bono Francese*. Ils avaient la tête rasée tout autour, et quelques tresses de cheveux pendaient sur leurs épaules; leurs vêtemens étaient sales et déchirés, leur barbe dégoûtante. Un de ces vieillards avait un violon noir à demi brisé, et promenait au hasard un mauvais archet sur des cordes détendues. Les enfans étaient presque nus, couverts d'ordure et brûlés par le soleil. La voix aigre et glapissante des jeunes mendians, les cris des vieillards, mêlés au son d'un instrument barbare, formaient un concert qui déchirait à la fois le cœur et les oreilles. Nous avons détourné nos regards de ce triste spectacle, en jetant quelques pièces de monnaie dans les barques de ces pauvres Grecs.

La mendicité est la lèpre de toutes les vieilles sociétés qu'on s'efforce inutilement de rajeunir. La civilisation ne guérit pas le mal; mais elle parvient à le cacher. Je me rappelle qu'au moment où nous avons quitté Paris, il n'y était question que d'extirper la mendicité, ou plutôt de la dérober aux regards du public. La charité, à cet égard, était si ardente, que la police et ses gendarmes poursuivaient les pauvres dans les rues pour leur faire accepter les bienfaits de l'hospitalité. J'ai jugé, d'après la visite que nous venions d'avoir, qu'on n'en est pas encore là à Napoli de Romanie.

Nous étions impatiens d'aller à terre; nous

sommes descendus sur un quai pavé et assez bien entretenu. La ville est divisée en deux parties, la ville basse et la ville haute, séparées l'une de l'autre par un rempart ; il faut marcher quinze à vingt minutes pour aller de la ville basse à la citadelle de Palamède. Les murailles de la cité portent encore çà et là des traces du séjour des Vénitiens. Les Turcs, qui ont occupé la ville jusqu'aux derniers temps, n'y ont laissé que des fontaines, sur lesquelles on lit encore des passages du Coran. Quelques rues sont pavées à moitié; d'autres ne le sont pas du tout. Le premier étage des maisons s'avance de deux ou trois pieds sur la rue : ce qui nuit à la perspective autant qu'à la salubrité. On a construit depuis peu quelques maisons à l'italienne et à la française ; ces édifices sont plutôt une bigarrure qu'ils ne sont un ornement ou une amélioration. On n'a pris aucune mesure pour l'écoulement des immondices ; il s'échappe, de tous les quartiers et surtout des égouts, des exhalaisons infectes. La partie misérable de la population est entassée dans des cabanes (*calives*) qui encombrent plusieurs quartiers. On a proposé des plans pour assainir la cité ; mais, dans un pays rempli de factions, on a bien autre chose à faire qu'à se préserver de la peste et des épidémies.

Il en coûte plus cher à Naupli, pour se loger commodément, qu'il n'en coûterait dans les quartiers les plus fréquentés de Paris. Comme cette ville est la seule qui soit restée debout pendant la guerre, on a dû s'y réfugier de toutes les parties de la Grèce. La population a dû s'accroître aussi, depuis que Naupli est devenue le siége du gouvernement. La ville a beaucoup de cafés qui sont toujours pleins ; quelques-uns sont bruyans et peu sûrs pour les étrangers. Ce qui frappe surtout ceux qui arrivent, c'est que, hors des bazars qui offrent quelque mouvement, on ne rencontre dans les rues et dans les maisons, que des gens désœuvrés ; la misère et l'oisiveté, voilà les deux caractères distinctifs de cette population, qui est comme un résumé de celle de la Grèce. Une ville peuplée d'oisifs et de misérables ne doit pas être facile à gouverner, et je m'étonne qu'on ait fait un crime au président d'y avoir établi une police. Là se trouvent rassemblés tous les genres de prétentions et tous les genres d'infortunes. Naupli est devenue l'asile de tous ceux que la guerre a ruinés, de tous ceux qui se vantent d'avoir sauvé la patrie : ce qui suffirait peut-être pour peupler la cité. Ceux qui ont fui pendant la guerre viennent solliciter des indemnités ; ceux qui ont combattu, des honneurs, de l'argent et du pouvoir. Après ceux qui mendient ainsi des pensions ou des places, viennent ceux qui implorent la pitié des passans. Cette misère, qui était venue au-devant de nous jusque dans la rade, nous la rencontrons à chaque pas dans la ville ; les uns, à qui on a coupé la main, lèvent au ciel leurs bras mutilés ; les autres montrent par leurs gestes et des sons inarticulés qu'on leur a coupé la langue. En voyant ces pauvres Grecs, on se rappelle naturellement toutes les souscriptions ouvertes en Europe, tous les bals, tous les concerts donnés au profit des malheureux enfans de la Grèce. A qui a-t-on donné cet argent? C'est une vérité fâcheuse à dire; mais toutes les aumônes des philhellènes, toutes les charités des peuples et des rois, ont été employées à satisfaire de mauvaises passions, à contenir les excès de l'orgueil irrité, de l'ambition mécontente, de la jalousie toujours prête à s'armer du poignard de la sédition...

La plupart des chefs de la révolution habitent Naupli; ils se haïssent mortellement les uns les autres; il n'en est pas un qui ne condamnât tous ses rivaux à l'exil, s'il en avait le pouvoir, et qui ne fît revivre de grand cœur l'ancienne loi de l'ostracisme, pour se débarrasser de ceux dont la renommée ou le crédit l'importune. La nouvelle capitale de la Morée renferme aussi dans ses murs beaucoup de *primats*, de *démogérontes*, de *logiotati*, nobles créés par les pachas, plusieurs familles de princes nées à l'ombre du croissant; tous ces gens-là représentent à merveille la vanité du pays, et se donnent pour cela beaucoup de mouvement. Une autre espèce d'hommes, qui est répandue dans toutes les provinces, et qui est en plus grand nombre à Naupli, ce sont les *palicares*, sorte de milice formée du temps des Turcs, et qui a combattu avec bravoure pour la cause de l'indépendance. Cette milice exige le prix de ses services avec un esprit d'orgueil qui pourrait passer pour de la révolte. Ils refusent de se soumettre à la nouvelle discipline ; et, quoiqu'ils reçoivent une paie, ils dédaignent de paraître sous les drapeaux. Ainsi la révolution grecque a aussi ses janissaires, dont il faudra subir les violences, ou qu'il faudra détruire par la force.

Tout ce que j'ai vu, tout ce que j'ai appris des mœurs politiques de ce pays m'a rappelé l'éloquent tableau que retrace Thucydide, d'une époque plus glorieuse que le temps présent, mais non moins féconde en désastres. « La guerre, dit l'historien, avait donné aux Grecs des leçons de violence, et les mœurs des citoyens étaient devenues conformes à l'âpreté des temps.... L'homme violent était un homme sûr, celui qui le contrariait un homme suspect ; dresser des embûches et réussir, c'était avoir de l'esprit ; les prévenir, c'était en avoir davantage ; être le premier à faire du mal à ceux de qui on pouvait en attendre, c'était mériter des éloges ; on en recevait aussi, quand on savait exciter à nuire celui qui n'y songeait pas.... Les uns, sous le prétexte de la liberté du peuple, les autres, sous celui d'une aristocratie modérée, affectaient de ne consulter que le bien de la patrie ; mais elle-même était en effet le prix qu'ils se disputaient. Dans leurs luttes réciproques, pour l'emporter les uns sur les autres par quelque moyen que ce fût, il n'était pas d'excès que ne se permît leur audace ; soit par des décrets injustes qu'ils faisaient rendre, soit en se procurant le pouvoir à force ouverte, ils étaient toujours prêts à satisfaire leur haine. Jamais ni l'un ni l'autre parti ne transigeait de bonne foi ; mais ceux qui parvenaient à leurs fins en cachant adroitement leur ruse et leur perfidie, avaient le plus de réputation. Les citoyens étaient victimes des factions ardentes, soit parce qu'ils ne combattaient point avec elles, soit parce qu'on enviait leur tranquillité. » Les principaux traits de ce tableau peuvent très-bien s'appliquer à l'état actuel de la Grèce ; les passions qui troublèrent autrefois ce pays sont encore là, mêlées à nos corruptions modernes, et tout cela ne manquera pas d'éclater, quand viendra le jour des grands crimes et des grandes discordes.

A la suite d'une révolution qui avait la guerre pour auxiliaire, les institutions militaires ne devaient pas être négligées ; on a fondé à Naupli une école pour former de jeunes officiers ; cette école est dirigée par un homme respectable, le général Trézel. Chaque jour, on exerce les soldats, qu'on appelle des *tacticos*, à la discipline française ; ceux que nous avons vus paraissent montrer beaucoup de zèle et de docilité ; mais les recrutemens se font difficilement, et la jeunesse grecque ne paraît pas montrer beaucoup de goût pour la gloire des armes. D'un autre côté, tous les braves venus des différentes contrées de l'Europe pour défendre la cause de la liberté, ont quitté la Grèce depuis long-temps, n'emportant avec eux que le titre de Philhellènes, et l'espoir d'être mentionnés honorablement dans le procès-verbal d'un comité ou d'une académie. Tous les soldats qu'on a pu rassembler sous les drapeaux du nouveau gouvernement, et qui composent l'armée régulière, ne pourraient pas former deux régimens. Ils sont presque tous en garnison à Naupli ; on leur a bâti une caserne, le seul édifice ou le seul monument du temps actuel qui mérite quelque attention.

Ma première visite a été au résident de France, M. Rouan ; il a servi la Grèce par d'utiles conseils et par un esprit de conciliation dont le pays ne lui offre guères de modèles. J'avais aussi des lettres pour M. de Pannen, résident de Russie. M. de Pannen est un jeune seigneur russe qui réunit, à une érudition choisie et au goût éclairé des arts, la plus parfaite connaissance des affaires. Après l'avoir entendu, on pourrait le prendre pour un autre Anacharsis, envoyé par le grand roi pour négocier avec cette Grèce, objet de ses plus chères études. Quoique je n'eusse point de recommandation pour M. de Rigny, je lui ai fait une visite à bord du vaisseau amiral ; j'en ai été parfaitement accueilli. Personne n'a plus fait respecter le nom français dans ce pays ; personne aussi n'y est plus considéré. Pour avoir une idée de la prépondérance actuelle de la France en Orient, il suffit de voir à son bord un amiral français. C'est là que se trouve tout ce qui inspire la confiance et le respect, tout ce qui fait la gloire et la puissance. J'ai parlé à M. l'amiral de Rigny du projet que j'avais d'aller à Smyrne, et de mon extrême désir de voir en passant les ruines d'Athènes ; il a donné aussitôt les ordres nécessaires pour cela, et m'a promis en outre de me faire conduire jusqu'à Jérusalem. Vous voyez, mon cher ami, que ma croisade commence sous d'heureux auspices, et, pour achever mon entreprise, il ne me reste plus à désirer que la santé et des vents favorables.

A bord du *Loiret*, le 10 juin.

LE PRÉSIDENT DE LA GRÈCE.

J'ai prié M. Rouan de me présenter au président de la Grèce, le comte Capo-Distrias. Il faut que je vous fasse le récit de ma présentation, qui a eu lieu hier; je ne négligerai aucun détail. Après avoir traversé une rue solitaire dont je ne sais pas le nom (la plupart des rues de Naupli n'ont point de nom), nous sommes entrés dans une maison qui n'a aucune apparence extérieure; je ne me souviens pas même d'avoir vu une sentinelle à la porte. Nous avons passé par un vestibule étroit et obscur; et, montant par un escalier de bois, nous sommes arrivés dans une antichambre où il n'y avait personne. Une si grande simplicité me rappelait quelque chose des antiques vertus de la Grèce, et, si vous aviez été là, vous auriez pu croire que j'allais faire une visite à Phocion ou à quelque philosophe du Portique. Le président nous a reçus dans une salle assez vaste, où la lumière pénètre de tous les côtés à la fois, et dont le soleil fait en quelque sorte le principal ornement; on n'y trouve d'autres meubles qu'un sopha circulaire et une espèce de secrétaire et de bureau où travaille son Excellence. Le président est un homme de cinquante-cinq ans. J'ai remarqué dans sa physionomie un air spirituel et bienveillant, et dans ses manières, la politesse des gens de cour, mêlée au ton réservé des diplomates. Son élocution est élégante et facile; il a plus de finesse que d'étendue et d'élévation dans l'esprit; sa conversation est bien moins empruntée à ce que l'expérience a de positif qu'aux spéculations de la philosophie; en un mot, il paraît plus appartenir à l'école rêveuse de Platon qu'à l'école politique de Périclès et de Thémistocle, et sa vanité, qu'il ne cache point, lui donne dès l'abord quelque chose d'hellénique.

Après les complimens d'usage, le président m'a demandé des nouvelles de la France; j'ai répondu laconiquement sur ce point; j'étais impatient d'entendre parler de la Grèce. La conversation a été d'abord générale; elle a roulé sur les temps passés. Pour me rapprocher du temps présent, j'ai demandé au président quel nom on devait donner à la Grèce régénérée; sera-t-elle un royaume ou une république? — Un royaume, m'a-t-il dit; car il faut donner un lien, un intérêt commun à des provinces toujours prêtes à se séparer les unes des autres. — La chose ne sera pas facile; on a pu élever quelquefois un temple au vrai Dieu avec les colonnes d'un temple de Jupiter ou de Minerve; mais comment bâtir un trône sur le sol et avec la poussière des vieilles républiques? — Ce que m'a répondu ici son Excellence m'a prouvé qu'il partageait mon avis. Si j'ai deviné sa pensée, il ne m'a pas paru trop éloigné de croire qu'on aurait mieux fait de *s'en tenir à la présidence.* — Quel que soit le nom qu'on donnera à la Grèce régénérée, il sera toujours difficile de gouverner un pays que tout le monde a la prétention d'avoir sauvé, et qu'on prétend sauver tous les jours. Une autre difficulté, et la plus grande de toutes, c'est la misère qui suit une révolution et qui produit le mécontentement indocile et la plainte séditieuse. Un retour rapide et violent à la liberté doit avoir altéré l'esprit d'obéissance et affaibli le respect des peuples pour tout ce qu'il y a de sacré dans les sociétés humaines. — Le président est convenu qu'il y avait beaucoup à faire encore pour établir chez les Grecs un bon gouvernement. Nous n'avons plus, a-t-il ajouté en souriant, la ressource merveilleuse de l'oracle de Delphes; mais les principes nous tiendront lieu de croyances. — Les principes peuvent être invoqués encore dans nos tribunes politiques; ils peuvent encore servir de prétexte à l'ambition, à la haine, à l'esprit de parti; mais ils ne règlent plus la conduite de personne. — Une chose malheureuse, a répliqué son Excellence, c'est qu'un peuple qui vient de conquérir sa liberté n'a guères la pensée d'en confier la garde à la sagesse des lois, et qu'une génération qui a secoué le joug est rarement celle qui fonde des institutions. — Rien n'est plus vrai; une génération qui a fait une révolution ne s'occupe souvent qu'à détruire ce qu'elle a fait; la France nous en offre plusieurs exemples depuis un demi-siècle; mais au moins faudrait-il qu'on songeât à réparer les maux du présent par le travail et l'industrie. J'ai partout remarqué parmi les Grecs un extrême penchant à l'oisiveté, cette grande maladie des sociétés d'Orient. L'ancienne Attique, par exemple, avait quatre cent mille esclaves qui travaillaient, tandis que les citoyens d'Athènes s'occupaient des lois de la république. Il n'en est pas ainsi dans la Grèce moderne, où personne ne travaille; où tout le monde veut faire ou défaire des lois. — Le président était frappé comme moi de ces observations; tous les soins de son gouvernement tendaient à faire du peuple grec un peuple actif et industrieux. Quelques-uns des moyens qu'il veut employer pour parvenir à son but m'ont paru avoir quelque chose de vague et de chimérique qui ne permet guères de croire aux succès de son entreprise. Le meilleur de ces moyens, selon lui, est de changer le costume des Grecs et de leur faire quitter la fousanelle, qui gêne leur mouvement et les retient dans l'inaction. — Notre entretien a roulé ensuite sur la popularité en général et sur la destinée de ceux qui se dévouent au bonheur des peuples. Un sujet si fécond n'était pas facile à traiter, en présence d'un homme que l'opinion populaire avait d'abord accueilli avec transport et qu'elle repousse aujourd'hui avec une sorte de violence. — Les révolutions, lui disais-je, ont des secrets qu'elles ne révèlent point; on ne sait presque jamais tout ce qu'elles veulent; voilà pourquoi il est si difficile de les servir, si dangereux de se mettre à leur tête. L'antiquité nous apprend que le sphinx du Cithéron arrêtait les passans pour leur proposer des énigmes, et qu'il dévorait ceux qui ne les devinaient pas : toute révolution populaire fait comme le sphinx. — Ces idées générales ont pu déplaire à son Excellence; j'ai cru m'apercevoir que sa philosophie n'était pas encore aguerrie contre certaines vérités. Je n'ai point voulu lui parler de l'injustice des peuples; ce qui eût été un lieu commun; ni de l'exemple de Thémistocle et d'Aristide, ce qui eût été une flatterie. J'ai mieux aimé changer de conversation; et j'ai fini par lui parler de l'ancien ministre de l'empereur Alexandre. La complaisance avec laquelle il m'a répondu m'a fait voir qu'il n'avait point oublié la cour de Russie, et que le président des Hellènes mettait toujours du prix à la faveur des rois.

Notre conversation en est restée là, et j'ai pris congé du président. Je ne prétends pas connaître à fond sa politique et son caractère; mais il me semble que rien n'est plus facile que d'apprécier ses embarras. Nous avons vu souvent en France des gouvernemens provisoires, et vous savez ce qu'ils ont fait; qu'est-ce en effet qu'une autorité qui n'existait pas hier, et qui n'existera pas demain? qu'est-ce qu'un président qui attend un monarque? une république qu'on organise en attendant une royauté? aujourd'hui une espèce de royaume sans roi? bientôt un roi sans royaume? On refuse au président de la Grèce les qualités d'un homme d'état; mais un homme d'état ne réussirait pas davantage. Je pense que la position de Capo-Distrias, position qu'il n'a point choisie, l'a jeté dans le discrédit où il est tombé, et dans l'impossibilité de gouverner et d'agir, encore plus que les fautes qu'il a pu commettre. Il n'y a rien de pire en politique qu'un état de choses qu'on croit constitué et qui ne l'est pas du tout; l'établissement d'une autorité précaire a trompé à la fois l'Europe et la Grèce, a pu tromper le président lui-même : on ne songe point à faire ce qu'on croit déjà fait. Ainsi peut-être a-t-on perdu, pour organiser ce malheureux pays, les seuls momens qui décident du sort des révolutions et de la destinée des peuples! On suppose au président un caractère dissimulé; un pareil reproche s'adresse d'ordinaire à tous ceux que les circonstances ont placés dans une position fausse, et que la faveur populaire a tout à fait abandonnés.

On les accuse d'abord d'avoir des intentions hostiles et violentes, puis, lorsque ces intentions ne se manifestent point par des actes extérieurs, les partis s'indignent de voir leurs prévisions en défaut, et l'idée de la dissimulation vient alors au secours de la haine implacable et de la malveillance opiniâtre. J'ai plusieurs fois ouï dire que le président avait fait des tentatives pour retarder l'arrivée de Léopold, et pour l'amener à donner sa démission; il nourrirait ainsi l'espoir de garder la présidence et de la convertir pour lui et sa famille en une espèce de royauté ; il m'a semblé entrevoir cette pensée dans quelques mots de sa conversation ; mais je ne puis croire qu'il s'y soit arrêté sérieusement. N'y aurait-il pas en effet plus d'aveuglement que d'ambition à vouloir régner sur des abîmes qu'on ne peut fermer; à braver des orages contre lesquels on ne peut rien, à mépriser enfin les leçons du passé, pour affronter un avenir qui s'avance avec des calamités nouvelles ?

Le roi Léopold réussira-t-il mieux? Personne ne le connaît; il ne sera pour la Grèce qu'un monarque tombé des nues. Il n'est appelé ni par des souvenirs ni par des espérances; on aura de la peine à rattacher la famille d'un prince allemand à celle d'Agamemnon, de Cécrops ou d'Agésilas, moins encore aux idées et aux intérêts que la révolution a fait naître : le prince Léopold n'inspire que le sentiment de la curiosité; on l'attend à Naupli comme vous attendez à Paris les aiguilles de Cléopâtre ou les obélisques de Luxór; il est une chose néanmoins qui pourrait le faire désirer; on croit généralement qu'il arrive avec un emprunt tout fait de soixante millions; c'est un grand attrait pour les enfans de Lycurgue et de Solon; mais quand les soixante millions seront dépensés, que deviendra la royauté qu'on regarde maintenant comme un trésor, et qui ne sera plus qu'une bourse vide? On n'a rien fait d'ailleurs pour établir et consolider le trône du nouveau venu. Les cabinets alliés ont cru qu'il suffisait de dire dans les traités qu'il y aurait un roi en Morée, et que ce roi viendrait de notre Europe. Quand je suis parti de Paris, il était beaucoup question de tracer les limites du territoire grec; mais personne ne songeait à tracer les limites du pouvoir royal, ou celles du pouvoir populaire, en un mot, à constituer un gouvernement; on n'y songe pas plus ici qu'à Paris, à Pétersbourg et à Londres; le nouveau roi viendra sans savoir à quelles conditions il régnera, comment il doit régner; il n'aura d'autre perspective que d'être le continuateur de Capo-Distrias; même il ne doit pas s'attendre à être plus populaire que le président; car, dans ce pays comme dans beaucoup d'autres, la popularité ne s'attache guères à ceux qui ont la mission de rétablir l'ordre quelque part. Les opinions populaires ne soutiennent presque jamais ce qu'elles ont élevé, et, dans leur extrême mobilité, elles ressemblent aux vents orageux qui finissent toujours par laisser tomber ce qu'ils ont porté jusqu'aux nues. Tel est le sort qui menace la royauté nouvelle de la Grèce.

A bord du *Loiret*; le 11 juin 1830.

RUINES DE TYRINTHE.

Il nous restait beaucoup de choses à voir à Naupli et dans le voisinage; comme notre séjour ne devait pas se prolonger long-temps, nous nous sommes partagé la tâche avec M. Poujoulat; tandis qu'il a été voir Argos et Mycènes, j'ai dirigé ma course vers Tyrinthe. Nous avons quitté ce matin le *Loiret* au lever du jour; en traversant la ville haute, nous avons vu une maison qu'on achève de bâtir, et qu'on appelle l'hôtel ou le palais du président; cet édifice se trouve au milieu d'une place non pavée et plantée de quelques platanes. C'est là que le roi Léopold sera reçu, s'il arrive; c'est tout ce qu'on a fait dans son royaume pour le recevoir. Cette demeure royale, pour l'élégance de sa construction, est bien au-dessus de celle qu'occupe maintenant Capo-Distrias, mais aussi beaucoup au-dessous de nos hôtels du faubourg Saint-Honoré ou de la Chaussée-d'Antin. Nous sommes sortis de la ville par la porte de Palamède. On voit encore, sur cette porte, de construction vénitienne, une sculpture fort bien conservée, représentant le lion de Saint-Marc; on remarque d'autant plus aujourd'hui ces armoiries d'une puissante république, qu'elles ne sont plus que des souvenirs, et qu'on ne les trouve plus que parmi les ruines. Bien long-temps avant le lion de Saint-Marc, si nous en croyons l'histoire ancienne, Naupli avait sur ses portes des armoiries semblables à celles que certaines traditions populaires donnent à la ville de Bourges, avec la seule différence que l'âne de Naupli n'était pas assis dans un fauteuil.

A quelques pas de la porte est une espèce d'esplanade ou terrain vague, où le hasard a fait naître quelques arbres; ce lieu est la promenade publique. J'avais lu dans les voyageurs que les campagnes de Naupli étaient couvertes de mûriers et d'oliviers. Nous n'y avons pas vu un arbre : les soldats d'Ibrahim ont tout ravagé, tout brûlé; il n'est resté que la terre, qui paraît d'ailleurs très-fertile. Après avoir traversé des terrains marécageux, et dépassé une montagne aride qui borde la plaine vers le nord, nous sommes arrivés à Tyrinthe. C'est une colline ou plutôt une élévation de terre où se montrent d'antiques ruines. On nous a conduits d'abord dans une espèce de corridor souterrain qui reçoit le jour par plusieurs ouvertures; ce corridor est formé de grosses pierres non taillées, arrangées sans ciment; mais si bien liées ensemble, qu'elles surpassent en solidité les plus parfaites constructions des modernes. Depuis trois mille ans, aucune pierre ne s'est détachée de cette voûte, sous laquelle on nous assure qu'Hercule s'est reposé de ses travaux, et qui, si on en croit les traditions mythologiques, servait de chambre à coucher aux filles de Prétus.

Après être resté quelque temps dans cette galerie où les troupeaux ont laissé les marques de leur passage, nous avons visité les autres ruines de Tyrinthe; elles se réduisent à des fondations ou à des pans de murailles, dont la construction et la forme ont évidemment le caractère cyclopéen. Elles se trouvent en grande partie recouvertes de terre végétale, ce qui fait qu'on ne peut en avoir une idée bien exacte, et qu'on ne les a jamais bien décrites. Tout autour de la colline, on voit de grosses pierres dispersées çà et là parmi des touffes d'arbustes. Lorsque nous avons visité l'emplacement de ce qu'on appelle la citadelle ou l'Acropolis, on y moissonnait du froment; et des milliers de cigales voltigeaient avec bruit au milieu des herbes brûlées par le soleil. Tout cela présente à l'esprit des idées assez confuses, et la seule pensée à laquelle on puisse s'arrêter, c'est que ces ruines brutes et grossières, ces ruines qui ont précédé tous les arts, ne sont pas seulement pour nous un souvenir de l'antiquité, mais une révélation merveilleuse des temps primitifs. On a beaucoup parlé dans notre siècle de l'architecture cyclopéenne; chez les anciens, ces constructions, dont on n'avait vu de modèle que dans la nature elle-même, furent d'abord un sujet d'étonnement; et pour en expliquer les merveilles, on dut les attribuer à des hommes d'une force extraordinaire, à des géants qu'on appela des Cyclopes. Il n'était donné, en effet, au moins dans l'opinion du vulgaire, qu'à une force gigantesque de remuer d'énormes masses et de les arranger pour en former des abris pour l'homme, des temples pour les dieux. Voilà pourquoi dans les premiers temps, on donna le nom de Cyclopes à ceux qui construisaient des édifices; ce nom fut donné aussi par le même motif à ceux qui se servirent les premiers du fer, et qui, les premiers, domptèrent les métaux. On voit dans plusieurs auteurs anciens qu'on faisait venir des Cyclopes de la Phénicie et de la Lycie. Or, ces Cyclopes de la Phénicie et de la Lycie, ne pouvaient être que des ouvriers plus habiles que les autres pour la construction des maisons et des cités.

Quoi qu'il en soit, il est bien certain que les ruines de Tyrinthe appartiennent aux temps les plus reculés. Tyrinthe existait long-temps avant le siége de Troie; et son histoire se perd tellement dans les temps héroïques ou fabuleux, qu'on n'ose la rappeler aujourd'hui. Nous savons que le peuple de Tyrinthe fut vaincu par les Argiens, et transporté tout entier à Argos. Quelques auteurs nous disent que les Tyrinthiens avaient une manie étrange, plus étrange encore dans l'antiquité qu'elle ne le serait dans les temps modernes, celle de rire sans cesse et à tout propos. Cette manie fut poussée à un tel excès, que les Tyrinthiens s'attirèrent le mépris des hommes, et que l'oracle les menaça de la colère des Dieux. Je n'ai rien vu dans les ruines de Tyrinthe, ni dans son climat, ni dans l'air qu'on y respire, qui pût expliquer cette singulière disposition à s'égayer. Le docteur Clarke, qui a décrit Tyrinthe, et qui écrivait dans un temps où il était de mode en Angleterre de se moquer de la légèreté française, a voulu faire ici comme la plupart de ses compatriotes. « Messieurs les Parisiens, dit le docteur anglais, ne sont pas moins portés à l'enjouement que les Tyrinthiens; et comme, d'un autre côté, ils regardent l'architecture cyclopéenne ou celtique comme une architecture de leurs aïeux, pourquoi ne réclameraient-ils pas la gloire d'avoir fondé Tyrinthe, ou tout au moins d'y avoir envoyé une colonie? » Les Parisiens auraient pu rire autrefois de la gaîté du grave docteur; mais il y a long-temps qu'on ne rit pas plus à Paris, qu'on ne rit à Tyrinthe.

En parcourant la colline où gissent les restes cyclopéens, nous avons rencontré un jeune Grec qui semblait être venu, comme nous, pour visiter les ruines. Il était assis sur un débris de la citadelle, et tenait un livre sous le bras. Je lui ai adressé quelques mots en français. Il m'a répondu dans la même langue ; ce qui m'a surpris très-agréablement. Il s'est offert pour être notre *cicérone*, et nous a dit tout ce qu'il savait de Tyrinthe. J'ai jugé, d'après sa conversation, qu'il ne manquait point de savoir. Il n'avait point négligé l'étude de l'ancienne Grèce ; mais la France nouvelle occupait bien plus ses pensées. Je lui ai demandé s'il était de Naupli. *Je suis né à Sparte*, m'a-t-il répondu, *et je demeure à Argos, où mon père est membre du tribunal de cassation*. Cette idée du tribunal de cassation, mêlée aux souvenirs d'Argos et de Sparte, m'a confondu ; et peu s'en faut que je n'*aie vu pousser des cornes* à notre jeune Spartiate. Le livre qu'il portait sous le bras était une de ces brochures qu'on ne connaît pas à Paris, quoiqu'elles en viennent. Je me souviens à ce sujet qu'on envoyait ces sortes de productions littéraires dans les colonies, quand nous avions des colonies. Nous les envoyons maintenant aux habitans d'Athènes et de Lacédémone ; et vous voyez qu'elles sont fort bien accueillies.

Ce jeune homme de Sparte (ou plutôt de Misithra), avec ses manières françaises, avec sa brochure de Paris, avec son père *membre du tribunal de cassation* à Argos, peut vous donner une idée de la nation grecque, et vous faire juger ce que peut être un pays placé entre le souvenir vague de sa propre histoire, et les merveilles d'une civilisation moderne qu'on veut imiter sans la comprendre. J'ai vu dans notre révolution nos Aristides de carrefour singer l'ancienne Grèce qu'ils ne connaissaient point. Les enfans de la Grèce singent de même aujourd'hui la France nouvelle sans en savoir davantage.

En retournant à Naupli, nous sommes entrés dans une ferme modèle, placée à deux cents pas de Tyrinthe. Ce qu'il y a de plus remarquable dans ce pays, c'est qu'on y rencontre presque partout une nouveauté à côté d'une ruine. Cette ferme modèle a été établie par le président, qui veut que l'agriculture des Grecs soit une imitation de la nôtre. Elle rappelle en petit la ferme de Rambouillet avec sa pépinière, son école horticulaire et ses mérinos. Sur une terre où tout commence, dans des campagnes restées long-temps incultes, on veut introduire les usages d'une agriculture poussée au dernier point de perfection. La différence des climats, les habitudes des peuples, tout cela n'est compté pour rien. Pour le plaisir seul de nous imiter, on ferait volontiers croître les orangers et les myrtes dans des serres chaudes, comme on le fait sous notre ciel froid et brumeux : ce ne sont partout que des imitations serviles de ce qui se fait chez nous. Nous avions déjà vu un préfet à Modon, et, je crois, un maire à Navarin. On m'a parlé de deux ou trois princesses grecques de Naupli qui font venir toutes leurs modes de Paris, et qui se piquent de donner des *routs* comme on en donne dans la Chaussée-d'Antin. On se flatte avec cela de ressusciter le siècle de Périclès; et l'Europe se demande si les villes de Thésée et de Lycurgue sont sorties de leurs ruines.

Un de nos compagnons de voyage, qui était venu avec moi à Tyrinthe, voyait avec peine ma mauvaise humeur contre les Grecs. Il est une chose, me disait-il, que la Grèce ne nous empruntera point; c'est le beau ciel qui nous éclaire maintenant, et qui couvre la terre de moissons; il est impossible, avec cela qu'une société ne se relève pas de l'état de misère où elle est tombée. Oui, sans doute, mais le soleil ne fait pas le patriotisme; pour servir sa patrie, il faut commencer par être de son pays, en avoir le caractère et les mœurs, y être attaché par des souvenirs. Vous voyez que le soleil de la Grèce, comme celui de nos climats, ne féconde que les plantes qui ont leurs racines dans le sol; il brûle les autres, ou le vent les emporte. On ne peut, j'en conviens, ressusciter la Grèce antique, mais la civilisation d'un peuple doit naître de son propre génie, du caractère que la nature lui a donné; la Grèce, en un mot, ne saurait prospérer avec des Grecs qui sont tour à tour Français, Allemands ou Anglais, et même Turcs dans certains momens.

Vous allez me prendre, mon cher ami, pour un de ces fâcheux qui n'aiment rien et qui sont mécontens de tout; vous allez croire que je ne suis venu en Grèce que pour y adorer les traces du misanthrope Timon et pour y chercher son trop fameux figuier. Je n'ai jamais fait, il est vrai, partie d'un *comité philhellène;* mais je n'en désire pas moins que ce beau pays sorte de son vieux sépulcre, et qu'il revive parmi les peuples civilisés; si la Grèce ne m'inspirait pas un vif intérêt, je n'aurais pas traversé les mers pour la visiter; et, quand je montre de l'humeur, c'est contre ce qui peut lui nuire. Je ne voudrais pas qu'il fût dit un jour dans l'histoire, que les Grecs ont perdu toutes les vertus qui les ont illustrés dans l'antiquité, et qu'ils n'ont conservé que les défauts qui amenèrent autrefois leur décadence et leur ruine. Tant que les Grecs ont été sous le joug des Turcs, on a dû les plaindre et les excuser; depuis que la liberté leur a été rendue, ils doivent s'attendre à être jugés plus sévèrement.

Nous sommes rentrés de bonne heure dans le *Loiret*, où j'ai le temps de vous écrire avant que le soleil quitte l'horizon. M. Poujoulat revient aussi d'Argos et de Mycènes; il va rédiger la relation de sa promenade dans l'Argolide, et vous la recevrez avec ma lettre sur Tyrinthe, de sorte que le pays où nous sommes vous sera bien connu.

LETTRE V.

A M. M....

PROMENADE A ARGOS ET A MYCÈNES.

Naupli, 12 juin 1830.

Pendant que vous visitiez les restes Cyclopéens de la vieille Tyrinthe, je suis allé chercher d'autres ruines et d'autres souvenirs ; d'ailleurs, cette Grèce de Naupli dont vous avez soulevé si ingénieusement toutes les guenilles, m'enlève cruellement mes illusions d'étude, et j'ai besoin de me réfugier dans les temps anciens pour garder quelque chose de mon enthousiasme.

Avant hier, 10 juin, je suis sorti de Naupli à cinq heures du soir pour prendre le chemin d'Argos, avec quatre jeunes voyageurs venus de France avec nous. La distance de Naupli à Argos est d'environ trois heures. Je n'ai rien vu dans notre marche qui soit digne d'être remarqué. Avant la révolution grecque, une forêt d'oliviers couvrait au loin la plaine; mais cette guerre, dont nous avons déjà vu les ravages dans les campagnes de Modon et de Calamata, n'a pas épargné la belle plaine d'Argos.

La ville nous apparaissait au pied d'une montagne, à l'extrémité du golfe. La citadelle de Larissa, qui couronne le sommet de ce mont, brillait des derniers feux du soleil. A une heure de distance, mes yeux avides cherchaient des débris de palais, des tombeaux, quelques monumens qui pussent me parler du *roi des rois*, *pasteur des peuples*; je n'apercevais sur la montagne qu'une forteresse, et au bas, je découvrais, dans un fond de verdure mêlé de vapeurs et d'obscurité, un vaste amas de cabanes et quelques maisons blanches. Nous approchions d'Argos, et le jour s'effaçait autour de nous; les montagnes qui dominent la plaine de trois côtés, disparaissaient peu à peu au milieu des ombres; le golfe qui s'étendait sans bruit à notre gauche, paraissait comme recouvert d'un long voile grisâtre. Les pâtres et les moissonneurs avaient repris le chemin de leurs demeures; les ânes chargés de gerbes et les troupeaux s'avançaient ensemble, et les pauvres Argiens qui regagnaient leurs chaumières, s'arrêtaient devant nous pour nous donner le salut du soir; c'est ainsi que nous avons fait notre entrée dans Argos.

Il était nuit, et nous nous sommes trouvés tout à coup au milieu d'un spectacle auquel je ne me serais point attendu. Des cabanes de bois rangées en forme de rues, des feux semés sur le chemin, comme pour tenir lieu de réverbères; des cafés avec des billards où se pressaient des hommes de différentes nations, Grecs, Russes, Italiens, les uns jouant de la lyre, les autres chantant des chansons d'amour ou de liberté; des tavernes étroites et puantes; de grands vases remplis de lait, posés au coin de la rue, sur de gros brasiers; des femmes et des enfans vêtus de haillons, allant et revenant devant nous; des malades et des mendians couchés sur la terre à côté de leur besace et de leur pain noir: des Albanais, sous leurs vêtemens héroïques, assis dans la rue autour d'un flambeau, fumant silencieusement à la manière musulmane; voilà Argos, voilà comment s'est montrée à nous la ville des Atrides, la cité grecque régénérée.

Quand on voyage pour la première fois dans la Grèce, on rêve des villes superbes, des temples aux formes élégantes, des dieux et des héros debout sur leur piédestal de marbre, les enchantemens de la mythologie mêlés aux grandeurs de l'histoire; mais qu'il faut peu de temps pour vous précipiter des hauteurs de ces songes poétiques dans la triste et misérable réalité! Si je voulais déplorer avec vous la vanité des choses humaines, l'état présent d'Argos pourrait me fournir un beau texte. Je vois une taverne à la place du temple de Diane, d'impurs décombres au lieu même où Castor et Pollux, où la chaste Lucine, étaient adorés sur un trône d'or. Les temples des dieux, les palais des rois, les trophées de cent victoires se sont évanouis sous le souffle des âges, et nul ne peut dire comment ils ont ainsi disparu.

Telles étaient les images qui passaient dans mon esprit, lorsqu'on est venu nous annoncer que nous avions un gîte pour la nuit; nous avons été conduits dans une grande maison de bois, et nous nous sommes étendus pêle-mêle dans une chambre sur des divans ou des tapis. Je m'étais endormi songeant à la gloire d'Agamemnon, plein des souvenirs d'Homère et de Pausanias, et je me suis bientôt réveillé au milieu des insectes de la pauvreté et de la misère. Au premier rayon du jour, nous avons déserté nos grabats, et nous sommes allés chercher des vestiges de la cité d'Atrée et de Thyeste. Mais avant de mettre sous vos yeux ce qui reste d'Argos, il serait bon, je crois, de vous résumer rapidement l'histoire de cette antique capitale de l'Argolide.

Je ne vous parlerai point de la race d'Inachus, des enfans de Pélops et d'Atrée, d'Agamemnon, de Danaüs et des Héraclides; l'histoire de ces anciens temps, à force de passer sur nos théâtres, est devenue un lieu-commun pour tout le monde, et ce ne serait pas chose facile que de rajeunir le souvenir des Atrides. Je ne vous dirai rien de la part que prit Argos à toutes les guerres de la Grèce; liée au sort des Achéens, la cité des Argiens finit par succomber sous les coups des légions de Rome. Durant la domination des Romains, Argos conserva toujours son importance militaire et son premier rang, mais rien de grand, rien de mémorable ne se passa dans son sein. Les annales du Bas-Empire et du moyen-âge nous montrent Argos passant des mains de petits princes grecs aux mains de nos derniers croisés, conquérans du Péloponnèse; les noms d'Agamemnon et de Danaüs sont remplacés par ceux de Villardoin et de d'Enghien, et la cité des Héraclides tombe des grandeurs de l'Iliade dans la simplicité grossière de la chronique. Quand la Morée toute entière fut soumise aux lois du Coran, Argos, la ville de Junon, devint une ville musulmane. Combien il fallait de siècles et d'événemens pour qu'un aga remplaçât le roi des rois! Combien aussi a-t-il fallu de malheurs, dans ces dernières années, pour que la croix grecque ait pris à Argos la place du Croissant!

Tel est en peu de mots le résumé d'une histoire de trente-six siècles; parcourons maintenant ce qui reste de l'antique ville d'Agamemnon.

Il y a ici quelque chose que le vent de la ruine n'a point touché et ne touchera jamais, c'est la position naturelle d'Argos; dans les pays d'Orient et surtout dans la Grèce, la nature elle-même entre comme de moitié dans la construction des cités ; la forme du terrain, la situation des vallons et des montagnes semblent appeler les hommes et quelquefois même leur présentent l'image ou le modèle d'une ville. Argos n'est plus, et pourtant on dirait que l'antique cité vous apparaît encore sur cette terre qui s'avance vers la mer, au penchant de ces montagnes qui regrettent leurs monumens, et qui, par un mélange bizarre de formes et de couleurs, figurent à l'œil un amas d'édifices d'une architecture qui n'a pas de nom pour nous. Cette montagne de Larissa, dont le haut sommet semble n'avoir été fait que pour porter une citadelle, se montre encore aussi menaçante qu'aux temps des Héraclides, des Romains et des Francs. La vue d'Argos produit ainsi, à quelque distance, de merveilleuses illusions, et rien ne pourra enlever aux voyageurs à venir ces admirables effets de la nature.

Recherchons maintenant les monumens qui sont l'ouvrage des hommes et qui passent avec eux. On remarquait autrefois sur le chemin de la citadelle les tombeaux des fils d'Egyptus, et un temple d'Apollon, le premier qui fut bâti en l'honneur de ce dieu ; un ermitage grec que nous avons vu occupe probablement la place de ce temple. Deux caloyers, vêtus d'une robe noire, ayant les jambes et les pieds nus, nous ont introduits dans leur chapelle qui est mesquine et à demi ruinée. L'un d'eux nous a montré du doigt un fragment de marbre, représentant un cavalier, incrusté dans le mur de la chapelle. N'attendez pas que je vous donne ici la description de la forteresse d'Argos; je ne saurais vous dire exactement quelles formes et quelles proportions elle eut jadis, maintenant qu'elle n'est plus qu'un vaste amas de décombres. On reconnaît, à travers ses ruines, quelque chose des nations qui ont successivement dominé dans l'Argolide; c'est un mélange de constructions cyclopéennes, grecques, romaines, gothiques, et à l'aspect de ces ruines de tous les âges, on croit voir apparaître autour de soi tous ces différens peuples qui ont marqué leur passage par des pierres aujourd'hui dispersées. On ne trouve plus, autour de la citadelle, les temples de Minerve et de Jupiter *Larisseus* dont Pausanias a parlé; aucun débris n'indique la place où furent ces monumens; et l'imagination elle-même ne peut en découvrir aucune trace. Tandis que nous cherchions les temples de Jupiter et de Minerve, nos regards sont tombés sur un souvenir de nos vieux Francs; nous avons aperçu dans un angle de mur, deux écussons en bas-relief marqués d'une croix; ces armes de la chevalerie des croisades ont été pour nous comme des images de la patrie, et vous qui avez vécu long-temps avec les chroniqueurs de la vieille France, vous n'auriez pas regardé sans émotion ces glorieuses reliques des temps passés.

Du sommet de Larissa, l'œil embrasse la plupart

des régions de l'Argolide, une partie du pays de l'Arcadie, et la vue s'étend jusqu'aux montagnes de la Laconie. Nous avions devant nous, au midi, la plaine d'Argos, et Tyrinthe que vous veniez de visiter, Naupli et son golfe azuré, où passent et repassent sans cesse des voiles blanches semblables à des oiseaux de mer voltigeant sur la surface des eaux; à l'orient, les hauteurs de Mycènes; au nord, le mont Lyconé jadis couvert de cyprès et célèbre par un temple de Diane; au sud-ouest, les campagnes de Lerne et le lac Alcyonien qui maintenant n'est plus qu'un étang marécageux.

Nous sommes descendus de la citadelle par des sentiers rapides, du côté de l'ouest, et notre attention s'est portée d'abord sur le théâtre d'Argos, grande ruine qui subsistera aussi long-temps que le mont de Larissa. Nous avons compté jusqu'à soixante-huit larges gradins taillés dans les rochers de la montagne. C'est au pied de ce théâtre que se sont réunis, l'année dernière (1829), les représentans de la Grèce pour délibérer sur les affaires du nouveau royaume. J'aurais bien voulu assister à cette assemblée nationale qui se tenait au lieu même où les Argiens d'autrefois applaudissaient les chefs-d'œuvre de Sophocle et d'Euripide; cette Grèce nouvelle, assise en présence des gloires des temps antiques, eût pu nous offrir des rapprochemens curieux, et peut-être aurions-nous pu en tirer quelques leçons pour le temps présent. Mais je ne puis rien vous dire de particulier sur ce congrès du Péloponèse; aucun journaliste n'a été là pour recueillir les discours nombreux qui ont été prononcés dans cette chambre des députés grecs, et l'écho de la montagne eût pu seule me redire leurs paroles.

En face du théâtre, on voit les restes d'une église bâtie en briques, que les Argiens appellent le palais d'Agamemnon. Le docteur Clarke donne à cet édifice une antiquité qu'il ne paraît point avoir; il est possible que cette construction occupe la place de quelque ancien monument, mais elle n'a jamais été qu'une église grecque. Le même voyageur croit avoir trouvé, au-dessus du théâtre, le *hiéron* ou temple de Vénus, à l'endroit où se voit aujourd'hui une petite chapelle. Je laisse à des voyageurs plus savans que moi le soin d'examiner si c'est bien là que s'élevait le temple de Vénus; je me bornerai à vous rappeler qu'il y avait autrefois dans ce sanctuaire une statue de *Télésilla*, cette fille d'Argos qui, au jour du péril, quitta la lyre pour s'armer du glaive, et sauva sa patrie menacée par les Lacédémoniens. Parmi les monumens qu'on rencontre sur la montagne, il en est un surtout qui peut exciter la curiosité; c'est un sanctuaire d'oracle taillé dans le roc, qui révèle, par ses sinuosités et ses voies souterraines, tout ce qu'il y avait d'adresse et d'artifice dans la manière dont les prêtres du paganisme faisaient parler le destin. Pour achever ce que j'ai à vous dire des antiquités d'Argos, j'ajouterai qu'on a trouvé dans des tombeaux, près de l'Inachus, un grand nombre d'objets en terre cuite ; tels que des lampes, des patères, des coupes, des vases lacrymatoires. Tous ces vases grecs, ainsi déposés dans les sépulcres, étaient sans doute des présens qu'on avait coutume d'offrir aux morts.

En rentrant dans Argos, nous nous sommes arrêtés devant une église qu'on achève de construire en ce moment et qui sera le plus bel édifice de la cité nouvelle. On lit sur une des murailles extérieures une inscription en grec moderne portant que l'église est dédiée à saint Jean et qu'elle a été bâtie sous les auspices du comte Capo-Distrias, président de la Grèce. A côté de l'édifice, nous avons vu un Grec qui fouillait dans des fosses ; il en retirait des têtes et des ossemens, ruines d'hommes qui vont faire place à d'autres ruines d'hommes : on veut convertir ce lieu en cimetière. Nous rentrions par le côté où Pausanias place la porte de Lucine, et nous ne voyions autour de nous que des cabanes de pierres, des Argiens qui mendiaient sur le chemin, et de toutes parts le spectacle de la misère.

Argos compte tout au plus deux mille habitans, accourus de différens pays de la Grèce ; Argos, qui fut la capitale d'un royaume avec quatorze grandes cités, est aujourd'hui le simple chef-lieu d'un canton formé de dix ou douze petits villages. Cette malheureuse ville, qui a tant souffert dans ces derniers temps, commence maintenant à se relever ; quelques belles maisons ont été construites, et chaque jour de nouvelles habitations s'élèvent. Mais, hélas! tel est l'état de la Grèce, que tout, sur cette terre, inspire de tristes pensées ou de sinistres pressentimens; on s'afflige à la vue de la misère, on tremble pour la prospérité renaissante. Des passions mauvaises s'agitent encore dans ce pays où éclatèrent autrefois toutes les fureurs de l'ambition et de la discorde. Puisse la Grèce nouvelle ne point voir se renouveler les crimes des premiers âges! Puisse la liberté ne point avoir aussi ses Atrides!

P.....

SUITE

DE LA LETTRE V.

A M. M....

RUINES DE MYCÈNES.

Naupli, le 12 juin 1830.

N'AYANT plus rien à voir à Argos, nous nous sommes dirigés vers Mycènes, montés sur de maigres chevaux qui ne ressemblent guères aux coursiers argiens, si renommés dans l'ancienne Grèce. Il était une heure après midi, et le soleil était brûlant. A un quart d'heure de là, nous avons traversé l'Inachus, dont le lit desséché rappelle la vengeance de Neptune ; on pourrait croire que ce n'est pas seulement sur l'Inachus que tomba la colère du dieu des mers, car la plupart des fleuves de la Grèce ne roulent pas plus d'eau que le fleuve d'Argos. Le chemin que nous suivions n'a pas un seul arbre, pas un peu d'ombre; Pausanias avait vu sur la même route les monumens de Thyeste et de Persée : il ne reste aucun vestige de ces monumens. A droite et à gauche, devant nous, se sont offerts quelques villages bâtis au penchant des collines. Après trois heures de marche, nous sommes arrivés au petit village de *Carvathi*, situé dans le voisinage des ruines que nous cherchions. Nous avions pour guides trois Argiens qui ne connaissaient point le nom de Mycènes; ce nom, si doux et si poétique, a été remplacé chez eux par le mot de Carvathi. Nos conducteurs grecs ne disaient point : *Nous allons à Mycènes*, mais ils disaient : *Nous allons à Carvathi*, et c'est nous, étrangers occidentaux, barbares des Gaules, qui allions montrer à des enfans d'Argos les ruines de Mycènes.

Nous voici arrivés en présence des ruines les plus antiques, les plus imposantes qui soient restées sur le sol de la Grèce. Chose étonnante! ces gigantesques débris de la ville de Persée sont aujourd'hui ce qu'ils étaient au temps de Pausanias, et la description qu'en a faite le voyageur grec me dispensera d'essayer une description nouvelle; tant de siècles n'ont rien changé à la situation de Mycènes, et vous croiriez que c'est hier que Pausanias a visité ces débris.

Vous connaissez le tombeau d'Agamemnon, d'après les fidèles dessins que plusieurs savans en ont donnés; l'intérieur de ce grand caveau conique était recouvert de lames de cuivre, qui toutes ont été enlevées; le linteau, qui traverse le haut de la porte d'entrée, est d'une épaisseur et d'une dimension extraordinaires, et nous pourrions, avec quelques voyageurs, regarder cette pierre de taille comme la plus grande peut-être qui soit au monde. La science et la cupidité ont fouillé, plus d'une fois, cette héroïque sépulture, et lui ont fait subir de déplorables dégradations. Le sépulcre du roi des rois sert maintenant de retraite aux mendians vagabonds et aux troupeaux. Mais Eschile, dans sa tragédie des Chæphores, a parlé de cet asile funéraire, et la poésie gémit encore autour du monument. Les enfans d'Agamemnon font entendre des accens plaintifs; ils déplorent le crime d'une mère qui leur a tout enlevé. Ce jeune Argien qui s'avance, triste et le front incliné, c'est Oreste; il vient apporter ses offrandes. « Mon père, s'écrie-
» t-il, je t'appelle au pied de ce tombeau; entends-
» moi; vois ces cheveux que je coupe pour la
» seconde fois, et dont Inachus reçut les prémi-
» ces, pour prix des soins qu'il me donna dans
» mon enfance; ô mon père! c'est à toi que je les
» consacre. » Puis, arrive la jeune Electre, qui répand ses dons et ses prières sur ce tombeau que j'ai devant moi, et sous le charme de mes illusions,

je parcours le monument, comme pour y chercher les traces de la noble orpheline et les chevéux d'Oreste.

Avançons vers Mycènes, et arrêtons-nous d'abord à cette porte qu'on appelle la porte aux Lions. Tous les voyageurs ont admiré ce bloc triangulaire représentant deux lions ou deux tigres en regard et appuyant leurs pieds de devant sur quelque chose de semblable à un autel votif; ces deux lions, ou ces deux tigres ne seraient-ils pas des symboles mythologiques de l'antique Mycènes? N'ont-ils pu être, dans des temps reculés, l'objet de quelque culte religieux? On ne saurait rien imaginer de plus grave et de plus vénérable que cette ruine.

Les débris de murs qui avoisinent cette porte sont des débris cyclopéens semblables à ceux que vous avez vus à Tyrinthe; il a fallu des mains de géans pour remuer ces quartiers de roc. Les vestiges du Propylée et de l'Acropolis, les chambres souterraines où étaient renfermés les trésors des rois, tous ces faibles restes de Mycènes se trouvent décrits dans différentes relations, et particulièrement dans les intéressans *Mémoires* de M. Fauvel. Je n'ai rien à ajouter à tout ce qui a été dit par tant d'illustres savans. A défaut de monumens sur lesquels nous puissions arrêter nos regards, il est une œuvre qui va repeupler pour nous ces tristes collines, veuves de leurs temples et de

leurs palais : c'est l'*Electre* de Sophocle, ouvrage immortel qui représente à notre imagination la ville de Mycènes, telle que le poète l'avait vue lui-même peu d'années avant sa destruction. La première scène d'*Electre* est comme une exposition des lieux : « Vous voyez, à droite, y est-il dit, l'an-
» tique ville d'Argos, le bois de la fille d'Inachus
» et le lycée consacré à Apollon; à gauche, vous
» voyez le célèbre temple de Junon : la ville où
» vous arrivez, c'est Mycènes, et ce palais, té-
» moin de tant d'affreuses aventures, est le palais
» des descendans de Pélops. » — Si cette lettre n'était pas déjà trop longue, j'aurais voulu vous citer quelques-unes de ces scènes admirables où la douleur d'Électre est peinte avec les traits les plus pathétiques.

Que vous dirai-je de l'histoire de Mycènes? Le destin de cette ville fut long-temps mêlé à celui d'Argos, et la cité de Persée n'apparaît qu'à de rares intervalles dans les anciennes annales. Après avoir été long-temps sœurs de gloire et de malheur, les deux villes brisèrent les liens qui les unissaient. Mycènes avait envoyé quatre-vingts de ses citoyens aux Thermopyles pour y triompher ou y mourir avec les enfans de Lacédémone. Argos, jalouse de l'éclat qui devait en rejaillir sur sa rivale, la renversa de fond en comble; et, depuis ce temps, Mycènes ne fut jamais rebâtie. Il est douloureux de penser que les beaux dévouemens et les actions héroïques soient quelquefois, pour les peuples comme pour les individus, une cause de ruine et de misère.

En revenant de Mycènes à Carvathi, nous avons passé par la fontaine Eleutherie au pied du mont Eubée; nous nous sommes reposés sous les mûriers qui ombragent la fontaine. Une vieille femme de Carvathi nous a puisé de l'eau dans un seau de cuir.

Je terminerai cette lettre par un trait qui mérite d'être remarqué. Pendant que nous parcourions la montagne où fut Mycènes, un des Argiens, qui nous accompagnaient, a demandé à notre interprète si c'était de l'or que nous cherchions. La plupart des Grecs croient que nous courons après les vieilles ruines parce qu'elles cachent des trésors que nous seuls savons trouver. Ce n'est que l'amour des richesses, selon eux, qui pousse les Européens vers les antiquités de la Grèce et de l'Asie; ils ne conçoivent pas que des hommes quittent leur pays pour aller chercher, à travers mille périls, les traces des peuples qui n'existent plus que dans l'histoire. On pardonnerait volontiers à des Turcs des idées aussi grossières; mais que les enfans de la Grèce, dont on nous parle tant, soient tombés à ce degré d'ignorance, voilà ce qu'on a de la peine à croire, et ce qui détruit surtout l'enthousiasme des voyageurs.

P.

LETTRE VI.

DE LA MORÉE AU MOYEN-AGE.

A bord du *Loiret*, le 12 juin 1930.

J'aurais voulu vous parler du Péloponnèse; mais je n'en ai vu que les rivages; assez d'autres vous parleront de ses antiquités et de ses ruines. Je me bornerai à vous exposer quelques notions historiques, sans remonter aux temps reculés, et sans descendre non plus au temps présent. Je reprendrai l'histoire au moment où les grands historiens l'ont laissée, et la chronique de Morée que je relis sur les lieux, me servira de guide. Le chroniqueur a pris la plume pour célébrer les chevaliers champenois, qui avaient fondé une principauté ou une colonie militaire dans le beau pays de Morée et d'Achaïe: « Si vous savez lire, nous dit-il en débutant lisez le récit de leurs exploits, et si vous ne savez pas lire, asseyez-vous près de moi et écoutez. » Vous voyez que l'écrivain appartient au siècle de ses héros; pour que rien ne manquât à sa physionomie contemporaine, sa chronique est en vers comme le sont plusieurs chroniques de ce temps-là, mais cette poésie ne s'éloigne jamais de la prose, et ne saurait altérer en rien la véracité, ni même la simplicité de l'histoire.

Dans le premier livre de son poème ou de sa chronique, l'auteur raconte avec assez de détails le siége et la prise de Constantinople dans la cinquième croisade; quand les chevaliers et les barons français eurent appris que les croisés s'étaient établis en Romanie, et qu'on venait d'y former des seigneuries, ils se montrèrent impatiens de partir. Guillaume de Champlite de la maison des comtes de Champagne fut celui qui montra le plus d'ardeur; il lui vint de la Bourgogne beaucoup de compagnons; les uns étaient de pauvres gens qui le suivaient pour un salaire; les autres étaient des hommes riches, qui s'offraient à l'accompagner, en qualité de bannerets, et à la condition que chacun d'eux *pourrait se créer une conquête de famille.*

Dans le temps où les Bourguignons et les Champenois abordèrent sur les côtes de la Grèce, Boniface, marquis de Montferrat, prenait possession du royaume de Thessalonique; les Vénitiens s'emparaient de Candie et de la plupart des îles de la mer Égée et de l'Archipel ; les cités et les provinces de l'empire grec reconnaissaient presque partout l'autorité des chevaliers de la Croix ; tout l'Orient semblait promis à leur valeur, et pour être admis à cette immense distribution, il suffisait d'avoir une audace aventureuse, et d'arriver avec une croix et une épée. Tandis que Guillaume de Champlite s'emparait de Patras et des pays voisins, il arriva qu'un autre seigneur Champenois, Geoffroi de Villardouin, neveu du célèbre maréchal de Romanie, fut jeté par la tempête dans le port de Modon. Tous les deux se réunirent pour conquérir la Morée. Le récit de leurs premiers exploits est très-confus dans la chronique ; on y voit seulement qu'ils établirent le siége de leur principauté naissante à Andravida, l'ancienne *Cylène*, et qu'ils livrèrent une bataille dans le territoire de Mégare. Ils annonçaient aux habitans qu'ils n'étaient pas venus pour dévaster le pays, mais pour le protéger et le gouverner avec modération ; ils promettaient de laisser à chacun ses biens, et de donner aux gens de bonne volonté *quelque chose en sus*. Ce langage pacifique réussit dans les campagnes, dans les villes restées sans défense ; il trouva un peu plus d'incrédules dans les places fortifiées, comme Thèbes, Corinthe, Mononbasie, etc.

Les guerriers champenois s'avançaient néanmoins dans le pays ; une flotte suivait les côtes. Au milieu de leurs conquêtes aucun souvenir d'une gloire passée ne se présentait à leur imagination ; ils n'avaient parmi eux ni chevaliers ni chapelains qui pussent leur apprendre que le pays où ils se trouvaient, avait été autrefois l'héritage des enfans d'Hercule ; le détroit des Thermopyles, les champs de Platée, de Marathon, de Manthinée, ne leur rappelaient point les exploits des anciens temps, et les cités les plus illustres du Péloponnèse n'étaient à leurs yeux que des villes comme Reims ou Troyes en Champagne. Tels nous pouvons nous figurer les héros des premiers jours, qui conquirent des pays encore sans nom, et qui établirent leur domination dans la Grèce, lorsqu'elle n'avait encore que son soleil et sa terre féconde ; il faut avouer aussi que les Grecs de ce temps-là n'en savaient guères plus que les guerriers de la Croix, et qu'ils vivaient dans l'ignorance de leur propre gloire, et dans l'oubli du passé, comme un peuple sans ayeux. Toutefois la Grèce offrait des avantages qui devaient tenter l'avidité des conquérans ; l'Attique, couverte d'oliviers, l'Arcadie abondante en troupeaux, les bords verdoyans du l'Iparissus, de l'Eurotas, et de l'Alphée, présentaient l'image de la fécondité ; le ver industrieux qui file la soie, apporté de la Chine sous le règne de Justinien, s'était multiplié dans le Péloponnèse ; l'arbre qui le nourrit y couvrait partout les campagnes, et c'est de là, nous dit-on, qu'est venu à cette province le nom qu'elle porte encore aujourd'hui. La Grèce avait alors dans plusieurs de ses villes, des manufactures de soie, de laine et de lin, qui rendaient tous les peuples d'Orient ses tributaires, et que l'industrieuse Italie lui en avait enviées.

Guillaume de Champlité avait été reconnu comme prince de Morée ; mais ayant été rappelé en France par des intérêts de famille, il laissa le gouvernement du pays à son compagnon d'armes, Geoffroi de Villardouïn ; avant son départ, il ordonna le partage de toutes les terres conquises, et la Morée revit les lois qui devaient la régir. Comme les conquêtes avaient été faites en commun, tous y devaient prendre part. On inscrivit sur les rôles les noms de tous les guerriers ; chacun avait ses droits et ses devoirs tracés dans cette espèce de charte foncière et domaniale. Il serait trop long de vous donner la liste des seigneuries fondées alors dans cette Grèce, couverte autrefois de petites républiques ; en relisant cette nomenclature de fiefs, on croit assister au partage des provinces de France au temps de Clovis et de ses successeurs. Tous ces chevaliers, tous ces barons de la Grèce, bâtirent des châteaux et se fortifièrent dans les domaines que leur avait donnés la victoire ; ainsi tout le territoire consacré à leurs armes se trouva bientôt couvert de forteresses et de tourelles féodales ; chaque membre de l'association se trouvait armé pour la défense de tous, et cette confédération militaire était comme un mur d'airain ou d'acier, qui tour à tour contenait et protégeait le pays et ses habitans.

On ne peut s'empêcher de convenir que de pareilles bases, données à la souveraineté et au gouvernement fondé par les Francs, devaient être bien autrement fortes, bien autrement durables que des intérêts de parti, des opinions plus ou moins populaires, comme celles qu'on met en avant de nos jours ; aussi la Grèce féodale a-t-elle duré deux siècles, et si elle a succombé, c'est par des événemens extérieurs et par des circonstances qui ne provenaient point du système établi. Je n'ai point la prétention de réformer notre monde politique et de changer la marche des choses ; je voudrais seulement, pour le bonheur et même pour la liberté des Grecs, que le gouvernement constitutionnel qu'on leur promet, et qu'on leur envoie comme une production de nos climats, eût d'aussi profondes racines dans le pays, et que le prince anglo-germain qui est attendu à Naupli, fût aussi solidement établi en Morée que l'étaient le Champenois et son gouvernement ? J'ai vu nos guerriers français cultivant des jardins à Modon ; j'ai quelquefois comparé nos héros jardiniers avec les chevaliers qui possédaient de *bonnes manses* dans l'Attique ou dans l'Achaïe ; il s'en faut de beaucoup que le sort de nos braves soit aussi digne d'envie que celui des *sergens d'armes* et des *chevaliers ban* nérêts. On ne doit point s'étonner d'après cela que les uns soient restés en Morée, et que les autres n'aspirent qu'à en sortir.

Les nouveaux conquérans de la Morée n'avaient qu'un petit nombre de guerriers ; dans la bataille livrée près de Mégare, ils ne comptaient que sept cents combattans ; les prodiges de la bravoure ne pouvaient suppléer au nombre, et ce ne fût qu'après de longs efforts que le pays tout entier reconnut leur domination. Geoffroi de Villardouin et l'aîné de ses fils, surnommé Calamatis parce qu'il était né à Calamata, moururent sans avoir pu réunir à leur principauté les villes les plus considérables et les mieux fortifiées du Péloponèse ; et surtout le pays du Magne, défendu par ses montagnes et par le caractère de ses habitans. Les villes de Corinthe, de Mononbasie, d'Arcadia, d'Argos, de Naupli, qu'on avait attaquées plusieurs fois, ou qu'on avait prises sans pouvoir les conserver, tombèrent enfin et restèrent au pouvoir de Guillaume, second fils de Geoffroi ; dès lors, toute la Morée reconnut les lois des Francs ; la colonie devint formidable à ses voisins qui recherchèrent son alliance et son appui.

Le duché d'Athènes, conquis par Othon de la Roche, la seigneurie de Thèbes, gouvernée par des gentilshommes picards, les baronies de Négrepont que possédaient quelques nobles de Véronne, reconnaissaient la suzeraineté des princes d'Achaïe, et combattaient sous les mêmes drapeaux. Guillaume de Villardouin cherchait une épouse pour avoir des successeurs, et comme si dans cette principauté de Morée, tout dût se faire par le droit de conquête, il épousa une princesse fiancée au roi d'Aragon, que la tempête avait fait débarquer à Ponticos près de Patras. Cette princesse qui appartenait à la famille des Courtenai, donna pour alliés et pour appuis à son époux les empereurs latins de Bizance, et lui apporta en dot les assises de Jérusalem, qui gouvernaient alors les rives du Bosphore; les Francs établis de la sorte, ne s'occupèrent plus que de la prospérité du pays. L'agriculture et l'industrie fleurissaient sous de paisibles lois; plusieurs villes nouvelles furent bâties; on se faisait quelquefois la guerre de château à château, comme dans nos royaumes de l'Europe, mais la marche des affaires et la paix générale n'en souffraient pas; ces querelles souvent renouvelées, lorsqu'elles n'étaient pas poussées trop loin, n'avaient d'autre résultat que de tenir en haleine les chevaliers, et conservaient parmi eux le génie militaire, véritable principe du gouvernement; les fêtes de la chevalerie, les joûtes et les tournois avaient remplacé les luttes et les combats du cirque, les jeux et les spectacles de l'Elide et d'Olimpie; le titre de prince d'Achaïe était le plus glorieux après celui de roi et d'empereur; La cour brillante de Guillaume attifait de toutes parts les étrangers, et les Grecs oubliaient dans la paix les souverains du Bas-Empire qui les avaient abandonnés. « Les princes d'Achaïe, dit un auteur contemporain, épousaient des femmes des meilleures maisons de France; de même, les autres riches, hommes et chevaliers, ne prenaient pour femmes que celles qui descendaient des chevaliers français ; aussi disait-on que la plus noble chevalerie du monde était celle de la Morée; on y parlait aussi bien français qu'à Paris. »

Au milieu de leur prospérité et de leur gloire, les Francs firent une chose tout-à-fait contraire à l'esprit de la féodalité; ils portèrent la guerre loin du pays conquis; Guillaume de Villardouin, que le despote d'Arta avait appelé à son secours, quitta la Morée, et, suivi de ses compagnons d'armes, s'exposa aux périls d'une guerre lointaine; dans cette guerre, il fut abandonné par les Grecs qu'il était venu secourir, et tomba entre les mains de l'empereur Michel Paléologue. Je veux m'arrêter un moment sur les circonstances de cette captivité, parce qu'elles font connaître les obligations et les devoirs du seigneur suzerain envers ses vassaux, et le régime féodal de la Morée. Michel Paléologue, ayant fait venir devant lui le prince Guillaume, lui proposa de renoncer à la principauté de Morée; en lui offrant tout l'argent qu'il voudrait pour acheter des terres en France. « Le pays de Morée, lui répondit Guillaume, ne m'appartient point en propre, et je ne puis ni le céder ni le vendre. Il a été conquis par les nobles hommes qui vinrent de France avec mon père, comme amis et comme compagnons d'armes. Ils se sont partagé les terres, la balance à la main, et chacun a obtenu sa part, proportionnée à son rang et à sa puissance ; cette répartition faite, ils ont choisi mon père, comme le plus sage et le plus honoré, pour être chef sur eux tous ; mais ils ont en même temps établi des conventions, des chartes dressées par écrit, et d'après lesquelles il ne pouvait, à lui seul, rester le maître de rien faire au monde et devait suivre le conseil et la volonté de tous ses compagnons. Ainsi, quoique mes ancêtres aient contribué à conquérir ce pays par leur épée, je dois dire que je n'ai pas le pouvoir de céder les provinces que je gouverne, car la charte de la conquête s'y oppose. »

Après ce discours, Guillaume fut reconduit en prison ; bientôt de nouvelles calamités vinrent fondre sur les Francs établis en Orient. Les Latins perdirent la ville de Constantinople, et cet empire, qui avait à peine vécu l'âge d'un homme ordinaire, acheva de périr de misère et de faiblesse. La captivité de Guillaume et de ses compagnons d'infortune, qui durait depuis trois années, pouvait se prolonger long-temps encore ; le désespoir affaiblit leur courage et dompta leur opiniâtreté. Enfin, le prince champenois consentit à céder, pour sa rançon, à Michel Paléologue qui venait de rentrer dans sa capitale, non pas la Morée, mais les places du vieux Magne, et les villes de Misitrha et de Mononbasie; le traité fut revêtu du sceau des parties contractantes, et, de part et d'autre, on fit les sermens les plus solennels. Lorsqu'on reçut dans la Morée la nouvelle de ce traité, la tristesse y fut générale parmi les Francs et même parmi les Grecs, car on allait perdre les meilleures forteresses du pays. Toutes les nobles dames de la principauté de Morée s'étaient assemblées à Nicly ou Ericlée, pour y délibérer sur ce qu'il y avait à faire en l'absence des chevaliers et des barons prisonniers à Constantinople; les nobles dames accueillirent froidement le seigneur de Caritena, envoyé par Guillaume pour l'exécution du traité qui venait d'être conclu; aucune d'elles ne se réjouit de revoir son époux aux conditions qu'on avait imposées. Le duc d'Athènes, qui se trouva dans l'assemblée, exprima hautement son mécontentement et ses craintes. Il s'offrait de mettre son pays en gage pour la rançon du prince, ou de prendre sa place dans les fers, plutôt que de lui voir céder les boulevards de la Morée. On devait déplorer la captivité de Guillaume, mais sa liberté achetée de la sorte mettait en péril la liberté de tout le peuple. Le brave duc ne craignit pas, dans son discours, de citer l'exemple du Christ qui avait consenti à la mort pour délivrer le genre humain. « La suprême justice, dit-il en finissant, ne veut pas que tous soient sacrifiés au salut d'un seul; mieux vaut qu'un seul périsse pour tous. »

L'antiquité de Rome et d'Athènes ne nous offre rien de plus noble et de plus héroïque que cette délibération, et ces discours prononcés en présence des dames du Péloponnèse; il faut ajouter que le gouvernement féodal, tel qu'on le voyait alors en Europe, n'avait point offert jusque-là de semblables exemples. Cette espèce de gouvernement semblait avoir trouvé un nouvel éclat dans des régions lointaines, et reçu en Orient un développement inconnu aux pays même où il était né. L'Europe commença dès-lors à remarquer dans le régime féodal une foule de combinaisons et de pensées généreuses qu'on n'avait point d'abord aperçues, parce qu'on les voyait de trop près, ou par une suite de cette disposition que nous avons à ne pas nous occuper des choses avec lesquelles nous vivons, et que l'habitude nous empêche d'apprécier et d'approfondir. L'Europe féodale, qui semblait s'ignorer elle-même, se reconnut lorsqu'elle fut représentée au loin, et comme dans un miroir ou dans un tableau placé sur un lieu élevé. Ces mêmes lois qui avaient passé les mers, revinrent dans le pays qui les avait vues naître, perfectionnées, meilleures et revêtues en quelque sorte du charme de la nouveauté; de là cette tendance vers une amélioration générale dont il faut faire honneur aux chevaliers de la Croix qui fondèrent le royaume de Jérusalem, et surtout à ceux qui s'établirent dans la Morée.

Les pressentimens du duc d'Athènes ne tardèrent pas à s'accomplir. Dès lors arrivèrent les jours de la décadence; la Morée se trouva dépouillée de ses places les plus importantes; et, pour comble de malheur, le gouvernement perdit ce noble caractère de loyauté et de franchise qui faisait sa force. Le prince et les chevaliers, pour conserver un reste de puissance et pour couvrir la honte des derniers traités, furent jetés dans la triste nécessité d'employer la dissimulation, et de mentir à la foi jurée. Ajoutons que les maîtres de la Morée, pressés alors par des ennemis plus formidables, implorèrent l'appui dangereux du roi de Sicile qui avait d'autres intérêts que les leurs, et appelèrent à leur secours des puissances tout à fait étrangères à leur association. La fin du règne de Guillaume ne fut qu'une longue guerre, mêlée de toutes les vicissitudes de la fortune, et ce qui devait rendre tant de maux irréparables, ce prince mourut sans enfans mâles. Il ne laissa que deux filles, et perdit ainsi, dit la chronique de Morée, tout le fruit de ses travaux; *car une femme n'aurait jamais pu être admise à la souveraineté, depuis la malédiction lancée contre la femme.* Cette raison du chroniqueur était celle du vulgaire ignorant; mais il y en avait une autre: c'est que, dans le système féodal, régner c'était combattre, et le sceptre n'était autre chose qu'un glaive ou une épée. Le second fils du roi Charles de Naples, qui avait épousé une des filles de Villardouin, ne vint jamais en Morée, et ne laissa aucune postérité. Isabelle, restée veuve, épousa Florent, comte de Hainault, puis Philippe de Savoie, prince de Piémont ; elle donna à ces nouveaux époux la possession passagère de la Morée. Elle mourut sans enfans mâles, comme sa sœur, qui épousa aussi plusieurs maris. Ainsi, la dynastie des Villardouin s'était éteinte sans retour ; et du mariage des princesses de cette famille, il ne put jamais s'en former une autre. Quelques-uns des prétendans vinrent dans la Morée, et la guerre civile y signala leur présence. D'autres y envoyèrent des lieutenans ou des gouverneurs, qui ne ménagèrent point le pays, et semèrent les mécontentemens. Une chose curieuse à observer, c'est que les prétentions à la principauté de Morée semblaient s'accroître en proportion de sa ruine et de sa misère. Il arriva que les familles des grands monarques recherchèrent la souveraineté d'un pays désolé. L'héritage des Champenois fut réclamé à la fois par les familles royales de France, par celles de Bourgogne, d'Aragon et de Savoie. Pour se faire une idée de ces prétentions et de la manière de les faire valoir, il faut lire un contrat, signé à Fontainebleau en 1312, par lequel le prince de Tarente, cédant à Louis de Bourgogne la principauté d'Achaïe ou de Morée, lui en faisait *don entre-vifs, en tant que besoin était, et par la meilleure forme que faire se pourrait*. Tout cela fut accompagné d'un projet de croisade, et des préparatifs d'une expédition en Orient qui resta sans exécution. D'autres conventions furent passées en même temps, qui avaient à peu près le même objet. On y parlait de l'empire d'Orient et du Péloponnèse comme d'une terre ou d'un domaine qu'on peut affermer ou prendre à bail, qu'on peut mettre en gage ou vendre à la criée.

Vous voyez qu'il n'est pas facile ici de suivre la marche de l'histoire, embrouillée par les gens d'affaires, qui se font les tristes continuateurs de Thucydide et de Xénophon. Ducange, qui a voulu débrouiller ce chaos, n'est guères plus facile à suivre, et son livre n'est pas moins ennuyeux, ni moins inintelligible que les traités et les procès-verbaux de ce temps-là. Plusieurs des princes qui étaient devenus les héritiers de Villardouin, arrivèrent dans la Grèce, un contrat dans une main et l'épée dans l'autre. C'était à la fois une guerre qu'ils allaient déclarer, et un procès qu'ils venaient soutenir. Au milieu de ces prétentions, appuyées tantôt sur la chicane, et tantôt sur la victoire, le principe du gouvernement ne devait pas manquer de dégénérer. Les liens du pacte féodal ne devaient plus unir le chef et ses compagnons. Chacun des membres de l'association ne songea qu'à se défendre lui-même et à s'agrandir, s'il le pouvait.

Comme il n'y avait plus que des autorités passagères, et que chaque jour en amenait une nouvelle, l'obéissance se perdit : ceux qui arrivaient en Morée, ne cherchaient qu'à s'enrichir des dépouilles du pays ; le Péloponnèse se trouva ainsi ruiné de fond en comble : l'agriculture fut négligée, et l'industrie des villes grecques passa en Italie. Cependant, les provinces d'Orient, et surtout la province d'Achaïe ou de Morée, étaient toujours données en dot à de grandes princesses. On vendait, on achetait les baronies de la Grèce et des îles ; on plaidait devant les tribunaux d'Europe pour la possession de Sparte, de Thèbes ou d'Argos ; on se disputait devant le conseil des rois et devant celui du pape, des châteaux bâtis sur les rives de l'Eurotas et de l'Alphée.

L'histoire de ces temps, au moins pour ce qui regarde l'Orient, est tout entière dans les actes passés par-devant notaire, dans des testamens, des contrats et des donations entre-vifs, des procédures, des mémoires de jurisconsultes, des pièces de comptabilité. On retrouve aussi cette histoire dans des arbres généalogiques, et, ce qui était plus conforme à l'état des choses, dans des inscriptions funèbres. Des titres qu'on n'avait pu faire valoir pendant sa vie, on les étalait sur un tombeau. Je pourrais vous citer plusieurs épitaphes de princes ou de princesses, décédés obscurément en France ou en Italie, et qui prirent, sur leur pierre sépulcrale, le titre d'empereur ou d'impératrice de Constantinople, de princes ou de princesses d'Achaïe ou de Morée. Comme les Croisades avaient fondé en quelque sorte la principauté d'Achaïe, on invoqua de nouveau l'esprit des guerres saintes pour défendre ce pays. Mais tout ce que je viens de dire n'annonce que trop que l'enthousiasme de ces expéditions lointaines n'existait plus. Plusieurs ligues, formées alors par le chef de l'Église, n'obtinrent aucun résultat. Les empereurs grecs étaient rentrés dans plusieurs provinces de la Grèce, et les Turcs, profitant de tous ces désordres, avaient fait de si grands progrès, que leurs chefs prenaient aussi le titre de souverains de l'Achaïe. Le Péloponnèse se trouva partagé entre les Francs, les Vénitiens, les Génois, les Turcs, les Grecs : ce fut dans cet état que Mahomet II trouva la Morée ; et rien ne put arrêter le progrès de ses armes.

Je ne vous dirai point ce qui s'est passé en Morée sous la domination des Turcs. Parmi les tentatives faites pour délivrer ce pays, on ne peut oublier celle de Pie II. Le monde eut alors sous les yeux le spectacle d'un pontife de Rome, entouré de ses cardinaux, et marchant à la délivrance de la Grèce chrétienne opprimée par les infidèles. Le pape mourut à Ancône, lorsqu'il allait s'embarquer ; et sa mort dispersa la ligue sainte qu'avaient formée son activité et son zèle. Les Vénitiens n'abandonnèrent point le projet de conquérir la Morée ; ils restèrent long-temps les maîtres de plusieurs places maritimes de la Grèce ; mais ils ne portèrent dans leurs entreprises ni l'amour de l'humanité, ni l'envie de délivrer un peuple esclave : ils n'eurent que la pensée de s'enrichir par le commerce ; et cette pensée, qui dirigeait toute leur politique, rendit leur domination presque aussi odieuse que celle des Turcs.

J'ai rempli ma tâche ; car je n'avais d'autre but dans cette lettre que de vous faire connaître la Grèce du moyen-âge, la Grèce telle que l'avaient faite l'esprit de la féodalité et l'esprit des Croisades. Si j'avais pu parcourir le Péloponnèse, avec quels soins j'aurais recherché tout ce qui peut nous reporter au temps des chevaliers champenois. Je vous aurais montré ces murailles autrefois si redoutables, que le lierre dérobe aujourd'hui à la vue, ces fossés à moitié comblés, ces tours avec leurs créneaux brunis par le temps. Ces nefs aux formes austères, qui ont retenti des chants de l'Église latine ; ces tombeaux avec le nom et l'épitaphe de nos vieux Francs, les restes de ces manoirs où la chevalerie célébrait ses fêtes, toutes ces images de la religion et de la gloire auraient animé mes récits. Je regretterai long-temps de n'avoir pas visité toutes ces ruines, qui sont comme des pages dispersées de nos propres annales ; mais je me console en songeant que ce que je n'ai pu faire, d'autres le feront, et le feront mieux que moi. Un des résultats de l'affranchissement des Hellènes est d'avoir rendu la Grèce accessible aux voyageurs éclairés, et facilité les recherches des savans. Parmi les voyageurs qui viendront désormais étudier dans ce pays l'histoire des temps passés, j'espère qu'il s'en trouvera qui suivront les traces des croisés, et qui, parmi les souvenirs d'Athènes et de Lacédémone, ne négligeront pas ceux de la vieille France.

LETTRE VII.

DÉPART DE NAUPLI, SPEZZIA, HYDRA, LE PIRÉE, ARRIVÉE A ATHÈNES.... 1830.

A bord du *Loiret*, le 9 juin 1830.

Nous avons quitté la rade de Naupli dans la matinée du 10 juin; le *Loiret* avait reçu du M. de Rigny l'ordre de nous conduire à Smyrne en passant par Athènes. Au sortir du golfe ou de la mer Argolide, nous avons vu, pour la seconde fois, les îles d'Hydra et de Spezzia; dans l'une et l'autre de ces deux îles, se trouve une cité qui renferme toute la population. La ville de Spezzia est bâtie sur un terrain légèrement incliné au bord de la mer; elle a un petit port où flottent quelques pavillons; un quai se prolonge sur le rivage; à droite et à gauche, hors de la ville, on aperçoit un grand nombre de moulins à vent, dont les voiles blanches, rouges ou grises produisent de loin un effet assez pittoresque. Toutes les maisons, d'une blancheur éclatante, y paraissent si bien construites, qu'on serait tenté de croire que la ville n'a point d'habitation pour le pauvre. Les pauvres, néanmoins, ne doivent pas y manquer, car l'île de Spezzia a été visitée par les Turcs; la révolution et la guerre civile y ont passé. La ville de Spezzia a deux couvens de caloyers et plusieurs églises; l'île ne produit rien, et doit tout à son industrie.

Le canot du *Loiret* nous a descendus sur le continent, en face de l'île de Spezzia. Sur un côté élevé est une ferme appartenant à un couvent de Caloyers; nous avons vu des terres couvertes de moissons, et des collines tapissées de vignobles. La ferme des Caloyers se trouve isolée; il n'y a près de la ni village, ni maison, ni cabane. Un jeune Grec armé d'un sabre est venu au-devant de nous, et nous a montré l'intérieur de l'habitation. Il n'y a qu'une chambre pour ceux qui habitent la ferme, comme il n'y a qu'une étable pour les animaux. Tout le monde était occupé de la moisson, et la maison était restée déserte. Le Grec qui nous conduisait, nous a raconté ses aventures en mauvais italien; nous avons compris qu'il était né à Metelin et qu'il avait été obligé de s'expatrier; en racontant son histoire, il prononçait souvent le nom des Turcs et portait la main à son cou, voulant nous montrer par là qu'il avait été question de l'étrangler. Mes souvenirs de proscrit se sont réveillés à cette image, et j'ai fait des vœux pour que le jeune Lesbien pût bientôt revoir sa patrie ou en trouver une autre.

Plus loin, vers l'orient, est l'île d'Hydra, si fameuse dans les temps modernes par ses malheurs. Hydra est une île plus triste et plus aride que Spezzia. Ce ne sont que des rochers nus, des côtes escarpées, des ravins et des précipices; il y a quelques années que, sur un sol si peu favorisé de la nature, on admirait de riches comptoirs, des églises magnifiques, des palais de marbre. Là, on employait des trésors pour se procurer un peu de verdure et quelque faible image du printemps; on y creusait à grands frais des citernes d'où s'échappaient des ruisseaux et des fontaines. Sur des couches de terre apportées de loin, croissaient la figue, l'olive et l'orange; il y avait des enclos autour d'Hydra dont l'entretien coûtait plus cher que celui de nos beaux jardins de Paris et de Londres. Dans une île qui ne produisait pas de quoi nourrir les oiseaux du ciel, rien ne manquait aux habitans; son territoire paraissait maudit, mais la bénédiction était sur ses marchés qui abondaient en toutes choses. Chaque île de l'Archipel lui envoyait ses productions; sur les côtes de l'Asie et de l'Europe, les moissons croissaient pour Hydra; on cultivait pour elle des légumes, des fruits et des fleurs dans les jardins de l'Argolide et de l'Attique : tels étaient les miracles de l'industrie et du commerce.

La prospérité des Hydriotes tenait en quelque sorte à la stérilité du sol et à la pauvreté de la terre qu'ils habitaient. Qui pouvait, en effet, leur envier des rochers d'un aspect triste et sauvage, et leur disputer un séjour où l'économie et le travail pouvaient seuls amasser des trésors. L'île d'Hydra, qui couvrait la Méditerranée de ses navires, n'avait pas même un port pour les abriter. C'est une remarque qu'on peut faire souvent en parcourant l'Archipel ; les îles les plus inaccessibles, les plus maltraitées par le ciel, sont celles qui jouissaient de quelque abondance et même de quelque liberté. Pendant les guerres de la révolution française, les armateurs et les marins d'Hydra et de Spezzia avaient presque seuls le privilége de parcourir les mers et d'approvisionner toutes les côtes de la Méditerranée ; on nous assure que les richesses accumulées dans ces deux îles n'eurent pas toujours une source honorable et pure, et les produits de la piraterie se mêlèrent souvent aux profits d'un commerce légitime ; quoi qu'il en soit, on ne peut s'empêcher de déplorer leur sort. La population y a été massacrée, tout y a été ravagé, surtout dans Hydra où il ne reste pas pierre sur pierre. Ce qu'il y a de plus fâcheux, c'est que ces villes tombées ne se relèveront pas de leurs débris et que leur position qui les a servies sous la tyrannie jalouse des Turcs, doit leur nuire dans une révolution dont les résultats sont d'affranchir toutes les côtes et toutes les îles. Le commerce maritime prendra des directions nouvelles, et la facilité pour les Grecs de s'établir dans des lieux plus commodes, rendra au désert ce qui lui appartient. Il ne serait pas impossible que les îles d'Hydra et de Spezzia ne redevinssent en très-peu de temps ce qu'elles étaient dans l'antiquité, des terres inconnues, des écueils et des îlots sans nom.

En poursuivant notre route vers Athènes, nous avons aperçu, au nord, l'île de Poros remarquable par son port, et l'île d'Égine montrant aux voyageurs les colonnes de son temple de Jupiter. Le soleil se couchait quand nous sommes arrivés au fond du golfe; les derniers rayons du soleil éclairaient le Parthénon qui s'offrait de loin à notre vue.

La frégate l'*Atalante* nous avait précédés; elle portait M. Rouan, résident de France en Grèce, qui allait signifier aux Turcs l'ordre d'évacuer l'Attique et Négrepont. Avant de mouiller, le commandant du *Loiret* voulait se rapprocher de la frégate, et comme l'obscurité de la nuit ne permettait pas de la découvrir, on a fait partir, en manière de signaux, des fusées qui ont éclaté à une très-grande hauteur; plusieurs pièces d'artifice ont été d'abord lancées sans être aperçues; à la fin, l'*Atalante* a reconnu le signal et nous a répondu. C'est alors que nous avons jeté l'ancre non loin du lieu où se livra la bataille de Salamine, et près du promontoire où se voit encore le tombeau de Thémistocle.

Nous avons su depuis que ces signaux, plusieurs fois répétés, avaient été remarqués par les Turcs, qui ne savaient à quoi les attribuer; ils ont passé toute la nuit dans l'agitation et dans les alarmes; trois cents Albanais sont venus jusqu'au Pirée, et ont parcouru le rivage, craignant une surprise de la part des Grecs ou de la part des Francs.

Pour nous, nous ne songions qu'au bonheur de voir Athènes le lendemain matin. Tous les plans de la ville de Thésée avaient été étalés sur nos tables; les descriptions d'Athènes étaient de nouveau consultées; il fallait connaître, étudier d'avance toutes les merveilles que nous allions visiter. Nous avions vu l'Acropolis aux derniers rayons du jour; l'aurore nous a trouvés tous sur le pont, les regards tournés du côté du Parthenon, du mont Anchesme, nous adressant mutuellement des questions et nous demandant le nom des lieux qu'on pouvait découvrir.

A cinq heures du matin nous étions dans la chaloupe du commandant, et nous entrions dans le Pirée; le Pirée est la première ruine de l'Attique qu'on rencontre en arrivant. Ce port, aussi renommé que ceux de Tyr et de Sidon, et qui avait contenu jusqu'à quatre cents galères, ne peut plus recevoir que des barques de pêcheurs. Au fond du port, à gauche, on aperçoit quelques masures, où s'abrite une pauvre famille turque. Les douaniers, qui sont là comme les gardiens du désert, avaient pris la fuite à notre approche; nous n'avons trouvé personne pour nous enseigner le chemin d'Athènes; nous espérions trouver des chevaux ou tout au moins des ânes sur la rive ou dans le voisinage; illusions vaines, il a fallu nous servir de nos jambes, et nous acheminer tristement à pied, pour arriver à la cité de Minerve qui est à deux lieues du Pirée.

La première terre de l'Attique que nous avons foulée est un sol rocailleux, et couvert de bruyères sèches. A peu de distance du Pirée, nous avons pu reconnaître les traces éparses de ces longues murailles dont l'enceinte enfermait les trois ports d'Athènes. Lorsqu'on s'éloigne de la mer, la campagne semble moins aride; des terres cultivées, les grandes haies qui bordent la route, une végétation animée par la rosée de la nuit et le soleil du matin, nous faisaient oublier les ravages des dernières guerres. Nous sommes bientôt arrivés au grand bois d'oliviers, qui couvre une plaine de plusieurs lieues d'étendue. Honneur aux arbres de Minerve que le temps et les révolutions ont respectés, et qui sont encore aujourd'hui la richesse et l'ornement de l'Attique! A leur aspect, la poésie des souvenirs s'est tellement réveillée dans notre esprit, que l'antiquité nous semblait présente. Dans l'espèce d'enchantement où nous étions, nous n'aurions pas été trop surpris de rencontrer sous ces ombrages immortels, des personnages tels que Thésée, Solon, Alcibiade, Aristide, etc. Il faut nous savoir gré de n'avoir pas porté l'illusion jusqu'à trouver de l'eau dans le divin Céphise dont nous avons vu le lit desséché. En quittant la forêt des oliviers, notre caravane est entrée dans une campagne découverte, où les Grecs et les Turcs s'occupaient des travaux de la moisson. On n'entendait point, et c'était à notre grande surprise, ces chansons joyeuses que chantaient autrefois les moissonneurs de l'Attique. Seulement, de pauvres villageois grecs, en passant près de nous, nous saluaient par ces mots : *Cali Emèra*, χαλὴ εμήρα (*que ce jour vous soit heureux*); puis ils continuaient leur route sans rien ajouter; nos regards se portaient à notre gauche vers un kioske turc qui a pris la place du jardin de l'Académie; à notre droite, on remarquait plusieurs débris de sépulcres, parmi lesquels a on cru voir le tombeau d'Euripide. Devant nous, s'élevait en pente douce la colline de Musée, qui nous dérobait la vue d'Athènes.

À mesure que nous approchions, je ne sais quelle mélancolie se mêlait à nos pensées; tout à coup le temple de Thésée nous a montré ses colonnes solitaires, et ce vieux monument nous apparaissait comme une imposante ruine dans le désert. Tandis que nous restions immobiles devant cette merveille de l'antiquité, et que notre esprit se livrait tour à tour à l'admiration et à la tristesse, des cris se sont fait entendre près de nous dans une langue étrangère à la Grèce et à notre Europe civilisée ; c'étaient des soldats Albanais qui nous menaçaient de la voix et du geste, et nous sommaient par Allah, d'entrer dans un hangar qui leur sert de corps-de-garde. Il a fallu nous expliquer avec cette milice turque, qui garde l'entrée de la ville. Aux questions qu'on nous a faites, nous avons pu juger des alarmes qu'avait causées la nuit dernière notre apparition près du Pirée. Après quelques pourparlers qui ont duré assez long-temps, un des soldats turcs s'est détaché de la troupe pour nous conduire chez le pacha de Négrepont où s'était déjà rendu le résident de France. Jusques-là, nous n'avions vu que le temple de Thésée ; mais après avoir franchi la porte, gardée par les Albanais, nous avons pu voir d'un seul coup-d'œil tout ce qui reste d'une cité plusieurs fois assiégée et prise d'assaut, pillée, ravagée et livrée aux flammes par les Grecs et par les Turcs. Jamais spectacle plus affligeant ne s'est offert à mes yeux ; c'est ici qu'il n'y a point de paroles pour exprimer ce qu'on éprouve. Nous n'avons trouvé debout, sur notre route, que deux ou trois palmiers, quelques cyprès, une mosquée avec la moitié de son dôme d'ardoises. Lorsque M. de Châteaubriand visita, en 1806, la ville de Périclès, chaque maison avait son jardin planté d'orangers et d'oliviers; quelques habitations de particuliers ne manquaient ni de propreté ni d'élégance; le peuple d'Athènes lui avait paru gai et content. Cependant les voyageurs gémissaient alors sur le sort de la cité de Minerve; que diraient-ils aujourd'hui que l'enceinte de la ville ressemble à la vallée d'Ezéchiel ? Comme au temps où l'illustre auteur des *Martyrs* voyageait dans l'Attique, il n'y a *plus de commérages autour de la maison de Socrate, et l'on ne fait plus de cancans du côté du jardin de Phocion.* En voyant cette horrible solitude, je me demandais pourquoi nous avions rencontré des soldats à la porte de la ville; car la cité de Minerve n'a plus rien à défendre ni à garder.

Voilà donc cette Athènes qui inspirait tant de respect à l'orateur romain, et dont il disait : *C'est de là que les lettres humaines, la philosophie, les lois, les sciences, les arts, nous sont venus.* Il ne reste pas une rue, pas une voie tracée; nous marchions à travers des débris dispersés, dans un sentier pratiqué au milieu des décombres; obligés de franchir à chaque pas des amas de pierres, des fragmens de murailles, des tronçons de colonnes étendus dans la poussière. Cette espèce de chemin nous a conduits chez le pacha de Négrepont. Dans un faubourg, ou lieu écarté, que je crois être l'ancien quartier de Mélite, la destruction a épargné huit ou dix maisons de bois. C'est dans une de ces maisons que s'est réfugiée la grandeur du visir de l'Eubée, naguères gouverneur suprême d'Athènes, et redouté des Athéniens modernes, presque autant que le Jupiter-Tonnant l'était des anciens. Des murs barbouillés de peintures rouges et vertes, des fenêtres avec des vitraux coloriés, une fontaine au milieu de la cour, voilà tout ce qui frappe les regards en entrant dans le palais du pacha de Négrepont. On nous a fait monter dans une galerie de bois, où nous avons attendu le moment d'être introduits; le pacha était alors en conférence avec M. Rouan. La conférence a été longue, et nous avons eu tout le loisir d'examiner la figure des Albanais ou dellis qui forment la garde du pacha. Le tarbousch surmonté d'un long gland de soie, la veste rouge à manches larges et courtes, le pantalon oriental de couleur blanche ou grise, tels étaient leurs vêtemens. Un sabre pendait à leur côté par un double cordon de soie; deux pistolets à pommeau d'argent, un khangiar attaché à leur ceinture, complétaient leur accoutrement guerrier. Les uns entouraient la porte du pacha, les autres restaient accroupis ou étendus le long des cloisons de la galerie. On aurait cherché en vain sur leur physionomie l'expression d'un sentiment ou d'une pensée d'homme. Ils fumaient nonchalamment la pipe, suivant des yeux la vapeur qui s'en exhalait, et rêvant peut-être une scène de pillage et de meurtre.

Enfin nous avons été introduits; la chambre dans laquelle nous avons été reçus, a pour tout ornement quelques cyprès peints sur les cloisons; un sopha de couleur écarlate était le seul meuble qu'on aperçût. Le pacha de Négrepont occupait l'angle de ce sopha, vêtu d'un surtout de velours, et coiffé d'un turban vert. Omer pacha est un homme de quarante-cinq à cinquante ans; il a le regard vif, la physionomie fine et spirituelle; je ne vous parlerai point de sa stature ni de son maintien, car on ne peut guères peindre qu'en buste des gens qui ne quittent jamais leur sopha; lorsqu'un étranger va dans une maison turque, il ne voit jamais debout que les serviteurs et les esclaves. Après les présentations accoutumées, on nous a apporté le chibouc, le café et le sorbet. Ces usages, ces figures que je voyais pour la première fois, attiraient toute mon attention, et je m'accuse d'avoir oublié un instant les ruines d'Athènes. Je croyais que l'orient allait se révéler à moi dans une conversation avec les osmanlis, et j'étais impatient de la voir commencer. Mais elle n'a roulé d'abord que sur les sujets les plus communs. Je me rappelle que notre interprète a demandé si la récolte avait été bonne cette année : singulière question à faire à des gens que l'on vient prier d'abandonner leurs terres! Je ne saurais vous dire ce que le pacha a répondu. Enfin on est venu à parler de l'Eubée, et, d'après ce que j'ai pu recueillir de la conversation, je puis vous donner quelques détails instructifs sur une île trop peu visitée par les voyageurs modernes. Vous savez que l'île d'Eubée, la plus grande de la mer Egée, se trouve liée au continent par un pont-levis construit à l'endroit le plus resserré du canal. L'île offre sur ses rivages les tableaux les plus rians, et dans l'intérieur, l'aspect varié des montagnes, des bois et des cascades ; les collines sont chargées de fruits, de vignes et de moissons ; les vallons du mont Ocha produisent de belles forêts de cyprès, de chênes, de hêtres. L'Eubée est renommée par ses riches pâturages, par le nombre et la beauté de ses troupeaux ; on y cultive le coton, le froment et toutes sortes de grains. Négrepont possède aussi des mines de fer, de charbon, de l'amiante, du cristal de roche. Parmi les mines fécondes et les riches trésors que renferme l'Eubée, un voyageur ne peut oublier les antiquités que la terre y couvre encore, que la barbarie n'a point profanées, et dont la découverte semble réservée à notre siècle studieux. Le climat de l'Eubée est sain ; la population y est robuste, paisible, économe et laborieuse. Telle est la riche possession que les Turcs sont obligés d'abandonner en vertu des traités, et qui doit être remise entre les mains du roi que la Grèce attend.

Déjà la cupidité des spéculateurs s'apprête à profiter de la nécessité où les Turcs vont se trouver de vendre leurs biens de Négrepont et de l'Attique; moi-même j'aurais été tenté de me mettre sur les rangs; il m'en aurait coûté peu de chose peut-être pour devenir le propriétaire des jardins de l'Académie, pour acheter une partie du mont Hymette, ou pour me faire adjuger une ferme dans les plaines de Marathon; mais il se passera encore du temps avant qu'un acquéreur puisse jouir en paix de ce qu'il aurait acheté; les Turcs sont si habiles à élever des incidens, à trouver de bonnes raisons pour ne rien finir! d'un autre côté, la révolution grecque est toujours là, qui ne permet pas qu'on reste sans inquiétudes sur l'avenir du pays. On n'achète pas volontiers des domaines sur un sol qui tremble et dans le voisinage d'un volcan qui lance au loin ses feux, et menace sans cesse de tout engloutir.

Lorsque nous avons pris congé du pacha, il nous a donné un Albanais pour nous conduire dans Athènes; cet Albanais, sans nous adresser une parole, nous a menés tout droit dans un lieu couvert de mauvaises cabanes, de hangars faits avec des planches et qu'on appelle des boutiques; c'est comme le misérable bazar que nous avions vu à Navarin. Ici le garde du pacha a cru qu'il avait rempli sa tâche, et qu'il nous avait fait voir Athènes; il nous a quittés. Dès lors nous nous sommes avancés sans guide vers les colonnes qui restent du Prytanée et du Gymnase; mais à peine avions-nous fait quelques centaines de pas au milieu des décombres, que nous nous sommes trouvés à la fois dans deux grands embarras : d'abord, comment pouvoir nous retrouver dans une ville détruite de fond en comble? nos plans, nos souvenirs, rien ne pouvait nous guider ; si la charrue avait passé sur cette enceinte, il serait plus facile de s'y reconnaître. La seconde difficulté était de savoir où nous irions dîner ; nous n'avions pris dans la journée que le café et le sorbet hospitalier du pacha de Négrepont. Dans nos préoccupations du matin, dans nos admirations pour Athènes, nous n'avions apporté avec nous aucunes provisions. Par un rapprochement qui vous fera sourire, nous nous trouvions sur les ruines de l'ancienne *Agora* lorsque l'aiguillon de la faim est venu nous presser, et que nous avons commencé à sentir toute notre misère; nous avions devant nous une table de marbre, fort bien conservée, où se trouve encore inscrit le prix des vivres et des denrées; mais le marché était désert; nous ne voyions autour de nous que des marbres dispersés, et, pour dîner à l'Agora, il aurait fallu pouvoir dire : *Que ces pierres deviennent du pain.* Dans cette extrémité, la providence nous a envoyé un Grec, qui a pris pitié de notre position, et nous a proposé d'aller chez le disdar, ou commandant d'Athènes qu'il connaissait beaucoup, et dont il nous a vanté les vertus hospitalières. Il nous a proposé, en outre, de nous montrer les ruines d'Athènes. Nous n'avions pas deux partis à prendre! Nous avons suivi notre nouveau guide, après avoir chargé Antoine et un matelot du *Loiret* de chercher dans tout le pays ce qu'il pourrait trouver de provisions et de nous l'apporter chez le commandant de la place.

Le général turc nous a fort gracieusement accueillis; il nous a reçus dans une galerie de bois; il était assis sur un coussin, entouré de ses gardes; nous avons pris place à côté de lui sur des nattes. La maison du disdar ne paraissait guère mieux approvisionnée que l'Agora d'Athènes, et nous commencions à désespérer de notre dîner, lorsqu'Antoine et le matelot du *Loiret* sont arrivés avec deux poules et la moitié d'un mouton. Le disdar nous a prêté sa cuisine, et tandis qu'on procédait aux apprêts du festin, il nous a fallu rester auprès de notre hôte, tristement accroupis à la manière des Orientaux.

Vous connaissez ces personnages que Walter-Scott a introduits dans ses romans des croisades, et qui ne tiennent ni de la barbarie des musulmans, ni de la civilisation de notre Europe. Les portraits du romancier écossais ne ressemblent pas mal au disdar d'Athènes à qui la Porte a recommandé de n'être pas tout à fait Turc, et dans lequel il n'est resté que la moitié d'un barbare. Nous avons jugé dans sa conversation, qu'il était des montagnes du Kurdistan; car, en se plaignant avec nous de la chaleur du climat de l'Attique, il nous a dit que, dans son pays, les habitans étaient enfermés par la neige pendant huit mois de l'année. Je lui ai fait demander, par notre interprète, s'il connaissait l'histoire de Saladin, l'ancienne gloire de la nation des Kurdes; il n'en avait pas entendu parler; d'après cela, je me suis bien gardé de l'interroger sur un certain Anacharsis, venu du septentrion de l'Asie pour visiter la Grèce antique. Toutefois, je lui ai demandé s'il connaissait le pays où nous étions, et je n'ai pas été surpris qu'il m'ait répondu négativement. Il faut dire néanmoins que le disdar d'Athènes est un assez bon homme au fond; il avait autour de lui des Grecs, des Turcs et des Francs; il parlait à tous avec la même bienveillance; je lui ai demandé son opinion sur les réformes du sultan Mamhoud; il m'a paru les approuver, mais seulement pour les jeunes gens, car les hommes mûrs ne peuvent changer leurs habitudes. Notre conversation a été interrompue par plusieurs visites. Tantôt c'était le cadi ou le vaivode d'Athènes, tantôt l'iman du Parthenon qui venaient demander au disdar si les *Giaours* allaient bientôt les chasser de l'Attique. Enfin notre dîner était servi; on nous a conduits dans une partie de la galerie, où des planches avaient été disposées pour nous tenir lieu de siéges et de table. Notre hôte s'est assis avec nous; il a fait honneur au dîner par un fort bon appétit; nous lui avons offert du vin qu'il n'a point accepté ; mais le sourire gracieux qui accompagnait son refus nous a prouvé du moins qu'il n'était point offensé de la proposition. A la fin du dîner, il nous a fait servir du miel du mont Hymette, qui nous a fait juger que tout avait dégénéré en Grèce, même les abeilles.

Après le café et le chibouk, nous avons pris congé du disdar; il a chargé un jeune Grec qui lui sert de secrétaire, de nous accompagner à travers les ruines d'Athènes. Je vous parlerai dans ma prochaine lettre de ce que nous avons vu de plus curieux et de plus digne de vous être raconté.

LETTRE VIII.

DESCRIPTION DES RUINES D'ATHÈNES.

A bord du *Loiret*.

Accompagnés du guide que nous avait donné le disdar, nous avons visité, pour la seconde fois, l'emplacement et les restes du Prytanée, les colonnes encore debout du gymnase, et la place de l'Agora. Non loin de là, nous avons vu la tour des Vents ou la tour d'Andronicus. Ce qu'on admire dans cette tour, qui est de forme octogone, c'est la légèreté de sa construction, l'élégance de sa voûte, l'image des vents sculptés sur les huit côtés extérieurs de l'édifice. Les dervisches *danseurs* ont long-temps habité la tour d'*Andronicus*, et leurs exercices habituels n'étaient pas sans harmonie avec les scènes représentées en dehors de ce monument. A les voir en effet danser au son de leur musique orientale, à les voir pirouetter et tourbillonner comme des fantômes aériens, n'aurait-on pas pu croire que les vents étaient rentrés? Les derviches sont partis et la tour d'*Andronicus*, solitaire et dégradée, entourée de ruines, n'est plus que l'asile des oiseaux de nuit, et des lézards qui se jouent dans les fentes de ses murailles.

Nous avons visité ensuite le monument choragique, vulgairement appelé la lanterne de Démosthènes. Rien n'est plus délicat et plus fragile en apparence que la forme et les proportions de ce monument! Le spectateur éprouve un mélange de surprise et de joie en le voyant encore debout et aussi bien conservé, tandis que tant de monumens, tant de colonnes, qui semblaient défier le temps, sont dispersés en débris et confondus avec la poussière des chemins. Dans un temps où chacun semble appelé à reprendre ce qui lui appartient, il ne faut pas oublier que la lanterne de Démosthènes, ou, pour parler le langage des Italiens, *il palatio di Demostheno*, fut achevé, il y a un siècle et demi, par le père Simon, missionnaire français, pour la somme de cinq cent cinquante écus. La propriété fut contestée par les Grecs, et confirmée par le cadi d'Athènes, à la condition néanmoins que le révérend père montrerait aux curieux le monument dont il avait fait l'acquisition. La maison attenante à ce monument était devenue le couvent des missions, habité par des disciples de François d'Assises. Une des choses curieuses des derniers temps, c'était de voir la tour d'*Andronicus* appartenant aux derviches ; et la lanterne de Démosthènes aux capucins. Le couvent des missions a été détruit de fond en comble ; au milieu des ruines qui couvrent la terre, on aime à se ressouvenir que lord Byron reçut en ce lieu l'hospitalité. C'est là qu'il demeura pendant tout le temps que dura son séjour à Athènes. Quelques voyageurs qui l'y ont vu, racontent encore comment le noble lord vivait dans l'asile pieux qu'il s'était choisi, n'ayant pour commensal qu'un pauvre cénobite. Tantôt il se moquait du compagnon de sa solitude ; tantôt il écoutait les saintes paroles du missionnaire avec la docilité d'un enfant. Rien n'égalait l'inconstance de son humeur, la mobilité de son esprit, la rapidité avec laquelle il passait d'un sentiment à un autre. On le voyait tour à tour dévot, superstitieux, incrédule ; pleurant au seul nom de l'humanité, dévoré par une sombre misanthropie. Les méditations de la mort, mêlées à toutes les petitesses de la vanité, les amusemens et les jeux de l'enfance, les inspirations du génie, quelquefois les orgies de la débauche, remplissaient ses nuits et ses journées. Tandis qu'on se demandait dans notre Europe quels nouveaux poèmes il allait publier, on citait dans la ville de Platon et de Socrate ses contradictions, ses caprices, ses ridicules; tandis qu'au delà des mers, les nations éclairées le plaçaient parmi les grands poètes, dans la rue des Trépieds il était devenu l'objet des railleries populaires et le jouet des petits garçons qui le regardaient comme un fou. Qu'est-ce donc que la gloire, puisqu'elle n'est pas toujours présente à ses favoris, et que les hommes les plus célèbres ne peuvent faire quelques lieues loin de leur pays sans être comme les dieux inconnus des anciens?

La lanterne de Démosthènes est restée seule, et personne n'est plus là pour la montrer aux curieux, comme l'avait jugé le cadi d'Athènes. Vous pouvez voir une copie de ce monument dans le parc de Saint-Cloud. Je l'avais admiré avant d'avoir vu le modèle; mais aujourd'hui je n'ai plus d'admiration que pour ce qui est sous mes yeux : il en est de ces sortes de copies comme des traductions de l'Iliade, de l'Odyssée, ou de tout autre chef-d'œuvre des poètes anciens; on y retrouve bien rarement les beautés de l'original.

Nous sommes sortis d'Athènes ou de ses ruines par la porte d'Adrien; cette porte a peu souffert des incendies et des bouleversemens; le temps semble s'être réservé à lui seul de la détruire : on y reconnaît l'empreinte de son passage; mais le monument n'a encore rien perdu de son caractère et de sa physionomie moins grecque que romaine. D'un côté on lit sur la porte : *Voilà la ville de Thésée*, et de l'autre : *Voilà la ville d'Adrien!* La porte d'Adrien, avec cette double inscription, est aujourd'hui comme une colonne funèbre placée entre deux grands tombeaux, ou comme une limite, comme un dieu terme qui sépare deux solitudes. On s'arrête néanmoins avec admiration devant cet arc de triomphe, élevé par la reconnaissance d'Athènes, au prince qui venait de réparer ses ruines et d'achever ses temples commencés. Combien il est difficile dans la destruction générale de la cité de se représenter, par la pensée, le jour solennel où le restaurateur de tant de monumens, entouré de sculpteurs, de peintres, de poètes, passa en pompe sous cet arc triomphateur pour aller avec tout le peuple célébrer l'inauguration du temple de Jupiter! Une chose qu'on n'a pas assez remarquée, c'est que le génie d'Adrien répandit ses bienfaits sur toutes les grandes cités de l'Orient, et qu'il arrêta presque partout les ravages du temps qui menaçaient sous son règne les monumens de l'antiquité.

En sortant par la porte d'Adrien, on est frappé d'un grand spectacle; je veux parler de ce qui reste de la majestueuse colonnade du temple de Jupiter Olympien. Il semble que les idées s'élèvent et que l'âme s'agrandisse à mesure qu'on en approche. Vous savez que la construction de ce temple dura près de sept siècles, c'est-à-dire toute la vie d'un grand peuple. Le sanctuaire du Dieu n'avait point d'espace qui ne fût occupé par une statue, chef-d'œuvre de l'art; l'enceinte renfermait un temple de Saturne et de Rhée ; on y comptait cent vingt colonnes : qu'est devenue toute cette splendeur, toute cette magnificence ? C'est le secret des siècles barbares ; il ne reste plus que dix-sept colonnes. On aperçoit encore une terrasse soutenue par une partie de muraille, et fortifiée par des arcs-boutans. En regardant les chapiteaux des colonnes restées debout, nous avons vu, comme suspendus en l'air, les restes d'une cabane ou d'une cellule où s'était retiré, il y a quelques années, un derviche turc. Ce derviche qui, dans son humilité du Coran, avait pris ainsi la place de Jupiter, m'a rappelé que les Athéniens demandaient à Diogène quelle était sa demeure, et que pour toute réponse il leur montra les colonnades du grand temple. Un souvenir de la divinité est toujours resté parmi ces colonnes ; les Turcs, m'a-t-on dit, y venaient prier dans les temps de calamité, et leur superstition se persuadait que les prières faites en ce lieu montaient plus promptement vers le ciel.

A quelque distance du temple, du côté de l'est, on aperçoit le lit poudreux de l'Illissus ; autrefois une des gloires de l'Attique, maintenant une des plus misérables ruines d'Athènes, l'Illissus est devenu un sujet de dérision parmi les voyageurs et les étrangers. On accuse de mensonge les poètes qui l'ont chanté, les historiens qui en ont parlé ; on leur demande ce que signifie cet autel consacré aux muses de l'Illissus, ce qu'ils ont voulu dire en parlant des nymphes de l'Illissus, se jouant dans des ondes limpides depuis le pont bâti près du Stade jusqu'à la mer. Ces changemens sont faciles à expliquer : la source de l'Illissus est toujours la même ; mais ses eaux ont été détournées de leur cours. Voici ce que je viens de lire à ce sujet dans un voyageur du dix-septième siècle. « L'Illissus, dit Laguilletière, a été diverti et partagé en une infinité de rigoles qui s'épanchent de côté et d'autre pour aller faire des jets d'eau dans les jardins des environs de la ville, ce qui nous donne lieu d'admirer le renversement de l'ordre naturel des choses; car ordinairement les fontaines assemblent leurs eaux pour faire des rivières, et l'Illissus épuise ses ondes et s'anéantit pour faire des fontaines. » La même chose est arrivée au Céphise, sur lequel on n'a pas épargné non plus les plaisanteries, et qui n'en fait pas moins tourner plusieurs moulins à quelque distance de sa source. Il arrive quelquefois dans les révolutions des empires que le cours de la nature elle-même se ressent du désordre des sociétés. Les bois qui couvrent la terre, les fleuves qui l'arrosent, ont besoin aussi de la protection des lois. Quand les beaux jours d'Athènes reviendront, j'espère qu'on y rétablira les conservateurs des eaux et forêts qui existaient chez les anciens sous le nom d'*Epistates*. J'espère que la Grèce aura comme nous son code fluvial, son code forestier;

que les campagnes de l'Attique retrouveront leur parure naturelle, et qu'alors l'Illissus et le Céphise, protégés par la législation, porteront jusqu'à la mer le tribut de leurs ondes. Il sera plus facile de rendre aux fleuves et même aux sources des fontaines leur ancienne gloire, que de relever la majesté des temples.

On nous a montré, à quelque distance de l'emplacement du temple de Cérès, les lieux où s'élevaient les autels de Diane, de Proserpine, de Mercure : les antiquaires ont remarqué que cette partie des rives de l'Illissus renfermait un grand nombre de temples : c'était le quartier sacré de la vieille Athènes, le quartier habité par les dieux. Au temps même de l'antiquité, la population de la ville s'était retirée de l'autre côté de la citadelle ; aussi ne reste-t-il plus sur les bords de l'Illissus que les vestiges à moitié effacés des monumens consacrés aux divinités, et nulle trace des habitations de l'homme ; on n'y voit point, comme dans les quartiers situés au nord-ouest du Parthénon, un amas de décombres, qui appartiennent à un âge récent, mêlés aux ruines de la ville ancienne. D'un côté, c'est une solitude pleine de vénérables souvenirs ; de l'autre, c'est encore l'antiquité avec ses vieilles traditions, mais confondue avec ce qui reste de la ville telle qu'elle était hier, avec les débris des cabanes et des maisons où l'incendie est à peine éteint. Les Turcs, les révolutions, la guerre, ont mêlé là leurs œuvres, de telle sorte qu'on a de la peine à s'y reconnaître, et qu'il y a autant de confusion dans l'âme du spectateur qu'il y en a dans le spectacle lui-même.

Les ruines modernes ne produisent pas d'ailleurs la même impression que les restes de l'antiquité, car nous avons peu d'admiration pour les ruines que nous avons vu faire; singulier effet du temps qui fortifie et fait vivre notre respect et notre enthousiasme, à mesure qu'il éloigne de nous ce qui en est l'objet. Des ruines semblables aux blessures saignantes d'un homme que le poignard a frappé, des ruines qui semblent se plaindre et qu'on croit entendre gémir, ne font que jeter le trouble dans nos pensées. Dans le quartier où s'élevaient les temples des dieux, les ruines qui ont survécu, s'y trouvent séparées de tout ce qui leur est étranger, et restent là comme dans un vaste sanctuaire fermé à tout ce qui n'est pas ancien. Au milieu des ruines qui couvrent la terre, le voyageur aperçoit quelquefois les trésors des moissons; la verdure d'un olivier ou d'un figuier d'Inde, se mêle çà et là à la blancheur du marbre; mais il n'y a rien là qui vous détourne de vos souvenirs, qui vous arrache à vos méditations, qui vous empêche de rester seul et comme tête à tête avec l'antiquité. Si je demeurais à Athènes, je viendrais rêver, sur les bords de l'Ilissus, aux âges glorieux, aux temps héroïques de la Grèce; je reviendrais ensuite dans la rue des Trépieds, sur les ruines de l'Agora et du Bazar; dans cette confusion de toutes les gloires et de toutes les misères, parmi ces dépouilles de tous les âges; je reviendrais pleurer sur la grandeur éclipsée des anciens et sur les malheurs des temps modernes.

Nous avons traversé la vallée de l'Illissus, et nous nous sommes dirigés vers la colline de Musée. Au penchant de la colline, sont des grottes creusées avec le ciseau dans le rocher. Les uns les prennent pour des tombeaux, les autres pour les prisons de l'Aréopage. Nous sommes entrés dans la plus apparente de ces grottes, qu'on nomme vulgairement la prison de Socrate; c'est une chambre carrée de cinq à six pieds de haut, qui peut avoir huit à dix pieds en long et en large. Un espace aussi resserré ne nous permet guères de croire que Socrate y ait été enfermé; car l'histoire nous apprend que l'illustre martyr de la philosophie recevait dans sa prison un grand nombre d'amis. On sait que Socrate but la ciguë et se promena à son dernier moment en présence de plusieurs de ses disciples; tout cela ne pouvait se faire dans l'enceinte étroite que nous avons vue. J'ai remarqué au-dessus de la grotte des trous pratiqués dans le roc vif. Tout démontre que des poutres étaient placées là pour soutenir un édifice extérieur, adossé au rocher; cet édifice pourrait bien avoir été la véritable prison de l'Aréopage, et la grotte un cachot séparé, où, dans certaines circonstances, on enfermait les criminels. Il est possible que Socrate ait eu pour prison l'édifice qui n'existe plus, et dont on ne peut juger les dimensions. Au reste, il faut s'étonner ici que les disciples de Socrate, si pleins de respect pour sa mémoire, et si affligés de sa perte, ne nous aient rien laissé pour éclaircir nos doutes, et que nous ne puissions, dans le même lieu où ils étaient assemblés pour le voir mourir, assister avec eux à ses derniers momens. Quels tableaux touchans l'histoire nous a transmis! quels souvenirs que ceux du Phédon! je ne puis y arrêter ma pensée sans être attendri; mais nous avons vu, dans le temps où nous sommes, tant de victimes de l'injustice des hommes, tant de martyrs de la vertu et de la sagesse, qu'il nous faut bien garder une partie de nos douleurs pour les infortunes contemporaines. Je pourrais faire une comparaison qui ne serait pas tout-à-fait à l'avantage des temps modernes; car dans ces temps malheureux, les passions qui donnent la mort, qu'irrite l'aspect de la vertu, se sont montrées plus brutales et plus cruelles qu'au temps de Melite et d'Anitus. Quel est, en effet, parmi nous le proscrit à qui on ait accordé la permission de passer ses derniers momens avec ceux qui lui étaient chers? Avez-vous jamais entendu dire que les bourreaux aient consenti à attendre le coucher du soleil pour exécuter la sentence fatale? Dites-moi s'il s'est trouvé un geolier qui ait sollicité l'amitié d'un captif allant à la mort, et qui lui ait demandé grâce pour les rigueurs de sa prison ? Après avoir parlé de celui que l'oracle avait déclaré le plus sage des hommes, je n'ose détourner votre pensée sur moi ; mais, comme Socrate, n'ai-je pas vu devant moi la mort que je n'avais pas méritée ? Oh ! s'il m'avait été permis de mourir au milieu de mes amis, peut-être n'aurais-je pas pris la peine de fuir ; et, content de recevoir leurs adieux, j'aurais laissé là cette vie, comme un fardeau trop pesant à porter dans les jours mauvais. »

Lorsque nous eûmes quitté la prison de Socrate, on nous montra, à notre gauche, le lieu où s'élevait jadis l'Aréopage. Il ne reste rien de ce sanctuaire de la justice que deux escaliers parallèles, qu'on aperçoit encore sur une hauteur escarpée. Le palais de l'Aréopage était construit en murailles de terre ; on lui avait conservé la simplicité des premiers temps, et les Athéniens parlaient de cette simplicité du temple des lois avec autant d'orgueil qu'ils parlaient de la magnificence du temple de Minerve. Un voyageur chrétien ne peut passer en ce lieu sans se rappeler que l'apôtre Paul comparut devant l'Aréopage, et qu'il y prêcha le Dieu crucifié, le Dieu *inconnu* auquel Athènes avait élevé des autels. Il faut ressentir les vives impressions qui naissent de l'aspect des lieux pour juger la position où se trouvait alors l'apôtre du Christ ; pour apprécier dignement la grandeur de sa mission, le courage de son entreprise, et la sainte audace de

ses discours. Il avait devant lui les temples du Parthénon, le théâtre de Bacchus, la grotte de Pan, et, dans le lointain, il pouvait voir d'un côté le temple de Jupiter olympien, de l'autre, celui de Thésée. Quelle dut être la surprise de ses juges et du peuple athénien qui l'écoutait, lorsqu'il fit entendre ces paroles : « Ce Dieu qui a fait le monde
» et tout ce qui est dans le monde, étant le Sei-
» gneur du ciel et de la terre, n'habite point dans
» les temples bâtis par des hommes ; il n'est point
» honoré par les ouvrages de la main des hommes,
» comme s'il avait besoin de ses créatures, lui qui
» donne à tous la vie, la respiration et toutes cho-
» ses.... Il a fait naître d'un seul toute la race des
» hommes, et leur a donné pour demeure l'étendue
» de toute la terre, ayant marqué l'ordre des sai-
« sons et les bornes de l'habitation de chaque peu-
» ple... Quelques-uns de vos poètes ont dit que
» nous étions tous les enfans de la race de Dieu.
» Nous ne devons donc pas croire que la divinité
» soit semblable à de l'or, à de l'argent, à de la
» pierre dont l'industrie humaine compose des
» images et des figures. » Voilà ce que disait l'apôtre en présence de l'Aréopage; puis il prêcha la résurrection du Christ, la résurrection des morts, la nécessité d'oublier toutes les grandeurs profanes, et de s'humilier devant Dieu en faisant pénitence. Chez un peuple où, selon l'expression de Démosthènes, les citoyens et les étrangers passaient leur

vie à dire et à demander quelque chose de nouveau, l'annonce d'un Dieu crucifié devait être une bien grande nouvelle. Il ne s'agissait plus de savoir si Philippe était malade, mais si Dieu était mort; s'il était ressuscité, si le genre humain devait ressusciter un jour. « Nous vous entendrons une autre fois sur ce point », lui répondirent-ils ; car jamais les orateurs du Pnix n'avaient dit au peuple d'aussi grandes merveilles. Relisez, mon cher ami, le discours entier de saint Paul ; arrêtez-vous surtout aux passages où l'apôtre s'élève contre les dieux sortis de la main de Phidias et de Praxitelle, et rappelez-vous que ces paroles étaient prononcées dans une ville où chaque pierre était un autel, un monument religieux, où les chefs-d'œuvre des arts étaient comme autant de miracles qui entretenaient la croyance et réchauffaient l'enthousiasme de la multitude; rappelez-vous, dis-je, que saint Paul parlait ainsi au milieu d'une grande et magnifique cité, où il était plus facile de rencontrer un dieu qu'un homme ; où il y avait plus de dieux qu'on n'en comptait dans tout l'Olympe; où les monumens élevés à tous ces dieux étaient la gloire et comme la vie d'un peuple superstitieux et ami des arts.

Au-bas de la colline de l'Aréopage nous avons visité l'endroit que les anciens appelaient le *creux*, ou le Pnix. C'est le fond de la vallée située entre la montagne du Parthénon et la colline de Musée.

Nous nous sommes arrêtés dans ce lieu où se rassemblait le peuple d'Athènes. On y aperçoit un rocher taillé et coupé en forme de terrasse ; on monte sur cette terrasse, élevée d'un côté à trois ou quatre pieds au-dessus du sol, par quatre ou cinq dégrés que lord Elgin a fait découvrir, et qu'il aurait sans doute emportés s'ils n'avaient pas été taillés dans le roc vif. Là était la tribune aux harangues. Tous les monumens de ce côté de la ville ont une simplicité qui a quelquefois embarrassé les savans. Si vous demandez à voir la prison de Socrate, on vous montre une grotte creusée dans le granit ; l'Aréopage est un lieu aride, un terrain vague, avec deux escaliers grossièrement taillés sur la colline ; la tribune populaire est encore un rocher ou amas de grosses pierres. Les monumens d'Athènes qui ont été les premiers construits, seront sans doute les derniers qui périront ; ils subsisteront aussi long-temps que les ouvrages de la nature, et doivent avoir la durée des montagnes et des collines.

Il ne reste plus rien dans le Pnix qui puisse faire connaître où était placé le peuple, comment les orateurs se faisaient entendre. L'assemblée restait-elle exposée au soleil brûlant pendant l'été, et pendant la saison des pluies aux intempéries de l'air ? Les assistans étaient-ils assis ou debout ? Toutes ces questions sont difficiles à résoudre.

Lorsque j'ai quitté Paris, un grand nombre d'architectes, de maçons et d'artistes travaillaient pour préparer une salle à quatre cents députés. Vous venez de voir qu'on n'en faisait pas tant à Athènes pour l'Aréopage. Je ne crois pas non plus qu'on prît tant de soins et qu'on dépensât tant d'argent pour orner la tribune où parlait Démosthènes ; et pour loger une assemblée qui se composait quelquefois de six mille citoyens.

Ceux qui veulent connaître l'esprit d'une véritable démocratie, n'ont qu'à se reporter par la pensée aux assemblées du Pnix. Là, le rêve de la souveraineté du peuple a pu avoir une fois quelque réalité ; et c'est par l'exercice absolu de la souveraineté populaire que périt la grandeur d'Athènes. Les passions animaient l'assemblée nombreuse du Pnix, et la tribune était leur interprète. On pourrait comparer les orateurs d'Athènes à ces harpes éoliennes qu'on suspend dans les lieux élevés, et dont les sons harmonieux sont produits par la tempête. Dans ces assemblées publiques, le peuple et les orateurs se corrompaient mutuellement, et cette corruption s'introduisait chaque jour dans les lois ; souvent on délibérait lorsqu'on devait agir ; on parlait lorsque le salut de l'état commandait de silence ; aussi Philippe de Macédoine comparait-il les Athéniens à ces figures d'Hermès auxquelles on ne voyait qu'une bouche et une langue. Toutefois il est resté de ces assemblées une chose qui ne périra point ; ce sont les modèles les plus parfaits de l'éloquence, modèles que n'ont point égalés les tribunes de nos gouvernemens représentatifs, et qui seront dans la postérité la dernière gloire d'Athènes.

Pendant que nous étions sur cette roche déserte qui fut la tribune aux harangues, le théâtre d'Hérodes Atticus, celui des fêtes dionysiaques, nous montraient encore, au-dessous du Parthénon, quelques-unes de leurs colonnes debout et leurs murailles à moitié renversées. Derrière nous, sur la colline de Musée, nos regards s'arrêtaient sur le monument de Philopatus. Ce Philopatus appartenait à la famille royale d'Antiochus; une dynastie de rois était venue mourir et s'éteindre au milieu d'une démocratie près de finir elle-même. Pausanias parle de ce monument, et, pour désigner le dernier rejeton des rois, il se contente de dire, *un homme de Syrie*, expression de l'indifférence et du dédain jaloux des Athéniens. Le tombeau de Philopatus est aujourd'hui, après le Parthénon, celle des merveilles d'Athènes qu'on visite le moins et qui s'offre le mieux à tous les regards. On peut l'apercevoir de tous les points de l'horizon comme l'Acropolis, avec cette différence toutefois qu'on porte sans cesse les yeux vers le Parthénon, et que la vue ou la pensée du temple de Minerve se mêle à tout ce qu'on voit dans Athènes et autour d'Athènes. Nous avons sollicité vainement la permission d'y entrer; aucun voyageur, aucun Franc, aucun chrétien n'a pu y pénétrer depuis plusieurs années.

Il faut être Turc, et porter un turban, pour voir de près ces colonnes que nous avions aperçues de la mer de Salamine. Quel jour que celui où tombera la consigne de la barbarie ! Nous ne pouvons savoir avec exactitude dans quel état on retrouvera les monumens du Parthénon. Si nous en jugeons par ce qui frappe notre vue, tous ces temples n'auraient pas souffert de grandes altérations et de sensibles dommages. Quand nous pourrons revoir ce qui a échappé aux boulets de Morosini et aux spoliations de lord Elgin, ne faudra-t-il pas élever une colonne aux barbares ! Lorsqu'on lira dans l'avenir l'histoire des ruines de l'Orient, on s'étonnera que deux grands monumens, le Parthénon d'Athènes et l'église du Saint-Sépulcre de Jérusalem, soient restés debout au milieu de la destruction générale ; mais la surprise sera bien plus grande encore, lorsque la postérité apprendra que ces deux monumens, auxquels se rattachent les plus grands souvenirs et les plus nobles pensées ; les traditions de la religion chrétienne et celles de la philosophie ; en un mot toutes nos idées de civilisation dans les temps modernes, ont été conservés par les Turcs !

Dans notre promenade, nous avions fait le tour de la ville ; nous sommes revenus vers le temple de Thésée, près duquel nous avions passé dans la matinée. Notre guide nous a fait voir à notre droite le cimetière des Turcs. Les pierres qui couvrent cette enceinte funèbre ont été enlevées sans doute aux ruines d'Athènes ; je ne serai pas étonné que quelques débris du tombeau de Miltiade ou de Cimon ne couvrissent la cendre d'un aga ou d'un cadi. Dieu me garde au reste de trop mal parler des Turcs, dans un moment où ils vont abandonner l'Attique, et laisser sur cette terre désormais ennemie les ossemens de leurs pères !

Le soleil commençait à décliner, lorsque nous sommes arrivés au temple de Thésée. Ce temple, avec ses trente-deux colonnes d'ordre dorique, est le mieux conservé de tous ceux que nous avons vus dans la ville de Minerve. La voûte seule est de construction moderne : tout le reste est antique ; les colonnes avec leurs chapiteaux et leurs bas-reliefs, sur un marbre jauni, conservent l'empreinte des temps reculés. Le pavé du temple a disparu : on y marche sur la terre et dans la poussière. On sait que les Athéniens bâtirent ce temple en l'honneur de Thésée, après la bataille de Marathon. Les guerriers de l'Attique avaient vu l'ombre du héros combattre parmi les défenseurs de la Grèce. Les Grecs du Bas-Empire changèrent ce temple en église et donnèrent pour successeur à Thésée saint George, le patron des braves, que les soldats chrétiens avaient vu souvent dans leurs rangs au milieu des batailles. Ce monument a cessé depuis long-temps d'être une église, et les Turcs n'ont jamais pu en faire une mosquée. Sur les murs intérieurs du temple, on aperçoit encore les images de saint Georges et de la Panagia. Nous avons remarqué dans le temple deux tombeaux où reposent deux voyageurs anglais; ces deux voyageurs, surpris par la peste, et ainsi enrôlés à leur passage dans les caravanes de l'éternité, n'avaient point trouvé de place dans le cimetière des chrétiens. M. Fauvel, alors consul à Athènes, leur fit accorder, pour dernière demeure, le plus noble monument que le temps nous ait conservé. L'épitaphe latine que je vous envoie est inscrite sur la tombe de l'un des deux voyageurs; elle a été composée par lord Byron : *Si miserandus in vitâ, saltem in sepulcro felix.* Rien n'est plus simple que ces paroles, et si je mourais en Orient, je n'en voudrais point d'autres sur la pierre qui couvrirait ma cendre.

Je finirai ma lettre en vous rappelant tous les monumens que nous avons pu voir à Athènes : quelques colonnes du Prytanée et du Gymnase; les restes du temple de Jupiter, la tour des Vents, les ruines de l'Agora, la lanterne de Démosthènes, l'arc de triomphe d'Adrien. Je ne vous parlerai point de colonnes brisées, de pilastres, de bas-reliefs dispersés qu'on rencontre à chaque pas dans cet amas de pierres qui porte encore le nom d'Athènes. De savans voyageurs qui m'ont précédé, nous ont laissé des descriptions très-complètes de tout ce qu'ils ont vu, mais on a quelque peine à les suivre à travers des décombres sans nom ; souvent ils nous parlent d'un chef-d'œuvre de l'art sur une telle place, dans telle rue, dans le portique ou sous la voûte d'une église, près d'un monastère, dans un jardin ; il n'y a plus maintenant ni rue, ni place publique, ni jardin, ni monastère, ni église : on ne peut plus se conduire ici que par les signes qui guident la marche du voyageur dans le désert. Il faut dire pour être entendu : Allez au couchant, tournez au septentrion, marchez vers l'est ou vers le midi ; nous avons quelquefois rencontré le hibou sortant d'une ruine et volant à travers les murs enfumés d'une mosquée ou d'une église. L'oiseau de Minerve n'est plus ici que le symbole de la désolation muette et solitaire ; c'est le seul habitant d'Athènes qu'on ait respecté dans les derniers temps ; nous n'avons pas même aperçu la fidèle cigogne qui n'a point retrouvé le toit hospitalier, et qui a cherché une autre demeure pour elle et pour sa famille.

Cet état de désolation où se trouve *l'ancienne des jours*, la mère des arts, n'est pas seulement l'ouvrage de la guerre et de l'incendie ; ces deux fléaux ont eu de nombreux auxiliaires qu'il ne faut pas chercher parmi les Barbares ; l'exemple de lord Elgin avait commencé à diminuer le respect pour les monumens ; il avait éveillé la cupidité, enhardi les spéculations sacriléges. Les Grecs et même les Turcs ont appris que les pierres avaient une valeur et qu'on pouvait les vendre ; depuis ce temps, il s'est fait une exportation de pierres et de marbres qu'on ne peut calculer, et qui suffiraient à bâtir un édifice comme Sainte-Geneviève. Après la prise d'une cité, le pillage ne dure ordinairement que quelques heures, que quelques jours ; le pillage et la dévastation d'Athènes durent depuis plusieurs années. Des flottes ont été envoyées en Orient pour arrêter les brigandages de la mer ; les pirates ont été punis, et les spoliateurs de l'antiquité ont poursuivi tranquillement leurs dévastations, sans qu'aucune plainte se fît entendre, ni dans les tribunes de nos assemblées, ni dans les conseils des rois, ni même dans nos académies et dans les comités des Philhellènes. Il fallait voir les marchands, les courtiers de la science, dans les jours du désordre et de l'affliction ; que de caisses remplies de bas-reliefs, de colonnes, de statues ! Quelqu'un qui aurait vu embarquer tout cela au Pyrée, dans des bateaux de corsaires, n'aurait-il pas pu dire encore : *Les dieux s'en vont.* Smyrne et toutes les villes maritimes de l'Anatolie ont été remplies des ruines d'Athènes ; on les vendait dans les bazars comme des pièces de drap ou comme des raisins secs ; partout on se disputait les dépouilles de la ville de Thésée ; il y avait des procès, des plaintes judiciaires devant les cadis, pour des hermès, pour des pierres du Gymnase, pour des métopes du Parthénon, pour des marbres revêtus du nom d'un dieu ou d'un sage de la Grèce. Les Turcs, qui ne concevaient rien à cette passion pour les antiquités, avaient pris le parti d'interdire l'enlèvement et la sortie des pierres.

Après être restés une heure sous le portique du temple de Thésée, nous sommes revenus au bazar où des chevaux nous attendaient; nous avons parcouru cet amas de barraques, qu'on pourrait prendre pour le logement d'une caravane dans le désert.

Quand nous sommes montés à cheval, nous avions autour de nous tous les habitans d'Athènes et des environs, c'est-à-dire trois ou quatre cents personnes de tout âge et de tout sexe; nous avons repris le chemin par lequel nous étions venus le matin, et nous sommes arrivés au Pirée vers la tombée de la nuit.

LETTRE IX.

HISTOIRE D'ATHÈNES.

A bord du *Loiret*, juin 1830.

Vous ne devez pas attendre de moi que je vous parle de l'antique splendeur d'Athènes; les modernes ont fait plus de livres sur ce sujet que la Grèce n'en a jamais produit. Je prendrai la ville de Cécrops au moment où sa propre gloire l'abandonne, lorsqu'elle cesse d'être une république florissante. Il faut remonter, pour cela, à l'expédition de Sylla; Athènes, à cette époque, pour échapper au joug des rois de Macédoine, se livra aux Romains, et, pour échapper aux Romains, se livra à Mithridate; elle se trouva mêlée à toutes les guerres civiles de Rome; elle perdit son indépendance au milieu de ces guerres où Rome perdit sa liberté, et l'histoire peut dire que les deux plus illustres républiques de l'univers périrent ensemble. Rome, au moins, conserva l'empire, Athènes resta avec ses souvenirs et ses ruines.

Toutefois, cette époque pour elle fut encore une époque glorieuse; les arts de la Grèce avaient déjà charmé les Romains; tandis que les légions du Tibre arboraient leurs aigles sur le Parthénon, la ville de Thésée envoyait à Rome ses sophistes et ses philosophes. Ses orateurs, ses poètes, ses historiens étaient admirés comme des modèles chez le peuple-roi; on se vantait, dans les assemblées du Forum et du Capitole, de parler la langue d'Homère, de Démosthènes, d'Euripide et de Platon; il faut entendre les éloges donnés par Cicéron à la ville mère des sciences et des arts; jamais, en un mot, on ne vit un peuple, vaincu par les armes, faire oublier ainsi ses défaites par les souvenirs de sa gloire, et triompher avec tant d'éclat de la nation qui lui donnait des lois. La plupart des empereurs de Rome mirent leur gloire à protéger Athènes, et le nom de Philhellènes, qu'on a tant prodigué de nos jours, était un titre glorieux pour les plus illustres des Romains. L'empereur Adrien se distingua parmi les protecteurs d'Athènes, et voulut qu'il y eût une ville d'Adrien à côté de la ville de Thésée. Athènes, cependant, qui s'était mêlée aux troubles de la république romaine, se trouva en quelque sorte associée aux vicissitudes de l'empire. Les souvenirs de sa prospérité lui attirèrent deux fois l'attaque des Barbares. L'Attique et sa capitale furent d'abord ravagées par les Scythes sous le règne de Claude, successeur de Galien. Cinquante ans après, les Goths, conduits par Alaric, passèrent les Thermopyles.; Athènes leur ouvrit ses portes. Je ne répéterai point la fable de l'historien Sosime, qui nous montre la déesse Minerve armée de sa terrible égide, et l'ombre menaçante d'Achille repoussant les phalanges des Barbares. L'histoire ne s'arrête point à de pareils prodiges, et le vrai miracle de cette époque fut le respect d'Alaric pour les monumens d'Athènes. Cynésius, auteur contemporain, compare ce qui restait alors de la gloire d'Athènes, à la peau des victimes offertes en sacrifice; il ajoute que la ville de Cécrops était plus fameuse par son commerce de miel que par ses écoles de philosophie. Rome avait porté la première atteinte à la puissance d'Athènes : Constantinople lui devint encore plus funeste, car, sous l'empire de Bysance, elle fut tout à fait oubliée, et les successeurs de Constantin y prenaient si peu d'intérêt, qu'on voit Arcadius traiter magnifiquement et regarder comme son allié Alaric qui venait de ravager la Grèce. Les Grecs du Bosphore se vantaient d'être des Romains, et méprisaient les autres Grecs : déplorable symptôme de la décadence de ce Bas-Empire, avec qui toutes les gloires devaient tomber.

Plusieurs siècles s'écoulèrent sans que l'histoire prononçât le nom d'Athènes : on n'en parlait plus que lorsqu'il était question de lui donner des gouverneurs qui l'opprimaient, ou de lever des tributs qui achevaient sa ruine. Ses écoles de philosophie, quoique déchues de leur ancienne splendeur, avaient subsisté jusqu'au milieu du sixième siècle. Ce fut l'empereur Justinien qui les fit fermer. On vit alors ce qui restait des disciples de Platon et des sages de la Grèce, chercher un asile à la cour de Cosroës. Ces illustres fugitifs croyaient trouver parmi les Perses quelques images de la sagesse et de la gloire des premiers jours ; mais, bientôt désabusés, ils revinrent mourir au milieu des ruines de leur patrie, ne pouvant plus vivre ni avec les Barbares qu'ils venaient de voir, ni avec les Grecs qui ne les comprenaient plus. C'est ainsi que fut brisée cette chaîne d'or qui avait traversé avec tant d'éclat les plus beaux siècles d'Athènes, et qui liait encore les temps obscurs de Simplicius aux temps glorieux de Platon et de Socrate.

Les annales de l'Église nous ont cependant conservé quelques souvenirs d'Athènes. Je vous ai déjà parlé de la prédication de saint Paul en présence de l'Aréopage. Denis, qui se convertit alors, fut le premier évêque d'Athènes. L'Attique eut ses martyrs et ses apôtres comme les autres parties du monde romain ; et ce qui nous donne quelque surprise, c'est que les persécutions eurent lieu sous les règnes d'Adrien et de Trajan. Les progrès du christianisme ne durent pas être aussi rapides à Athènes que dans beaucoup d'autres cités. Une ville qui était comme la métropole des dieux, devait tenir plus que les autres à des croyances qui se liaient à la gloire de ses monumens.

Dès le premier siècle de l'ère chrétienne, on avait commencé à lire aux jardins d'Académus l'Évangile de saint Mathieu. Les épîtres de saint Paul furent multipliées par les calligraphes du Pacyle ou du Prytanée. Les fidèles établirent des logothètes ou notaires publics pour recueillir les actes des martyrs. Le philosophe Aristide et l'évêque Quadratus avaient fait une apologie du christianisme qui fut présentée à l'empereur Adrien ; mais les autels du paganisme subsistaient encore : Minerve, Mercure, Apollon, ne paraissaient pas plus pressés de quitter le Parthénon que les Turcs ne le sont au moment où je vous écris. Ce ne fut guères que dans le quatrième siècle que les temples furent changés en églises, et que la ville de Thésée devint une ville chrétienne. Elle fut alors la métropole du christianisme dans la Grèce. Les prêtres de l'évêché d'Athènes héritèrent des biens dont la superstition avait doté les temples de Jupiter, de Thésée, de Minerve, etc. Le clergé d'Athènes était très-puissant au sixième siècle, et sa puissance se conserva jusqu'au temps de la conquête de la Grèce par les Latins.

Au commencement du douzième siècle, on ne parlait plus d'Athènes en Europe; ce fut la cinquième Croisade qui la fit paraître de nouveau sur le théâtre des événemens. L'empire grec étant tombé aux mains des Croisés, Athènes devint le partage d'un gentilhomme bourguignon, Othon de la Roche, qui avait suivi le marquis de Montferrat dans la conquête de la Grèce. Othon de la Roche, qui prenait le titre de *Mégaskir*, ayant refusé de reconnaître la souveraineté du prince de Morée, dont il était le vassal, eut d'abord une guerre à soutenir contre Guillaume de Villardouin. Je ne parlerai point de cette guerre dans laquelle Othon de la Roche fut vaincu et obligé de se soumettre. Je ne puis toutefois oublier ici une des singularités de l'histoire d'Athènes, qu'on n'a point connue jusqu'à nous. Comme le prince Guillaume avait renvoyé le *Mégaskir* par-devant le roi de France pour la peine encourue par ses félonies, celui-ci traversa la mer et se rendit à Paris. Lorsqu'il se fut présenté devant le roi, le monarque se fit lire la lettre de Morée, et rassembla tous les grands qui se trouvaient dans la capitale. On examina gravement la conduite du *Mégaskir*; on délibéra sur la peine qu'il avait encourue, puis un des barons se leva et lut à haute voix le jugement rendu par l'assemblée. Cette sentence des barons condamnait le seigneur d'Athènes à jurer foi et hommage au prince de Morée; mais en *considéra-*

tion d'un voyage pénible et long comme celui qu'il venait de faire, et parce qu'il avait remis sa cause aux mains d'un aussi grand seigneur que le roi de France, on le renvoyait absous. Le mégaskir d'Athènes ôta son chaperon et remercia le roi et la cour. « Puisque vous êtes venu ici de loin, lui dit alors le monarque, il n'est pas convenable que vous retourniez en Romanie sans avoir obtenu quelque grâce. » Le mégaskir se recueillit un moment et répondit : « Je remercie votre couronne et votre royauté de la bonne disposition que vous me montrez. La seigneurie d'Athènes, que je possède, ayant été anciennement gouvernée par un duc, il me serait agréable, si cela vous plaisait, qu'on me donnât désormais le titre de duc. » Le roi accueillit sa demande, et le mégaskir fut élevé sur le trône ducal dans l'intérieur du palais. La chronique de Morée, d'où je tire ce fait, ne donne point de date à son récit; il est probable que le *Mégaskir* fit son voyage peu de temps avant l'avénement du duc d'Anjou au trône de Naples, et quelques années après la première Croisade de Louis IX.

Vous voyez qu'on venait alors des contrées d'Orient pour être jugé par le roi *justicier*. Vous ne serez pas fâché d'apprendre en même temps que la seigneurie d'Athènes fut érigée en duché par le roi de France, et que la réception du premier duc se fit dans le palais de la Sainte-Chapelle, à Paris, *lorsque le roi et la cour célébraient les fêtes de la Pentecôte.*

A son retour à Ahènes, Othon de la Roche gouverna son duché avec sagesse. Devenu un des plus fidèles vassaux des princes de Morée, il ne cessa point de servir l'association des Francs, tantôt par ses conseils, tantôt par sa valeur. Sa dynastie n'alla qu'à la troisième génération, et le dernier de ses héritiers mâles eut pour successeur au duché d'Athènes Gauthier de Brienne, issu d'une illustre famille de Bourgogne. Maître du duché d'Athènes, Gauthier de Brienne eut d'abord à se défendre contre le despote d'*Arta*, le seigneur de *Blaquie*, et l'empereur grec de Bysance, ce qui l'obligea d'implorer la bravoure des Catalans. Cette milice redoutable avait d'abord servi la cause de Frédéric d'Aragon, devenu roi de Sicile. Pour connaître ces héros du brigandage, il faut lire dans Muntaner les motifs qui engagèrent leur chef Roger à les entraîner dans les contrées lointaines de l'Orient. « *Les Catalans, disait-il, sont comme les autres hommes, nul ne peut vivre sans boire ni manger; ils n'auront rien du roi qu'ils auront servi, et feront le carême par force : à la fin, ils ravageront le pays, et mourront tous isolés. Il faut donc, puisque j'ai servi Frédéric de Sicile, qui m'a comblé d'honneurs, que je tâche de le débarrasser de ces hommes à son honneur et à l'avantage de tous tant qu'ils sont.* » Lorsque Gauthier de Brienne appela les Catalans à son secours, ils venaient de ravager l'empire grec qu'ils avaient été appelés à défendre. Avec de pareils auxiliaires, le duc d'Athènes n'eut pas de peine d'abord à triompher de ses ennemis. Il n'en fut pas de même quand il voulut se débarrasser de ses défenseurs : il fut obligé de prendre les armes contre eux. Une bataille fut livrée dans le territoire d'Athènes, non loin des *jardins d'Académus*. Les Catalans campaient sur les bords du Céphise; ils s'étaient retranchés derrière des fossés remplis d'eau. L'histoire donne peu de détails sur la bataille dans laquelle Gauthier de Brienne perdit la vie, et qui rendit une milice aragonnaise maîtresse de l'Attique, d'Athènes et du Parthénon. Les Français qui se trouvaient dans le pays, furent massacrés. L'historien des Catalans fait éclater, à ce sujet, une joie barbare, et s'écrie : « *Tenez pour certain qu'il n'en échappa pas un seul.* »

Dès-lors Athènes devint la proie d'une troupe d'aventuriers, étrangers aux nobles lois de la chevalerie et ne connaissant d'autres droits que ceux de la force et du glaive. Ils s'appelaient dans leurs actes la *Grande Compagnie*, et sur leur sceau étaient inscrits ces mots : *La fidèle communauté ou l'armée des Francs en Romanie*. Gauthier de Brienne avait laissé un fils qui implora plusieurs fois l'assistance des rois de l'Europe et des chefs de l'Église pour venger le trépas de son père et reprendre le duché d'Athènes. On prépara plusieurs expéditions : le pape Jean XXII excommunia plusieurs fois les Catalans, et fit publier contre eux une

Croisade. Toutes ces menaces, tous ces préparatifs, restèrent sans effet ; et le malheureux fils de Gauthier de Brienne, après avoir consumé sa vie en efforts inutiles, alla mourir à la bataille de Poitiers. Sur son tombeau, on lui donnait encore le titre de duc d'Athènes.

J'avoue que, dans ce temps de décadence et de ruine, rien ne m'étonne plus que le langage fastueux des cercueils. Il me semble relire les vieux poètes qui ont décrit l'empire des morts, et qui nous représentent les pâles humains rêvant encore, sur les sombres rivages, des grandeurs évanouies, des couronnes brisées et des royaumes qui ne sont plus.

La domination des Catalans dura plus d'un siècle, et nous ne savons leur histoire que par les malheurs du pays soumis à leurs armes. Du sein des désordres et des grandes calamités, sortit une nouvelle dynastie pour le duché d'Athènes ; la famille d'Acciaoli, issue de Florence, vint régner sur l'Attique au milieu d'un peuple désolé, en présence des Turcs et de tous les partis qui se disputaient cette terre malheureuse. On vit alors dans Athènes tous les genres de corruption qui signalent la décadence des états ; on peut dire que la Grèce finit comme elle avait commencé, par des barbaries et par des crimes ; elle devait rester enfin aux plus barbares, et les Turcs s'en emparèrent. Mahomet II entra dans Athènes sept ans après la prise de Constantinople ; il épargna comme Alaric les habitans et les ruines d'une ville qui lui inspirait une sorte de respect, et qu'il appelait *la ville des philosophes*. Soumise aux osmanlis, Athènes tomba dans l'oubli, et cette reine des cités resta au milieu de ses ruines désertes comme une captive abandonnée. Toutefois sa servitude fut plus supportable que celle de beaucoup d'autres cités de la Grèce ou de l'Asie. On ne cessa jamais d'y parler la langue grecque, qui devint même la langue des vainqueurs; la population grecque avait conservé quelques-uns de ses priviléges, les impôts étaient modérés; les chrétiens pouvaient s'y livrer en paix à l'exercice de leur culte.

Vous savez sans doute que la ville d'Athènes avait été donnée au *Kislar-aga*, et que le chef des eunuques noirs se trouvait ainsi le successeur d'Othon de la Roche et de Gauthier de Brienne. Voici comment les Grecs d'Athènes racontaient le fait, du temps de Laguilletière qui le rapporte lui-même d'après ce qu'il avait entendu dire sur les lieux. Une jeune Athénienne, nommée *Basilia*, fut enlevée à sa famille par des officiers turcs qui levaient la taxe des enfans. Sa mère, fondant en larmes et la prenant entre ses bras, la conjura de se souvenir toujours de sa religion et des misères de son pays. Elle fut conduite au sérail du grand seigneur, et, comme elle était d'une grande beauté, le sultan ne manqua pas d'en être vivement épris; la pauvre Athénienne n'avait point oublié sa patrie, et ce souvenir lui revenait sans cesse, lorsque sa hautesse était auprès d'elle; dans ce temps-là, comme dans des temps moins éloignés de nous, les femmes du sérail exerçaient une grande influence sur la nomination du gouvernement des provinces; l'ambition des pachas s'adressait au Kislar-aga, soit pour obtenir le gouvernement des pays conquis, soit pour acheter l'impunité de leurs vexations. Basilia pensa que si le Kislar-aga possédait lui-même la ville d'Athènes, il ne vendrait pas à d'autres le droit de la dépouiller, et qu'elle se trouverait par là plus ménagée, mieux protégée que les autres. Comme le sultan la pressait un jour de lui demander une grâce, elle lui dit : « Je n'ai plus besoin de rien pour moi, et je ne connais personne dans votre empire à qui je puisse donner quelque chose que le *Kislar-aga* que voilà; je ne puis rien demander pour lui que la ville où je suis née; donnez-lui le revenu d'Athènes et qu'il y envoye des *Kiaias* ou lieutenans qui n'abusent point de votre autorité, comme on l'a fait jusqu'ici. » Ce que demandait Basilia lui fut accordé, et la ville d'Athènes devint le domaine du chef des eunuques noirs.

Les voyageurs ont souvent exprimé leur surprise de voir la ville de Thésée gouvernée par le *Kislar-aga*; mais il ne faut pas oublier qu'il n'est plus question de la gloire d'Athènes, mais seulement des tristes priviléges de la servitude; je ne vous dirai point combien de maux on avait épargnés à cette ville en la sauvant de la domination d'un pacha. Plusieurs autres cités, plusieurs îles de l'Archipel ont été données ainsi à des officiers du sérail, ou à des femmes du harem impérial, et tout le monde s'accorde à dire que les pays soumis à cette espèce d'autorité, ne sont pas ceux qui souffrent le plus de la domination des osmanlis.

Quoique l'Europe eût détourné ses regards des provinces de la Grèce occupées par les Turcs, on portait encore le titre de duc d'Athènes dans quelques familles. Une chapelle de l'église de Saint-Denis renfermait un mausolée où se lisaient ces mots funèbres : *Ci-gît madame Jeanne d'Eu, jadis comtesse d'Etampes et duchesse d'Athènes*, etc. Le titre de duc d'Athènes était devenu comme une prérogative héréditaire, comme une distinction honorifique à laquelle ne se rattachait plus aucune idée de possession; il en était de même de toutes les principautés d'Orient qu'on avait perdues, et c'est ainsi que nous avons pu voir parmi les souverains et les princes de notre Europe moderne des rois de Chypre et des rois de Jérusalem.

Les princes de l'Église avaient fait comme les princes de la terre; depuis que le Coran avait envahi les provinces chrétiennes de l'Orient, Rome ne cessa point d'y nommer des évêques, qui prenaient le titre d'évêque *in partibus infidelium*. Elle ne cessa point d'y envoyer ses saintes milices, et les missions du levant attestent les sollicitudes de l'Église latine pour les fidèles d'outre-mer et pour ses enfans d'Athènes. A ces époques malheureuses le génie du commerce poussait encore les Vénitiens et les Génois aux rivages de l'Attique ; et le Pirée attirait parfois l'attention des puissances maritimes de l'Europe chrétienne. Ainsi, la religion et le commerce semblaient seules se ressouvenir d'Athènes : le reste du monde l'avait oubliée.

Enfin, tel était l'oubli dans lequel était tombée cette ville célèbre, que son existence même fut un moment ignorée. Lorsqu'en 1584 un savant d'Allemagne publia quelques renseignemens sur Athènes, cette publication frappa l'attention publique comme une découverte merveilleuse. Tout ce qu'on apprenait sur la cité de Minerve et sur les monumens qui avaient triomphé du temps et des Barbares, remplissait de surprise les érudits et les ignorans. On remarquait surtout dans ces documens si nouveaux une lettre écrite par un Grec, habitant de Naupli, qui était allé plusieurs fois à Athènes, et qui avait vu le Parthénon. Il faut ajouter cependant que cet habitant de Naupli terminait sa lettre, comme je pourrais terminer la mienne avec bien plus de raison, par ces mots remarquables : « *Athènes ne ressemble plus qu'au squelette informe d'un animal mort depuis nombre d'années.* »

Dans une lettre précédente, je vous parlais des ruines d'Athènes, qui sont aujourd'hui comme la dernière page de son histoire. Je ne reviendrai point sur ce lugubre sujet; je vous rappellerai seulement qu'il y avait dans les beaux temps de la Grèce, des sophistes, des orateurs et des poètes qui prononçaient l'éloge et le panégyrique des cités. S'il se trouvait encore des orateurs et des poètes dans ces malheureuses contrées, je voudrais les voir consacrer leur génie à célébrer ce qui reste de la gloire des anciennes villes grecques; je voudrais les voir prononcer l'oraison funèbre d'Athènes, comme parmi nous Bossuet prononçait l'éloge d'une puissance de la terre ou d'une grande reine étendue devant lui dans un cercueil.

LETTRE X.

LE CAP SUNIUM, IPSARA, ARRIVÉE A SMYRNE.

A bord du *Loiret*, le 18 juin 1830.

En revenant au Pirée, nous avons visité le tombeau de Thémistocle, qui se trouve, selon l'indication des auteurs anciens, au pied du cap Alcine, à l'entrée du port. L'emplacement de ce tombeau rappelle naturellement la victoire de Salamine, remportée dans le voisinage; c'est là que les bannis répondaient du haut d'un navire à leurs juges, debout sur la rive. Thémistocle n'obtint point la faveur d'être entendu dans ce lieu; mais son ombre du moins y fut reçue avec solennité. Les flots de la mer, lorsqu'ils sont poussés par les vents d'ouest, viennent quelquefois battre ce qui reste du mausolée du héros, image des orages politiques qui tourmentèrent sa vie; ce monument n'est plus qu'une excavation dans le roc, où nous avons remarqué un fragment de colonne et quelques débris épars.

Lorsque nous sommes rentrés dans le canot du *Loiret*, qui nous attendait, la nuit nous dérobait la vue du rivage. Nous avons traversé la solitude du Pirée, dans lequel on n'entendait que le bruit de nos avirons. Si on en croit quelques historiens, les magistrats d'Athènes avaient forcé le peuple assemblé au Pnix, de tourner le dos à ce port si célèbre, dans la crainte qu'un pareil spectacle ne lui donnât trop d'orgueil. Aujourd'hui cette vue ne serait propre qu'à montrer le néant des choses humaines. Je voudrais savoir le nom que les Turcs donnent au Pirée; car il m'en coûte de lui donner celui qu'il eut au temps de sa gloire. Les Italiens l'ont appelé *Porto leone*, à cause d'un lion de marbre qu'on voyait autrefois en abordant sur la rive, et qui est maintenant à l'arsenal solitaire de Venise parmi d'autres ruines.

Nous avons passé la nuit à bord du *Loiret*; le lendemain, dès le lever du jour, on a remis à la voile pour prendre la route de Smyrne. En nous éloignant des rivages de l'Attique, nos regards se sont souvent reportés vers le Parthénon que nous n'avions pu visiter; et ses colonnes dorées par les premiers feux du jour semblaient nous suivre sur les flots lointains. Je n'ai point remarqué les terres que nous avons côtoyées pendant quelques heures, tant nous étions préoccupés de ce que nous venions de voir à Athènes. Quand les sommets du Parthénon ont disparu, un autre spectacle s'est présenté à nos yeux, et ce spectacle était comme une continuation de notre promenade de la veille sur les bords de l'Illissus ; je veux parler des ruines du temple de Minerve à Sunium. Plusieurs colonnes d'une blancheur éclatante apparaissent de loin aux voyageurs, et s'élèvent sur un promontoire auquel elles ont donné le nom de *cap Colonne*. Le temple de Minerve n'est plus, mais ses ruines sont restées là comme un grand souvenir des anciens jours.

Nous sommes arrivés à midi en face du cap Sunium ; le canot du *Loiret* nous a conduits sur la rive. Un vent léger tempérait la chaleur du jour ; la montagne, qui forme le promontoire, est couverte de thyms, de sauges et d'autres plantes odoriférantes. Quelques lentisques croissaient entre les rochers et les pierres. Parmi les fleurs qui ornent les avenues du temple de Minerve, j'étais charmé de voir une grande quantité d'immortelles. J'en ai composé une guirlande, et je l'ai déposée sur le marbre blanc du sanctuaire. Je ne sais pourquoi les ruines de Sunium m'ont plus ému que celles que nous avions vues à Athènes. C'est sans doute parce qu'on y est tout seul, qu'il n'y a point d'habitation dans le voisinage, et que la barbarie des temps modernes n'y gâte pas les souvenirs de l'antiquité. La solitude va si bien aux ruines ! elle est d'ailleurs une si bonne sauvegarde, et le désert un si bon gardien !

Nous avions visité ce qui reste du temple. Douze colonnes sont encore debout, sans compter les pilastres de la façade; on aperçoit un mur qui soutient la terrasse ou la plate-forme sur laquelle le temple était bâti, et les restes d'une muraille qui s'étendait jusqu'à la mer. Après avoir parcouru toutes ces ruines, nous nous sommes assis sur le soubassement des colonnes : nos regards se portaient tantôt sur les montagnes de l'Attique, tantôt sur la vaste étendue de la mer. Lorsque Platon, assis sous le portique aérien du temple, enseignait à ses disciples les lois de la sagesse divine, il n'avait qu'à leur montrer cet immense horizon, cette voûte céleste si resplendissante; toutes ces merveilles de la terre et du ciel. Ce magnifique spectacle, que le voyageur contemple dans une espèce de recueillement, n'a pas besoin de l'éloquence des paroles. Cette grande et belle nature, ces ruines qui ont conservé leur caractère religieux, élevaient nos pensées vers le Créateur de l'univers, et chacun de nous croyait assister à une leçon de Platon.

C'est en vain que vous chercheriez en ce lieu une inscription historique, une pensée de l'antiquité, écrite sur la pierre, vous ne voyez que des colonnes qui, par leur forme élégante, rappellent les beaux jours de l'architecture, et dont la dégradation et la teinte jaune vous parlent des ravages et de la marche du temps. Toutefois, on lit partout des noms modernes confiés à la pierre polie; il n'est personne qui n'ait voulu laisser un souvenir de son passage au cap Sunium, et vivre au moins quelques jours sur ce marbre que le temps a respecté.

En nous éloignant de ces vénérables ruines, nous nous sommes retournés plusieurs fois, pour les revoir encore, et nous les avons saluées long-temps de nos regards. Il faut s'applaudir ici de ce que le temps et le génie de la destruction ont épargné la colonnade qui fait face à la mer, et dont la perspective lointaine conserve encore pour les voyageurs la majesté du temple de Minerve.

Nous n'avons pas tardé à voir les côtes escarpées de l'île de Zéa, l'ancienne Céos, patrie de Simonide; le lendemain, au lever du jour, nous avions à notre droite l'île d'Andro, le cap d'Oro ou Pharée que les navigateurs doublent avec précaution dans les saisons des orages. A l'est du cap, on aperçoit, en avançant vers Smyrne, l'île d'Ipsara, plus loin l'île de Chio. Je pourrais vous dire d'Ipsara ce que je vous ai dit en parlant d'Hydra et de Spezzia; le commerce avait fait d'un rocher désert une île florissante, et, par les miracles de l'industrie, Ipsara était devenue une riche et heureuse cité. Chose singulière !: ce sont les pays les plus prospères, les peuples qui avaient le plus à perdre, qui se sont précipités avec le plus d'ardeur et d'aveuglement dans les dernières révolutions ; aussi ont-ils éprouvé tout ce que la guerre apporte avec elle de désolation et de calamités. Je vous épargnerai le récit lamentable des désastres d'Ipsara ; la plupart des habitans périrent par le glaive, ou cherchèrent un refuge sur des rivages étrangers. Depuis quelques mois, le petit nombre de ceux qui avaient échappé au massacre, sont revenus au milieu des ruines de leur patrie, et nous les voyons errer tristement à travers les décombres comme de pâles ombres parmi des sépulcres. Des masures noircies par le feu, des murailles croulantes, des toits renversés, des maisons à moitié démolies, tels sont les restes malheureux d'Ipsara. Quelle différence entre ces ruines et celles que nous venons de voir à Sunium ! Les unes inspirent une douce mélancolie, les autres déchirent le cœur ; là ce ne sont que des marbres muets qui se sont mesurés avec le temps, et qui en ont triomphé ; ici c'est une ville qui succombe avec ses habitans ; on les voit souffrir, on entend leurs plaintes ; ce ne sont pas des blessures faites sur l'airain ou sur la pierre, mais sur la chair vivante de l'homme. Il y a là des souvenirs affligeans qu'aucune illusion n'accompagne et sur lesquels on ne peut que gémir et pleurer.

L'île de Chio est restée loin de nous, et nous

n'avons pu voir ses ruines ; son nom seul rappelle aussi d'affreux désastres. Ainsi dans toutes ces îles, sur toutes ces côtes que nous voyions, il est tombé quelque calamité, et les images sanglantes des temps présens viennent partout remplacer dans l'âme du voyageur attristé les souvenirs rians, les poétiques images des temps antiques.

Le 17 au matin, le vent nous poussait vers les rivages d'Ionie ; nous avions devant nous, d'un côté, le cap Cara-Bournou ou le cap Noir, de l'autre, les bords où s'élevait l'antique Phocée. Le bourg de Foilleri, bâti au fond d'un havre, nous a indiqué l'emplacement de la cité de Leuce ; les îlots qui l'environnent sont les rochers *Myrmèces* ou Fourmis, dont Pline a parlé. Plus loin, en descendant le golfe, nous avons vu de grandes javelles de sel semblables à des pyramides, brillant sous le soleil comme du marbre ou de la neige. A notre gauche s'étendaient les plaines de l'Hermus, et nos marins nous signalaient les bancs de sable qui entourent l'embouchure du fleuve, et qui sont comme autant d'écueils. Sur l'autre côté du golfe, Vourla et ses moulins à vent, les petites îles des Lapins, les rivages de Clazomène, d'Erithrée et de Théos s'enfuyaient derrière nous, et devant nous se montrait la cime du mont Mimas. Nous avons passé à peu de distance du château de Sangiac ; ses murailles blanches nous présentaient un contraste pittoresque avec la verdure des bois d'alentour.

Entraînés par un vent rapide, nous avions à peine le temps de reconnaître toutes ces côtes si riches de végétation et surtout fécondes en souvenirs historiques; et les tableaux se multipliaient sans cesse autour de nous. Au coucher du soleil, nous n'étions plus qu'à deux lieues de Smyrne. Nos regards distinguaient facilement la haute citadelle du mont Pagus; les minarets de la ville, les cyprès qui ombragent ses cimetières, nous annonçaient l'approche d'une cité musulmane. Une forêt de mâts, des bâtimens de guerre, des pavillons de toutes les nations, nous annonçaient en même temps que nous étions dans la rade la plus fréquentée de l'Orient. L'*Imbat*, qui souffle chaque jour sur cette terre, et qui rafraîchit une rive brûlée par les feux de l'été, enflait les voiles du *Loiret*, et nous filions dix nœuds par heure; mais, selon sa coutume, l'*Imbat* est tombé avec la nuit, et le calme qui nous a surpris, nous a empêchés de débarquer au gré de notre impatience. Nous avons passé la nuit à bord du *Loiret* qui a mouillé à plus de deux milles du rivage.

Ce matin, dès que le jour a paru, nous étions sur le pont; je voulais voir ce beau soleil d'Ionie que je ne connaissais encore que par la description des poètes, et cette ville de Smyrne que les voyageurs nous représentent comme une ville européenne au milieu des Turcs. Les maisons de Smyrne dont les terrasses se rapprochent et se confondent, n'offrent d'abord aux regards qu'une surface plane et unie; par dessus, tous ces toits uniformes flottent les pavillons des consuls, et se montrent çà et là les dômes des mosquées et des bains publics; sur le bord de la mer, on aperçoit une espèce de quai; des maisons qui paraissent élégantes; une caserne nouvellement bâtie et un fort garni de canons; à droite de la cité, des sépulcres blancs couvrent le penchant d'une colline; à gauche, de vastes jardins d'orangers s'étendent dans la plaine; et par delà toute cette surface si riche en points de vue, s'élève le mont Pagus qui fut jadis la défense de la ville, et dont la perspective lui sert aujourd'hui d'ornement.

Je suspends ici cette lettre; je vais descendre à terre; je reprendrai la plume quand je pourrai vous donner quelques détails sur Smyrne.

SUITE

DE LA LETTRE X.

DESCRIPTION DE SMYRNE.

Smyrne, le 20 juin 1830.

La ville de Smyrne se divise en deux parties ou deux grands quartiers, la ville basse et la ville haute. La première est habitée par les Turcs et les Juifs; la seconde par les Grecs, les Arméniens et les Francs. La ville basse renferme d'assez beaux édifices, des maisons assez bien bâties; là sont les marchés, les bazars, les boutiques; le voisinage de la mer, la foule de ceux qui arrivent ou qui s'en vont, entretiennent dans cette partie de la ville un mouvement continuel; tout ce qu'il y a de bruit et d'activité à Smyrne est dans ce quartier-là. Dans la ville haute, qu'avoisinent les grands cimetières des Turcs, règnent le silence et la solitude; point d'édifices publics, peu de maisons élégantes; des habitations avec des fenêtres grillées qui ressemblent à des cloîtres, un grand nombre de mosquées ou d'oratoires musulmans, beaucoup de turbés ou de chapelles sépulcrales, ombragés par de hauts cyprès, voilà ce qu'on remarque dans la partie de la cité qui se rapproche du mont Pagus.

Les Italiens ont appelé Smyrne *ella fiora del Levanti*, et quelques voyageurs n'ont pas craint de la surnommer le *petit Paris de l'Orient*. Je ne connais point encore assez la capitale de l'Ionie pour apprécier les jugemens qu'on en a porté. Je dois dire toutefois que mes premières impressions ne répondent pas à l'idée que je m'en étais faite d'après nos livres de voyage, et même que le charme de la perspective, qui m'avait séduit en arrivant dans la rade, se dissipe et s'évanouit à chaque pas que je fais dans l'intérieur de la cité. De toutes les rues que j'ai visitées, je ne puis vous en citer que deux qui méritent d'être remarquées, et qui aient un nom, c'est la *rue Franque* et la *rue des Roses*. Je ne vous parlerai point de ces rues étroites et tortueuses, de tous ces passages obscurs, de ces allées couvertes, au milieu desquelles je me suis égaré plusieurs fois, et qui font de la ville un vrai labyrinthe pour les étrangers nouvellement débarqués. Beaucoup de rues n'ont jamais été pavées; celles qu'on a pavées sont si mal entretenues, qu'on a de la peine à y marcher : une voiture traverserait plus tôt le lit d'un torrent que la plus belle rue de la cité. Aussi n'a-t-on jamais vu de voitures à Smyrne. Strabon, qui se plaignait que la ville ancienne n'eût point d'égouts, en trouverait presque partout dans la ville nouvelle. Des excavations qu'on rencontre souvent sur son chemin, et que personne ne s'occupe de fermer, laissent échapper des exhalaisons infectes. Dans beaucoup de rues, on voit un ruisseau fangeux, ou plutôt un égout découvert, avec un trottoir de chaque côté. Les chameaux, les chevaux et les ânes qui font les transports, passent dans le ruisseau; il arrive souvent qu'un chameau, chargé de ses deux ballots ou de quelques bois de construction, occupe à lui seul tout l'espace de la rue. A l'approche de ces animaux, il faut fuir et se mettre à l'écart, comme à l'approche d'un pacha et de son escorte menaçante. Ajoutez à cela qu'on étouffe de chaleur dans les rues populeuses, et que l'air y est partout corrompu ou fétide; de telle sorte que je ne connais guères que la peste qui puisse se trouver à l'aise et circuler librement dans cette ville tant vantée. Aussi y arrive-t-elle presque tous les ans, et les habitans regardent comme un miracle qu'elle ne soit pas encore venue cette année.

Je pense bien, mon cher ami, que vous n'aurez pas encore reconnu Paris à ce que je viens de vous dire de Smyrne. Ceux qui se sont extasiés sur cette ville, ont été frappés sans doute de la facilité qu'on aurait d'en faire un séjour agréable pour les habitans comme pour les étrangers. La vérité est que Smyrne pourrait devenir la plus belle ville du monde si on le voulait; mais personne ne l'a voulu jusqu'ici. Elle aurait pu avoir d'abord un quai magnifique; l'administration turque n'y a jamais songé. Cette administration permet aux particuliers, moyennant un certain droit, de bâtir sur le bord de la mer; elle vend même la partie du rivage qui est encore couverte par les flots; ainsi la mer recule devant les édifices nouveaux, sans que la ville y gagne rien pour la salubrité de l'air, ni pour la perspective, ni pour la commodité de la navigation. Il ne faut donc chercher à Smyrne que les beautés de son climat et les merveilles de sa position maritime et commerciale, enfin ce que la négligence ou la barbarie des Turcs n'a pu lui ôter.

Dans plusieurs quartiers de la ville basse, règne une grande activité. J'ai remarqué avec plaisir que tout le monde y paraissait occupé : je n'ai vu nulle part une plus grande quantité de boutiques; j'admire surtout combien il faut peu de place aux marchands de ce pays. Un enfoncement dans un mur, un banc de pierre ou de bois, avec un espace de trois ou quatre pieds tout au plus, en voilà assez pour contenir un Turc, un Grec ou un Juif avec ses marchandises. On peut dire que chacun de ces petits marchands n'occupe pas plus d'espace dans une rue industrieuse qu'il n'en occupera un jour dans le champ des morts ; ce qui fait qu'il y a place pour tous. La ville a plusieurs bazars renommés, tels que celui des étoffes, celui du riz, etc. Ce sont comme des rues ou de larges passages voûtés et garnis des deux côtés de boutiques et de bancs propres à l'étalage. L'affluence est toujours très-grande dans les bazars. Il faut vous parler aussi des khans, dont il est difficile de se faire une idée lorsqu'on ne les a pas vus. Un khan est un vaste bâtiment construit en pierres, où logent les caravanes, et qui servent d'entrepôt aux marchandises. Il y en a plusieurs à Smyrne.

Ces sortes d'édifices se trouvent dans presque toutes les cités de l'Orient : on en rencontre quelquefois dans les lieux déserts ; ils n'ont ordinairement que les quatre murailles. On y vit avec les provisions qu'on y apporte. Lorsque les voyageurs venus d'Europe, pénètrent dans l'Asie-Mineure, les khans deviennent leur seul asile pour se reposer de leurs fatigues. Dans tous les lieux où il n'existe point de khans, où la fortune ne vous fait point rencontrer le toit d'un café, cet Orient si hospitalier ne vous offre d'autres ressources que l'eau de ses fontaines, d'autre abri et d'autre toit, que le dôme de ses platanes et l'azur de son beau ciel. Nous en ferons bientôt l'épreuve; vous recevrez quelquefois de nous des lettres écrites dans le désert, à l'ombre d'un cyprès ou d'un sycomore. Mais revenons aux khans et au commerce de Smyrne.

Pour juger du mouvement commercial de cette ville, il faut voir dans les khans l'arrivée des caravanes, et dans la rade l'arrivée des navires marchands. Chaque jour, on voit passer dans la haute ville un grand nombre de chameaux chargés des productions de l'Inde, de la Perse, de la Syrie et de toutes les contrées de l'Asie-Mineure. D'un autre côté, les vents et les flots amènent chaque jour des bâtimens apportant les produits industriels de tous les pays de l'Europe. Les caravanes retournent dans les pays d'où elles sont venues avec les richesses qu'ont apportées les navires européens, et ceux-ci regagnent les villes maritimes de l'Occident avec les marchandises voiturées sur le dos des chameaux, si justement appelés les vaisseaux du désert. J'ai souvent entendu dire que le commerce de Smyrne avait perdu de son activité depuis quelque années ; cependant la rade est toujours remplie de navires, les khans de marchands étrangers, et les chameaux, avec leurs charges accoutumées, ne cessent point de défiler sur le pont des Caravanes.

Une des choses qui frappent d'abord les Européens en arrivant à Smyrne, c'est la diversité des peuples qui habitent la même cité. Leur religion, leur langage, leurs costumes, leurs mœurs, tout est différent. Chaque peuple a ses cérémonies, ses fêtes, et même son calendrier. Il arrive souvent, d'après les règles que chaque croyance s'est faites, qu'on se réjouit et qu'on se repose dans un quartier, tandis qu'on se mortifie ou qu'on travaille dans un autre. Le vendredi, les Turcs ferment leurs boutiques; le samedi, les Juifs ferment les leurs; le dimanche, c'est le tour des Grecs, des Arméniens et des Francs. Toutes ces nations ne se réunissent jamais pour quoi que ce soit; elles ne se trouvent ensemble qu'au bazar. L'amour de l'argent ou l'amour du gain est le seul lien commun, le seul sentiment qui les rapproche. La seule chose sur laquelle on soit à peu près d'accord, c'est le prix du coton ou de l'opium, la valeur d'une piastre ou d'un dollar. La différence dans les mœurs et dans les usages est encore plus marquée parmi les femmes que parmi les hommes. La moitié des femmes de Smyrne vit dans la retraite et reste cachée aux regards du public; les autres jouissent de toutes les libertés qu'on leur accorde dans nos sociétés d'Europe. On reconnaît à quelle nation une femme appartient par le soin qu'elle prend de cacher ou de montrer son visage. Les femmes grecques et celles des Francs ont le visage découvert; les Juives et les Arméniennes n'en montrent que la moitié; les femmes turques ne laissent rien voir de leur figure. Non-seulement les femmes grecques n'ont point de voile, mais elles mettent une grande affectation à se faire voir. Les plus réservées croiraient avoir perdu leur journée, si elles n'avaient passé plusieurs heures parées de leurs plus beaux atours, et assises devant une fenêtre ou dans un balcon, de manière à voir les passans et à en être vues. Immobiles et silencieuses, elles restent là comme des portraits dans leurs cadres ; et lorsqu'on parcourt certaines rues, telles que *la rue des Roses*, on croirait traverser une galerie de tableaux. Les fenêtres ou balcons auxquels se placent ainsi les dames de Smyrne, sont construits tout exprès. Une maison ne serait pas bien bâtie, si elle n'offrait au beau sexe ce moyen innocent de prendre l'air et de se montrer en public. Je n'irai pas plus loin sur ce chapitre ; et, pour ne pas me brouiller avec les dames de Smyrne, je me hâte de dire qu'elles ont une grande réputation de beauté ; et qu'elles la méritent.

On parle à Smyrne plus de langues qu'on n'en parlait dans la tour de Babel ; la plus usitée parmi les Francs, est un mauvais jargon italien, fort répandu dans l'Archipel et sur toutes les côtes de la Méditerranée : c'est là tout ce qui est resté, dans les temps modernes, de la domination de plusieurs villes d'Italie qui, au moyen-âge, avaient recueilli, à force d'industrie, l'héritage de l'ancienne Rome en Orient. Dans toutes les Échelles du Levant, il arrive tous les jours de pauvres Italiens que la misère, des condamnations ou des circonstances fâcheuses ont éloignés de leur pays ; on les retrouve partout. Nous sommes logés chez un Romain, tout est romain dans la maison jusqu'à la servante.

Dans une seule rue, dans un seul bazar de Smyrne, on peut se donner le plaisir de voir rassemblés chaque jour les débris de trois grands peuples, les Romains, les Grecs et les Juifs. Quoique chaque peuple, chaque secte, ait sa langue particulière, néanmoins les langues qu'on parle communément se réduisent à trois, le turc, l'italien et le grec moderne. Si chacune de ces langues exprimait le caractère, la position et les besoins de ceux qui les parlent; je dirais volontiers que dans la langue turque on commande, que dans le grec moderne on supplie, et qu'on demande la charité en italien; quant à la langue française, qui était autrefois la langue dominante parmi les Francs de Smyrne, elle a beaucoup perdu dans les derniers temps; elle a suivi les vicissitudes et le déclin du commerce français dans ce pays. On ne la parle plus que chez les consuls et parmi les voyageurs de distinction.

Outre les trois ou quatre peuples qui sont à poste fixe à Smyrne, et qui habitent ensemble cette grande ville, on y voit chaque jour une foule d'étrangers qu'attirent le commerce, la curiosité et le besoin de changer de climat et de pays. Parmi les voyageurs qui passent par cette ville, vous en voyez de toutes les nations, de toutes les classes, de tous les caractères. Les uns viennent de Constantinople, de l'Égypte ou de la Syrie; les autres, arrivés de tous les points de l'Occident, sont en chemin pour les diverses contrées de l'Asie; l'un parle des curiosités de Bagdad, d'Ispahan, de Trébisonde qu'il vient de visiter; un autre demande des chevaux et des guides pour traverser le mont Taurus, pour se rendre sur les bords de la mer Noire, sur les rives de l'Euphrate et du Tigre.

Parmi tous ces voyageurs, on rencontre quelques savans modestes et laborieux, dont la conversation est instructive; ils ont étudié l'histoire et les mœurs des peuples, les formes du globe, les productions de chaque climat; les plus curieux à entendre sont quelquefois ceux qui vont à la recherche des ruines de l'antiquité. Il faut voir l'amour-propre que certains amateurs mettent à leurs découvertes. Dans cette science, comme dans toutes les autres, on court après ce qui est nouveau. Je connais des Anglais qui donneraient cinq cents livres sterling à celui qui leur enseignerait une ruine dont personne n'a parlé. Quel triomphe que celui de déterrer une colonne ignorée, de mettre en lumière une inscription inédite! Mais découvrir une ville entière sur laquelle mille voyageurs ont passé sans la voir, voilà le chef-d'œuvre, voilà la gloire! Ce bonheur est arrivé l'année dernière à un voyageur anglais; il a découvert dans l'Asie-Mineure l'ancienne ville d'Azania. Les restes de cette ville étaient si bien ensevelis sous l'herbe, qu'on ne les avait point aperçus. Que de trésors enfouis dans la poussière du désert! quelle satisfaction d'annoncer à l'Europe savante qu'on les a retrouvés! L'heureux voyageur, après avoir reconnu en passant les ruines précieuses d'Azania, se proposait d'y revenir et d'en prendre en quelque sorte possession par un mémoire détaillé. Il vient à Smyrne, pour se munir des instrumens nécessaires ; il laisse échapper quelques mots sur la merveille qu'il vient de découvrir; mais l'importance mystérieuse qu'il y met éveille la curiosité et la jalousie d'un autre amateur. Celui-ci, profitant de l'ouverture qu'on lui a faite et des renseignemens qu'il a obtenus, se hâte de partir pour Azania, et, du sein même des ruines qu'il reconnaît, il écrit à ses correspondans de Londres qu'il a retrouvé une ville dont les antiquaires ont perdu la trace. Je vous laisse à deviner quel a été le désappointement de celui qui, le premier, avait reconnu Azania.

Cette émulation de découvertes, et les petites vanités qui l'accompagnent, peuvent nous faire sourire ; mais elles ont aussi leur bon côté ; je souhaite que ces travers innocens nous aident à trouver d'autres ruines. Il y a encore dans l'Asie-Mineure assez de villes perdues, pour faire la fortune et la gloire de plus d'un voyageur ; et comme il est juste que chacun jouisse de ce qu'il a fait, je pense que, dans ce cas, un amateur ferait bien de placer le mérite de ses découvertes sous la sauvegarde d'un brevet d'invention.

Je ne vous dirai rien ici des aventuriers qui ont quitté leur pays pour parcourir le monde, et dont l'honnête industrie ne s'attache pas à la découverte des ruines; ces messieurs-là n'auraient pas grand parti à tirer d'une ville cachée sous l'herbe; ce n'est pas une cité comme Azania qu'il leur faut, mais une ville bien fournie de toutes choses, une ville habitée par des gens dont les coffres soient bien garnis. Ces sortes de voyageurs ne manquent pas ordinairement de passer par Smyrne, et d'y laisser, au lieu de regrets, de bons avertissemens et d'utiles leçons.

LETTRE XI.

SUITE DE LA DESCRIPTION DE SMYRNE.

Smyrne, le 24 juin 1880.

L'*Imbat* qui a coutume de ranimer cette rive par son haleine rafraîchissante, l'*Imbat* avait cessé de souffler pendant trois jours. Quoique notre logement soit situé au bord de la mer, il était devenu une véritable fournaise pendant le jour et même pendant la nuit. Pour comble de disgrace, cette atmosphère de feu qui vous anéantit, fait vivre une multitude d'insectes avec des ailes ou sans ailes, qui ne vous laissent aucun moment de repos. Tous ces insectes s'en prennent surtout aux étrangers, et s'acharnent contre tous ceux qui débarquent, comme si un mauvais génie avait préposé ces ignobles milices, ces milices invisibles à la garde des avenues de l'Orient. En proie à cette multitude d'ennemis, j'ai vingt fois essayé de poursuivre ma relation ; toujours la plume m'est tombée des mains. Peut-être même cette excessive ardeur du climat, et les incommodités qu'elle apporte avec elle, ont-elles contribué à rembrunir mes tableaux! Triste condition du voyageur, dont les jugemens dépendent de la piqûre d'un insecte, et qui voit tout en noir ou couleur de rose selon que le vent souffle du nord ou du midi! Mais enfin l'*Imbat* est revenu; avec lui reviendront mes forces, ma bonne humeur et les couleurs impartiales de la vérité; je reprends la plume, et je vais achever ma description de Smyrne.

Commençons d'abord par les Européens; les mœurs des Francs de Smyrne méritent d'ailleurs une place à part dans mon tableau. Ils ne sont point gouvernés par les lois du pays; ils ont des priviléges que les Turcs respectent; la police n'a pas même le droit de faire chez eux des visites domiciliaires. Il n'est pas de pays au monde où les Européens jouissent de plus de liberté qu'en Turquie; je n'en excepte pas même ceux qui appartiennent à des gouvernemens représentatifs. L'Europe civilisée pourrait reconnaître parmi les Francs de l'Ionie plusieurs de ses usages, quelquefois même ses modes, ses plaisirs et ses fêtes; nous n'entendons parler que des bals qu'on a donnés l'hiver dernier à Smyrne ; on y joue même la comédie. Il y a quelques mois qu'une représentation de la pièce intitulée *l'Ours et le Pacha* a fort diverti les habitans de la *rue Franque*. Toutes les opinions et même les travers qui agitent ou préoccupent notre Occident, ont passé les mers, et se retrouvent sur les bords du Mélès. Je reconnais ici des gens de tous les partis ; je revois en petit tout ce que j'avais vu en France. Nous avons devant notre porte un café qui a pour enseigne, *à la Civilisation* ; on m'a conduit dans un *cazzino* ou cabinet littéraire où sont reçues les principales feuilles de l'Europe ; là des marchands, des voyageurs, des curieux, des oisifs, s'occupent aussi de gouverner le monde, et de juger les rois et les peuples. Tout cela se fait sans que les Turcs y prennent garde ; peu leur importe qu'on soit libéral ou royaliste, absolutiste ou constitutionnel, qu'on défende l'ancien ou le nouveau régime, la monarchie ou la république ; les opinions même les plus dangereuses ne leur portent pas le moindre ombrage ; il en est de certaines doctrines politiques comme de la ciguë qui n'empoisonne pas dans tous les pays.

Parmi les curiosités de cette ville musulmane, un voyageur européen ne peut oublier le journal intitulé : le *Courrier de Smyrne*. La nouvelle *Lutèce*, le *Paris* de l'Orient, devait jouir aussi des bienfaits de la presse périodique, et ce qu'il faut ajouter, c'est que le journal de Smyrne est au moins aussi bien rédigé que la plupart de nos journaux de France et d'Angleterre. On y passe en revue tout ce qui se dit dans les tribunes des états représentatifs; tout ce qui se fait dans les cabinets; on y parle surtout des événemens de la Morée, et sauf quelques exagérations, le *Courrier de Smyrne* est le seul journal qui ait parlé de la Grèce régénérée comme l'histoire en parlera. Il a pour lecteurs les Francs qui parlent la langue française; la plupart des consuls et des agens diplomatiques du Levant; Quant aux osmanlis, ce journal est pour eux comme une *lanterne sourde*, qu'on promènerait la nuit dans leur cité, ou comme un rayon de lumière qui passe à côté d'eux et qu'ils ne voient pas.

Je crois vous avoir dit que tous les cultes ont leurs temples à Smyrne, et que toutes les croyances s'y professent avec plus ou moins de publicité. Les catholiques y ont deux églises desservies par les capucins et les lazaristes; les Arméniens en ont deux; les Grecs trois; les Juifs ont plusieurs synagogues; comme toutes les opinions religieuses s'y trouvent ainsi en présence, on remarque dans les différentes sectes plus d'exaltation et de ferveur. Tel Européen qui n'irait peut-être pas à la messe dans son pays, n'oserait pas s'en dispenser à Smyrne, dans la crainte de passer pour un renégat. On peut faire ici une remarque pour tous les pays soumis aux Musulmans, c'est que la religion chrétienne et ses cérémonies sont pour un étranger venu d'Europe, comme un véritable souvenir de la patrie. Ainsi toutes les préventions que la philosophie moderne a répandues contre le christianisme et ses ministres, n'ont jamais pu complétement s'accréditer en Turquie.

Je reviendrai sur les Francs avec lesquels j'ai naturellement plus de rapports ; mais pour juger la physionomie de la cité, il faut surtout la chercher dans la diversité des sectes, entre lesquelles se partage la population. Je commencerai par les Juifs, quoique j'aie très-peu de chose à dire de ce peuple partout mystérieux et difficile à connaître, se tenant toujours à l'écart et vivant toujours isolé. Un étranger ne pénètre pas facilement dans les foyers ou dans la famille des enfans d'Israël ; hors de leurs synagogues, que je n'ai pas vues, ils ne se montrent guères que dans les lieux où il se fait quelque trafic ; le premier soin des Hébreux, c'est de cacher leurs trésors ; le second, de cacher leur vie ; si vous ne pouvez les étudier aux bazars, et les saisir au passage dans la rue, il ne vous restera qu'à les suivre dans leurs cimetières, où des emblèmes de leur profession, et de longues inscriptions gravées sur le marbre, annoncent quelquefois ce qu'ils ont été et ce qu'ils ont fait dans ce monde.

Presque tous les Juifs de Smyrne sont pauvres ; la concurrence des Arméniens leur a ôté beaucoup de leur moyens d'industrie. La population arménienne s'accroît tous les jours ; le quartier qu'elle habite, et qu'on appelle l'Arménie, passe pour être le plus opulent ; cette population se rapproche des Turcs pour le caractère, par la manière de vivre et les habitudes sociales. Les Arméniens, de même que les Juifs, n'ont jamais manié un fusil ; on ne les a jamais trouvés dans une sédition ; aussi l'autorité ottomane ne s'en occupe-t-elle que pour leur faire payer les impôts ; ils sont traités comme les animaux domestiques dans la ferme, et l'orgueilleux osmanlis, pour leur montrer son estime singulière, les place dans l'échelle des êtres animés à côté de l'âne et du chameau.

On a reproché aux enfans de l'Arménie, comme à ceux d'Israël, de manquer souvent de bonne foi dans les transactions commerciales, et de se livrer à toutes sortes de métiers peu honorables. Une pareille accusation doit surtout tomber sur la basse classe du peuple. Cette nation, en général, a la réputation d'être très-austère dans sa morale et dans ses pratiques de religion. Les Arméniens ont à Smyrne une école de théologie dont on m'a fait l'éloge : leur clergé ne manque pas d'instruction ; aussi la persécution contre les Arméniens catholiques s'est-elle moins fait sentir dans cette ville qu'à Stamboul.

Je vous ai fait connaître les Grecs de la Morée ; ceux de Smyrne ne leur ressemblent pas, et semblent nés plutôt pour la paix que pour la liberté.

Il n'est point de ville dans l'empire ottoman où les Grecs aient souffert plus de persécutions; ils sont toujours, malgré cela, restés les mêmes. Ce sont toujours les Grecs de l'ancienne Ionie; de toutes les sectes réunies à Smyrne, c'est celle qui a le plus de sympathie avec les Francs; il ne leur manque que d'être moins superstitieux, et plus éclairés. Plusieurs de leurs papas n'ont jamais appris qu'à dire la messe et ne se font guère remarquer que par une crédulité puérile, et par de vaines austérités. Il s'est passé, il y a quelques jours, une scène tragique, d'après laquelle vous pourrez juger de l'instruction religieuse qu'on donne aux Grecs de cette ville. Un jeune Grec, élevé par un boucher turc, avait embrassé dans son enfance la religion musulmane; après avoir passé quelque temps dans les îles de l'Archipel, il revint à Smyrne au mois d'avril dernier, et fut ramené à la foi évangélique. Son abjuration et son repentir devaient suffire: mais les papas lui persuadèrent qu'il n'y avait pour lui d'autre moyen de salut que de mourir de la main des Musulmans. D'après cette persuasion, et dans l'espoir d'obtenir la couronne du martyre, le jeune Grec se rend chez le boucher qui l'avait élevé, et le traite de la manière la plus outrageante: on se contente d'abord de le renvoyer; mais il revient à la charge; les voisins sont avertis par le bruit; ils entendent des blasphèmes contre leur prophète; le peuple du quartier s'assemble; le blasphémateur est conduit devant le mutzelin ; celui-ci l'interroge et le fait conduire en prison, en disant qu'il est fou ou qu'il est ivre ; dans la prison, le jeune Grec poursuit ses outrages contre le Coran et ses disciples ; on le conduit de nouveau devant le mutzelin, qui fait appeler le cadi ; la populace turque demande sa tête, et, conformément à la loi musulmane, sa condamnation est prononcée. La sentence a été exécutée en présence d'une multitude immense de peuple. Cette malheureuse affaire a duré plusieurs jours ; sans qu'il se soit présenté personne pour remettre l'esprit au jeune insensé, et lui imposer un silence qui n'aurait compromis ni sa vie ni sa foi. Un grand nombre de Grecs assistaient à l'exécution ; quelques-uns, bravant les gardes et la police turque, ont voulu recueillir le sang de la victime, ou se procurer quelques lambeaux de ses vêtemens. Le calendrier grec s'est trouvé avoir un saint de plus ; on a crié au martyre, tandis qu'on aurait dû crier à l'ignorance et à l'aveugle fanatisme. La conduite des papas dans cette circonstance est d'autant plus répréhensible, qu'une scène comme celle que je viens de décrire, peut compromettre l'exercice même de la religion grecque et la liberté de tous ceux qui la professent dans la ville de Smyrne.

Nous avons su les catastrophes sanglantes dont cette ville fut le théâtre, lorsque la révolution de la Grèce éclata ; depuis long-temps les haines fanatiques des Musulmans se sont beaucoup calmées; mais une antipathie très-marquée subsiste encore entre les Grecs et les Turcs; tout ce qui se fait dans les îles, et même en Morée, retentit dans la ville de Smyrne; qu'on pourrait appeler l'oreille ou l'écho de la Méditerranée et de l'Archipel. L'arrivée en cette ville d'un grand nombre de familles musulmanes chassées par les chrétiens, les relations continuelles des pays devenus libres avec les habitans de Smyrne, tiennent toujours en haleine les passions qui peuvent amener la persécution et le désordre. Les défiances réciproques accréditent chaque jour les rumeurs les plus sinistres; du côté des osmanlis, on imagine sans cesse des complots dont on accuse les Grecs; de leur côté, les Grecs parlent entr'eux d'exécutions nocturnes et de cadavres trouvés chaque matin sur le rivage de la mer. Ce qui a beaucoup contribué à l'exaspération de ces derniers, c'est qu'un homme de leur nation, condamné pour crime de vol, a été exécuté à la porte d'une des églises grecques; on avait choisi un jour de fête et le moment d'une cérémonie solennelle; on croit que le consul russe a fait à ce sujet des plaintes au divan; et que le divan, qui n'a plus rien à refuser à la Russie, a remplacé pour cela le pacha de Smyrne, qui vient d'être envoyé à Chio.

Je n'ai point encore assez étudié cette population composée de tant d'élémens divers, et qu'animent des passions si opposées; mais, au premier aspect;

on ne reconnaît ici que des sectes qui ont mille raisons pour se haïr, et pas une pour être d'accord et pour vivre ensemble ; je vois ici des Juifs, des Arméniens, des Grecs, des Turcs, des Francs, mais avec tout cela, comment fera-t-on jamais des citoyens, ou même des enfans de la cité ; comment se formera-t-il jamais ce que nous appelons une opinion publique sur une question ou sur un intérêt quelconque ? comment naîtra-t-il jamais dans les esprits une idée ou un sentiment qui ressemble à l'amour de la patrie ? en un mot, ce n'est pas un peuple que j'ai sous les yeux, mais une caravane qui campe, une caravane rassemblée de contrées différentes, où tout le monde vit au jour le jour, où chacun a ses spéculations propres, qu'aucune loi générale ne guide, et qu'aucun lien commun ne réunit. Je ne vois ici qu'un pacha qui commande et des hommes qui lui obéissent tant bien que mal ; des gens qui lèvent des tributs, et des gens qui les paient. La crainte est le seul mobile de cette société singulière; aussi ne peut-elle subsister sans une garnison qui la contienne la nuit et le jour; aussi l'ordre ne peut-il s'y maintenir que par une police armée d'un glaive qu'on ne met jamais dans le fourreau !

J'ai souvent vu passer cette police, et j'avoue que la première fois que je l'ai rencontrée, elle m'a fait quelque peur. C'est une bande de cent cinquante ou deux cents hommes, venus de tous les pays, armés de piques, de pistolets, de fusils, diversement vêtus, assemblés confusément, et courant plutôt qu'ils ne marchent. Ce sont des gens qu'on trouve tantôt parmi les brigands, tantôt parmi ceux qu'on emploie à réprimer le brigandage. Peu leur importe d'être la terreur des bons ou des méchans; qu'ils troublent la société ou qu'ils la défendent, pourvu qu'ils en vivent! Le chef de cette troupe est sur pied le jour et la nuit; lorsqu'on l'attend d'un côté, il paraît de l'autre, ou plutôt il est partout à la fois; il se montre souvent armé d'un énorme bâton, et lorsqu'il élève en l'air le signe ou l'instrument de sa justice, tout le monde fuit; vous devez croire que ce que nous appelons la *légalité* ne l'arrête pas dans ses expéditions; il est lui-même la loi, la loi vivante, la loi qui voit et qui écoute, qui avertit et qui frappe. Lorsqu'il s'agit d'une arrestation, il n'en cède pas volontiers l'honneur à d'autres; il en est de même de ses jugemens qu'il exécute quelquefois sur place et même avant de les avoir rendus. Ce qu'il y a de curieux, c'est qu'il a gagné de la popularité à ce métier-là, tant on estime ici tous ceux qui se rendent redoutables par quelque côté.

Cette police est chargée de surveiller et de punir toutes les infractions au Coran, les actions contraires aux bonnes mœurs, la fraude dans les marchés; malheur à ceux qu'on trouve vendant à faux poids, à fausse mesure, crime irrémissible en Turquie; malheur à ceux qu'elle rencontre à des heures indues dans des lieux suspects! Elle est chargée aussi d'arrêter tous ceux qu'elle surprend la nuit, marchant sans lanterne; elle n'épargne pas surtout les rayats qui portent dans leurs vêtemens des couleurs réservées aux osmanlis. Enfin rien n'échappe à cette police vigilante ; elle mériterait d'être citée pour modèle, si le chef qui la dirige ne fermait pas les yeux sur certains désordres. Il y a des abus qu'il respecte volontiers, et pour cela, il suffit qu'il y trouve un certain avantage. Il faut remarquer que chez les Turcs les emplois sont mal payés. Si les abus ne venaient à leur secours, il n'est point de chef de police, point de chef de justice, point de chef d'administration qui ne mourût de faim; par une réciprocité naturelle, les abus les font vivre, et ils laissent vivre les abus; aussi n'est-il point de pays où les abus soient plus fortement enracinés qu'en Turquie.

Pour juger l'importance de cette police militaire dont je viens de parler, il faudrait la voir agir dans des temps de trouble et de sédition. Si un grand désordre s'élevait dans la cité, si les paysans des environs descendaient de leurs montagnes, et que le fanatisme les poussât au meurtre des chrétiens, à quelque révolte contre un pacha, je ne doute pas que la plupart de ces sentinelles des lois, et de ces gardiens de l'ordre public, ne s'associassent aux fureurs de la multitude, et ne coupassent eux-mêmes les têtes qu'ils sont chargés de défendre.

SUITE

DE LA LETTRE XI.

Smyrne, le 25 juin 1830.

Pendant mon séjour à Smyrne, j'ai fait quelques visites à des Turcs; je respecte les antiquités; les souvenirs des temps anciens me charment; mais ma pensée se porte volontiers sur le monde tel qu'il est, et tel que nous le voyons. J'aime mieux voir en face un Tartare, un osmanli, que l'effigie d'Alexandre ou de César; une simple conversation m'en apprend plus que les inscriptions tracées sur le marbre ou l'airain; en un mot, les figures que je rencontre dans ce pays, sont pour moi comme des médailles vivantes que j'étudie avec prédilection.

On m'a conduit chez un Turc qui habite un kioske dans les jardins situés au nord de Smyrne; nous sommes arrivés par un chemin bordé de haies et de fossés; la retraite d'Osman Effendi consiste dans un enclos planté d'orangers et de toutes sortes d'arbres; des rigoles, où arrive l'eau du Mélès et placées dans toutes les directions, arrosent les plantes et les fleurs; nous avons remarqué des peintures sur les murailles du jardin ; ce sont des navires et des barques sans matelots et sans rameurs; les seules figures que se permettent les peintres turcs, sont des oiseaux qu'ils représentent grossièrement sous un ciel d'un bleu foncé; l'hôte de ce lieu agréable est venu au-devant de nous, et nous a reçus avec une politesse que je ne m'attendais pas à trouver dans un osmanli; il ne s'est pas borné à nous offrir du café; l'eau-de-vie de mastic a été de la cérémonie; Osman Effendi est allé ensuite cueillir des fleurs et des plantes odoriférantes qu'il a offertes à chacun de nous ; la conversation s'est engagée moitié par signes, moitié à l'aide de quelques mots italiens; car nous n'avions point d'interprète. Notre Turc est de ceux qui n'observent pas rigoureusement les préceptes du Coran; au moins pour ce qui regarde le fruit de la vigne; l'antipathie des chrétiens et des musulmans ne lui paraissait qu'une mauvaise querelle entre des gens qui boivent du vin et des gens qui boivent de l'eau. Il visite souvent les officiers des bâtimens de guerre européens qui viennent à Smyrne, et lorsqu'il se rend à bord d'un vaisseau, il sacrifie largement à Bacchus.

Lorsque nous avons quitté Osman-Effendi, il nous a fait promettre de retourner chez lui le lendemain, et nous avons tenu parole. A notre arrivée, il est sorti de son kioske, portant un enfant dans chaque bras, et nous disant dans sa langue, *Voici mon fils, voici ma fille.* C'était une manière toute naturelle d'entrer avec nous en conversation sur sa famille; pour nous parler de ses enfans, il nous les montrait, il nous aurait volontiers montré sa femme et son esclave qui sont les deux seules compagnes de sa solitude; mais il nous a fait entendre qu'il n'avait pu les déterminer à sortir du harem. Je regrette beaucoup de n'avoir pas compris tout ce qu'il nous a dit sur ce chapitre.

Cette visite m'avait laissé dans une grande surprise; j'ai parlé d'Osman Effendi à plusieurs personnes; on m'a répondu que j'avais vu un mauvais Turc, qu'il était l'agent du pacha de Candie, et que Soliman l'avait renvoyé de son service, parce qu'il passait pour un homme léger et menteur. Pourquoi faut-il que lorsqu'on arrive dans un pays, ce soit la corruption qui se montre d'abord? Au reste vous serez peut-être bien aise de savoir ce que c'est qu'un mauvais Turc; j'en ai vu d'autres dont je vous parlerai, et vous pourrez choisir dans la collection des originaux que vous allez recevoir par la poste.

En sortant du jardin d'Osman Effendi, j'ai été conduit chez un des ayans de la cité. Si ce n'est pas lui, m'a-t-on dit, qui gouverne la ville, il ne s'en faut pas de beaucoup ; il demeure dans la ville haute, séjour de la bonne compagnie des osmanlis. Sa maison, quoique bâtie en bois, annonce une certaine magnificence ; nous sommes entrés dans une grande salle, bien aérée, et de toutes parts ouverte aux rayons du jour. Un divan, recouvert d'étoffes de soie, s'étendait sur trois côtés de l'appartement. Dans un des coins était assis un vieillard d'une figure vénérable ; c'était l'ayan que nous venions visiter ; il nous a invités par un signe à venir prendre place auprès de lui. Quand la cérémonie du café a été terminée, nous avons échangé quelques complimens ; je lui ai fait dire par la personne qui me présentait, que j'étais charmé de voir un homme qui s'occupât des intérêts du peuple ; il m'a répondu en homme qui n'était pas bien pénétré du bien qu'il faisait. Allah nous ordonne, a-t-il dit, de faire aux hommes tout le bien qui dépend de nous ; or il est bon que vous sachiez que les ayans chez les Turcs sont des espèces d'officiers municipaux que la loi a institués, pour que les intérêts des communes ne soient pas sacrifiés aux intérêts du fisc ; rien n'est plus populaire que les lois turques, il ne manque à ces lois que l'exécution ; il arrive souvent que les institutions les plus libérales disparaissent devant un aga ou un mutzelin qui se dit l'ombre du sultan, comme le sultan se dit l'ombre de Dieu. Les ayans, chargés par la loi de veiller à l'intérêt des peuples, deviennent quelquefois les auxiliaires ou les instrumens d'un pacha dans la guerre qu'il fait aux personnes et aux propriétés. D'après ce qui m'a été dit, toute la gloire de l'honorable osmanli que nous avons visité, consisterait à être resté neutre entre le peuple et le fisc. Je lui ai fait plusieurs questions sur l'histoire de Smyrne; je lui ai demandé quelles étaient les traditions conservées parmi les Turcs. Nous n'avons presque point de traditions, m'a-t-il répondu, parce qu'il arrive rarement qu'une famille aille plus loin que la troisième génération. La peste peut seule expliquer un pareil phénomène; l'ayan, du reste, ne m'a rien appris sur Smyrne, cette ville si connue des voyageurs, et si peu connue de ceux qui l'habitent. Comme on parlait beaucoup de la prise d'Alger, notre conversation est tombée sur ce sujet; les Turcs ne sont jamais pressés de croire ce qui leur déplaît; l'ayan disait qu'il fallait attendre; alors il nous est arrivé un de ses voisins qui est à Smyrne l'homme d'affaires du dey d'Alger; celui-ci nous a dit que les Français avaient été repoussés dans une première attaque; il nous a débité cette nouvelle d'un ton solennel; puis il a repris sa pipe d'où s'est échappé un nuage de fumée qui nous a dérobé sa figure. Cette assurance me donnait quelque crainte; avant de quitter la France, j'avais vu bien des gens qui pensaient comme l'homme d'affaires du dey d'Alger ; la défaite de l'armée française en cette occasion leur aurait fait autant de plaisir qu'elle en faisait aux Turcs ; nous n'avons pas tardé toutefois à être rassurés ; Alger n'est point encore au pouvoir des Français, mais rien ne paraît s'opposer au succès de leurs armes. Telles sont les nouvelles arrivées dans la rade.

Je me suis fait présenter chez le cadi de Smyrne ; c'est un des ulémas les plus instruits qui soient sortis de l'école de Solimanyë ; il a dans la mémoire une foule de maximes tirées des meilleurs auteurs, il mêle à sa conversation beaucoup d'anecdotes et d'apologues orientaux qu'il cite pour soutenir ou pour exprimer ses opinions et ses sentimens. J'ai demandé au cadi s'il y avait une bibliothèque à Smyrne ; il m'a répondu qu'il y en avait une très-ancienne et fort considérable, mais il ne la connait pas. Il n'a pas le loisir de parcourir des manuscrits poudreux ; les quinze mois qu'il doit passer à Smyrne peuvent être employés beaucoup plus utilement pour son avancement et pour sa fortune. J'avais entendu parler d'un jugement rendu autrefois par un cadi de cette ville ; j'ai voulu savoir si ce qu'on m'avait dit était vrai, voici le fait : un pauvre homme plaidait pour une maison contre un homme riche et puissant ; à l'audience, il montra les pièces qui établissaient ses droits ; mais son adversaire fit paraître plusieurs témoins ; alors le cadi, s'adressant à ce dernier, lui dit : Vous vous êtes bien mal conduit dans cette affaire, votre partie adverse manquait de témoins pour défendre sa cause, et vous m'avez mis dans le cas d'en produire au moins cinq cents. Le cadi jeta en même temps un sac rempli de dollars que le plaideur lui avait donné pour le corrompre. Ce trait n'était pas inconnu au cadi de Smyrne. Il nous en a raconté d'autres que je ne vous répéterai point pour ne pas trop alonger mon récit. Ce magistrat musulman ne passe pas pour abuser de ses fonctions, mais ceux qui ont eu quelques affaires avec lui, pensent qu'il ne rejeterait pas des témoins qui seraient faits comme des dollars.

Dès les premiers jours de mon arrivée, je voulais me faire présenter chez le mutzelin ou gouverneur de la ville; on m'a dit qu'il était envoyé à Chio; j'aurais voulu au moins le voir partir; on est venu m'avertir ce matin qu'il allait s'embarquer; je me suis hâté de me rendre au port; mais en arrivant, j'ai vu s'éloigner le navire qui emportait son excellence disgraciée. Deux ou trois coups de canon ont salué son départ; deux ou trois coups de canon ont signalé en même temps l'arrivée et l'installation de son successeur. On ne met pas plus de formalités à changer le gouvernement d'une grande cité et d'une province musulmane. N'ayant pu voir la grandeur qui s'en va, j'ai fait comme les courtisans, j'ai voulu voir celle qui arrive. J'ai accompagné le consul de France qui allait complimenter le nouveau venu; le mutzelin qui va gouverner Smyrne est un homme de soixante ans dont on vante beaucoup la prudence consommée ; pour obtenir le poste qu'il occupe, on dit qu'il a employé l'intermédiaire de la Russie et qu'il n'a pas nui à la déconsidération de son prédécesseur; il a surtout promis de donner beaucoup d'argent à ses protecteurs et par conséquent d'en demander beaucoup aux habitans de Smyrne. Il faut avouer que pour les intrigues de cour on est aussi avancé dans le pays des Barbares que dans nos pays les plus civilisés. Un proverbe turc dit bien, il est vrai, que le *flambeau de l'intrigue ne luit que jusqu'au lever du jour*; mais on s'arrange pour que le jour ne se lève pas ou pour qu'il se lève le plus tard possible.

Toutes ces intrigues du sérail ont ce résultat malheureux qu'elles amènent de continuels changemens dans le gouvernement des provinces et des cités; tous ces mutzelins, tous ces pachas qui se succèdent dans un pays et qui n'y viennent que pour faire fortune, ne peuvent que l'appauvrir et l'épuiser. Aussi le peuple ne se réjouit-il point à l'arrivée des nouveaux maîtres qu'on lui donne; il prend patience avec les anciens, et, dans sa résignation, il dirait volontiers à ceux qui parlent de les changer comme le hérisson de la fable à ceux qui lui proposaient de chasser les mouches dont il était dévoré : *Laissez-les, car si vous les chassez, il en viendra d'autres qui sont à jeun et que je serai obligé de nourrir des restes de mon sang.*

Il faut dire aussi que la place de gouverneur ou de mutzelin de Smyrne n'est pas aujourd'hui sans difficulté et sans péril pour celui qui l'occupe. Il y a neuf ou dix ans qu'un mutzelin de cette ville fut étranglé pour s'être montré trop favorable aux Francs et aux chrétiens; celui qui lui a succédé vient d'être envoyé à Chio pour avoir persécuté les Grecs et déplu aux Russes. Entre ces deux écueils, la ligne n'est pas aisée à suivre, et ce n'est pas un petit embarras que d'avoir à satisfaire tout à la fois les exigences de la civilisation européenne et le fanatisme de la barbarie musulmane.

Le nouveau mutzelin nous a reçus avec toutes les démonstrations de la politesse. Dans sa conversation avec le consul français, il a affecté de parler persan; c'est chez les Turcs la langue de la bonne compagnie comme la langue française en Europe. M. le baron de Nerciat, premier drogman du consulat français qui parle très-bien la langue persane, a été notre interprète. La conversation n'a roulé que sur des choses générales; j'ai demandé au pacha s'il ne ferait rien pour assainir la ville et pour en éloigner la peste; cette question l'a fait sourire; il m'a laissé entendre que d'autres soins l'occupaient, et j'ai pensé qu'il s'appliquait le sens de ces paroles : *de minimis non curat prætor.* Nous nous sommes néanmoins quittés fort bons amis;

et il a promis au consul de faire tout ce qu'il pourrait pour mériter l'affection des Français.

En quittant le mutzelin, nous avons visité la caserne qui se trouve près de son palais. Le commandant turc nous a reçus dans son appartement et nous a conduits ensuite dans les chambrées; il y règne une assez grande propreté; partout sont des lits de camps et une espèce de matelas ou plutôt une couverture pour chaque soldat. La caserne a deux chapelles ou petites mosquées dans lesquelles nous avons vu des officiers et des soldats en prière. A notre départ, on nous a fait asseoir sur le vestibule de la porte d'entrée, et nous avons vu arriver du fond de la cour la musique de la garnison; elle se composait de huit tambours, de deux cors et de seize fifres; elle avait à sa tête un tambour-major; cette musique a joué des airs français en battant fortement la mesure avec les pieds; on nous a dit que la musique du gouverneur était beaucoup mieux composée, et qu'elle jouait des airs de Rossini.

Les soldats de cette caserne s'exercent chaque jour à la tactique européenne, et paraissent avoir fait des progrès. Il nous arrive souvent de trouver à la porte d'un corps-de-garde des *tacticos*, qui nous présentent les armes, et qui nous prient, par signes, de leur donner une leçon. Ces bons musulmans se sont persuadés qu'en Europe nous passons notre vie à faire l'exercice; que dans nos assemblées et nos académies on nous voit sans cesse manier le fusil avec la baïonnette; et qu'enfin nous sommes tous d'habiles *tacticos*.

J'ai fait plusieurs autres visites chez les Turcs; mais je ne vous en parlerai plus; car les Turcs se ressemblent tous. Je voulais surtout connaître l'opinion des osmanlis sur les réformes du sultan Mahmoud; quand je les interrogeais sur ce point, ils ne me répondaient pas plus que si je leur avais demandé des nouvelles de leurs filles et de leurs femmes. La politique est pour les Turcs comme les secrets du harem. On ne peut d'ailleurs les faire parler longuement sur quelque sujet que ce soit. Un osmanli ne répond guères que par monosyllabes. En voici, je crois, la raison : c'est qu'un Turc ne se soucie point d'être admiré pour ce qu'il dit : le plus vain des ulémas ne donnerait pas un poil de sa barbe pour être cité comme un homme d'esprit; il n'a pas la moindre envie d'étaler son savoir; de plus, il n'est pas curieux, et fait peu de questions. La seule vanité que j'aie remarquée chez les Turcs, c'est de passer pour des hommes prudens; raison de plus pour parler peu. Ils ne prennent pas même la peine d'adresser la parole à leurs esclaves, et ne leur donnent des ordres qu'en frappant des mains. Un Turc appartenant à la haute classe, est plus ou moins considéré, selon qu'il se refuse l'usage de ses jambes, de ses bras, de sa voix et même de son esprit. Aussi, voit-on toujours dans la maison d'un homme riche une grande quantité de serviteurs. Lorsque vous arrivez, il faut traverser une haie d'esclaves et de valets; lorsque vous sortez, il faut payer celui qui vous a donné la pipe, celui qui vous a servi le café et le sorbet, celui qui vous a présenté la serviette; enfin tous ceux qui étaient présens pendant votre visite. Ainsi, le plaisir de voir un osmanli, couché sur son divan, entouré de ses esclaves, m'a coûté plus cher qu'une loge à l'Opéra. Je me suis aperçu à la fin que mes visites me ruinaient sans ajouter beaucoup à mes connaissances. Je m'en tiendrai là désormais pour les Turcs de Smyrne.

SUITE

DE LA LETTRE XI.

VISITES CHEZ LES FRANCS.

Smyrne, le 27 juin 1830.

Je vous ai dit que nos modes, nos bals, nos spectacles même étaient arrivés à Smyrne; mais notre littérature et nos sciences n'y ont pas encore paru. La rue Franque ne renferme peut-être pas deux bibliothèques. Les chefs-d'œuvre de l'ancienne Grèce sont inconnus à la plupart des Grecs; et dans une ville où le divin Homère a obtenu des autels, on aurait quelque peine à trouver un exemplaire de l'*Iliade* et de l'*Odyssée*.

Rien n'est plus rare à Smyrne que les plaisirs de l'esprit et le charme d'une conversation spirituelle. C'est comme dans les *khans* dont je vous ai parlé;

où les voyageurs ne trouvent que ce qu'ils apportent avec eux. Toutefois, pendant mon séjour ici, je n'ai point manqué de gens éclairés, dont la société pût à la fois me distraire et m'instruire; et, dans les visites que je fais au quartier des Francs, je me délasse souvent de l'ennui que m'ont donné les Turcs.

Parmi les personnes que je vois habituellement, je dois d'abord vous citer M. Fauvel, que les révolutions ont chassé d'Athènes, et qui s'est réfugié, avec tous les dieux de la Grèce, dans la capitale de l'Ionie. A la première visite que je lui ai faite, je l'ai trouvé assis devant un petit bureau dans un cabinet de cinq ou six pieds carrés; deux chaises, une planche couverte de médailles, de fragmens de marbre, deux tables, une pour écrire, l'autre couverte de cahiers et de notes éparses, quelques volumes de Voltaire, le *Voyage d'Anacharsis*, Strabon, Pausanias, une traduction française de Thucydide; deux petites malles, l'une tenant lieu de garde-robe, l'autre remplie de dessins, de vues de la Grèce et des plans d'Athènes; voilà tout l'ameublement de l'ancien consul de France dans la ville de Minerve. Mais l'ornement le plus distingué de ce cabinet, et dont il faut parler à part, c'est un bas-relief d'Athènes. Ce bas-relief, fait en cire, est d'autant plus précieux, que la guerre et tous ses fléaux ont bouleversé et anéanti la capitale de l'Attique, et qu'on peut la retrouver ici telle qu'elle était avant la révolution grecque. Si on a le projet de rebâtir la ville, le plan de M. Fauvel sera d'une grande utilité; mais on ne s'occupe guères aujourd'hui de la vieille Athènes, de l'Athènes qui a été brûlée, encore moins de celle qu'on doit rebâtir. M. Fauvel a soigné les détails de son plan avec la plus scrupuleuse attention; il se plaît à le montrer aux curieux; il entre dans les moindres explications; il est là dans sa joie et dans sa gloire, et se croit encore à sa maison de la rue des Trépieds. Corneille fait dire à un Romain :

Rome n'est plus dans Rome ; elle est toute où je suis.

M. Fauvel pourrait en dire autant d'Athènes et avec plus de vérité. Notre ancien consul n'aime pas les Grecs modernes, qu'il accuse de ne pas respecter assez l'antiquité. Il me racontait à ce sujet une anecdote fort plaisante : « Pendant qu'on bâtissait la nouvelle caserne de Smyrne, le pacha commanda aux maçons, qui étaient Grecs, d'aller chercher des pierres parmi les ruines du château. Ces maçons se mirent d'abord à briser un portique qui était resté debout, et les colonnes de marbre furent mises en pièces. M. Fauvel, qui se trouvait là, demanda aux Grecs pourquoi ils brisaient ainsi les colonnes. « C'est, répondirent-ils, afin *que les morceaux soient assez petits pour qu'un âne puisse les porter.* »

L'ex-consul d'Athènes ne pouvait tolérer une pareille barbarie de la part des Grecs. Les Turcs, à la bonne heure, ils font leur métier; mais les Grecs!... M. Fauvel a voué une espèce de culte à l'antiquité; il ne pardonne pas volontiers à ceux qui commettent sur ce point quelque hérésie; il ne pardonne pas même à saint Paul d'avoir pris Cybèle pour Diane dans son Épître aux Éphésiens. — Pendant son long séjour en Grèce, il avait recueilli une foule d'objets précieux qui lui ont été volés, et dont il n'a pu obtenir la restitution. Les amateurs, entre les mains desquels sont tombés ces trésors d'antiquités, s'obstinent à ne pas les rendre; la justice du pays n'a pu les y contraindre. Il faut voir la colère de notre philosophe, lorsqu'il parle de ceux qui l'ont ainsi dépouillé du fruit de ses travaux et de ses recherches; il faut voir avec quelle chaleur il leur applique les anathêmes lancés par les dieux infernaux contre les ravisseurs sacrilèges.

Au reste, cette colère de M. Fauvel, est une colère toute poétique, et sa bonté naturelle n'en est point altérée. Rien n'est plus curieux que de l'entendre sans cesse déclamer contre les Grecs, et de voir auprès de lui de pauvres Grecs qu'il a sauvés du glaive des guerres civiles, et qu'il sauve aujourd'hui de la misère et de la faim.

M. Fauvel voit toutes les choses de ce monde des hauteurs de la philosophie; on peut dire qu'il agit et parle comme les anciens sages de la Grèce. On l'invitait à quitter Smyrne pour retourner à Paris. Pourquoi, disait-il, ferais-je mille lieues pour aller me faire enterrer au Père-Lachaise, tandis que j'ai près de moi le mont Pagus? — Un des traits distinctifs de son caractère, c'est une entière insouciance pour sa renommée. Quand on lui parle des Mémoires qu'il a publiés sur les antiquités de la Grèce, notre sage répond que ces mémoires sont perdus. Cet oubli de sa propre gloire lui a donné une véritable répugnance pour toute espèce de travail suivi, et le *tædium calami* est pour lui une maladie dont il ne guérira pas. Le monde savant connaît ses principales découvertes; c'est à lui que nous devons la connaissance du tombeau de Thémistocle, de celui de l'amazone Antiope, des ruines de Marathon; tout ce qu'il a découvert dans l'Attique et dans d'autres parties de la Grèce suffirait à la réputation de plusieurs voyageurs. Les uns jouissent de ses découvertes sans savoir à qui elles appartiennent; les autres s'en attribuent l'honneur, et jamais M. Fauvel n'a réclamé. J'avais le projet d'écrire sous sa dictée la liste des monumens et des ruines qu'il a retrouvés, mais je n'en ai pas eu le temps, et lui ne s'en souciait guères; de sorte que tout cela restera peut-être dans l'éternel oubli.

M. Fauvel est fort intéressant à entendre lorsqu'il parle de lord Byron, qu'il a vu à Athènes; rien n'est plus bizarre et plus singulier que la manière dont l'auteur de *Don Juan* vivait dans la ville que Mahomet II appelait la ville des philosophes. Il habitait, comme je vous l'ai déjà dit dans une de mes lettres, le couvent des Missions ou des Capucins; il travaillait peu, et se livrait à toutes sortes d'excès. Le noble lord était tantôt de l'école de Platon, tantôt de l'école d'Épicure, et même de celle de Cratès. Des têtes de morts, toujours placées devant lui, ne l'avaient point guéri des petites vanités de ce monde; il avait une grande prétention à la beauté, et comme il craignait de prendre trop d'embonpoint, il s'était mis à ne manger que de l'herbe et à ne boire que de l'eau et du vinaigre; ce régime l'affaiblit au point de ne plus pouvoir monter à cheval. Lord Byron ne pouvait pardonner à lord Elgin d'avoir spolié ou dégradé les monumens d'Athènes. Il avait fait, à ce sujet, une épigramme en vers latins qu'il remit à M. Fauvel. J'aurais bien voulu prendre copie d'une pièce aussi curieuse; mais M. Fauvel l'avait communiquée à quelqu'un qui l'a gardée : il n'a pu m'en donner que le sens. L'épigramme contenait deux distiques : *Pendant que sa seigneurie enlevait les statues des dieux, on lui enleva sa femme. C'est Vénus qui a voulu venger ainsi l'outrage fait à Minerve.* Les mots *Scote miser*, qui commencent l'épigramme, montrent combien il se mêlait d'âcreté et de fiel aux inspirations d'un si beau génie.

J'ai rencontré en Orient beaucoup d'autres personnes qui ont connu aussi lord Byron, et qui m'en ont parlé; ce que j'en ai appris a éveillé ma curiosité et m'a donné l'envie de connaître les ouvrages de ce grand poète, que je ne connaissais qu'imparfaitement; je viens de lire quelques-uns de ses beaux poèmes sous le ciel qui les a inspirés, en présence de ce soleil et de cette mer qui animaient le génie du chantre d'*Harold*. Lord Byron est devenu pour moi un compagnon de voyage dont les récits poétiques m'intéressent, et je puis le compter au nombre des connaissances que j'ai faites en Orient.

Je vous ai déjà parlé du *Courrier de Smyrne;* je vois très-souvent M. Blaque, son principal rédacteur; il est depuis long-temps dans ce pays, et le connaît parfaitement. Dans les premières conversations que j'ai eues avec lui, mes questions ont principalement porté sur les réformes de Mahmoud. M. Blaque croit aux bonnes intentions du sultan; il est persuadé que la politique des puissances alliées, dans leurs rapports avec la Grèce, a beaucoup nui aux progrès de la réforme parmi les osmanlis. Ce qu'on a fait pour la révolution grecque a retardé ou paralysé la révolution ottomane. La politique des cabinets a tout-à-fait sacrifié la nation turque à la nation grecque, tandis qu'on pouvait les aider toutes les deux à sortir de l'esclavage et de la barbarie. M. Blaque pense que la réforme est d'autant plus facile en Turquie, qu'on peut la faire sans s'écarter trop de la législation ancienne. Il n'y a point de pays au monde où les lois aient été plus méconnues et plus oubliées. Chez ce peuple, ce ne sont pas les lois qui sont barbares, mais les hommes chargés d'exécuter les lois. Voilà pourquoi la Turquie est en général si peu connue dans notre Europe ; car les érudits qui ont parlé de ce pays, nous ont fait connaître la législation comme elle est écrite, mais non point dans son application journalière à la marche du gouvernement et des affaires. Vous connaissez à Paris la Turquie telle qu'elle est dans les livres : il faut venir ici pour la voir telle qu'elle est réellement.

Je mettais beaucoup de prix à savoir ce que pense M. Blaque de cette Grèce que nous venons de voir, et qui, de même que la Turquie, ne ressemble pas toujours à ce que les livres nous en disent. Son opinion sur la révolution grecque est tout à fait conforme à celle que je me suis faite sur les lieux. Il est beaucoup plus sévère que je ne le suis dans les jugemens qu'il porte sur le comte *Capo-Distrias*. La politique du président lui paraît étroite comme l'égoïsme qui en est la base, imprudente comme l'ambition qui en est le mobile, fausse et trompeuse comme la philosophie chimérique qu'il met dans les affaires. Les malheurs de la Grèce dans les derniers temps, ceux qui la menacent pour l'avenir, M. Blaque les attribue à l'administration de Capo-Distrias, aux lenteurs de la politique des cabinets et à l'esprit de discorde qui a de tout temps régné parmi les Grecs.

Après avoir parlé de la Grèce et de la Turquie, vous devez penser que notre conversation revient souvent sur la France. Quoique nous n'ayons pas tout à fait la même manière de voir, nous nous entendons assez bien pour les questions principales. A la distance où nous sommes, il y a des choses qu'on voit mieux ; il en est dans ce cas des opinions opposées comme des deux lignes parallèles ou rayons visuels qui se rapprochent et se confondent dans l'éloignement. M. Blaque ne prend d'ailleurs des idées libérales que ce qu'elles ont d'applicable à une grande monarchie comme la France. Je juge par nos entretiens que les hommes raisonnables et modérés de tous les partis pourraient facilement s'entendre ; malheureusement, ces hommes raisonnables et modérés ont presque toujours derrière eux et autour d'eux des hommes qui ne leur ressemblent point, qui exagèrent toutes les opinions, qui les dénaturent au point d'en faire de véritables monstruosités avec lequelles les partis se font peur les uns aux autres.

Ni l'un ni l'autre, nous ne voyons l'avenir en beau ; chacun de nous en parle dans les couleurs de son opinion, mais sans amertume. Je ne vous répéterai pas tout ce que nous avons dit, car vous ne manquez pas, à l'heure qu'il est, de prophètes qui vous annoncent de grandes calamités. Nos prédictions ne seraient qu'une répétition de ce que vous lisez chaque matin dans cinquante journaux différens. Les révolutions pourraient bien d'ailleurs vous arriver avant ma lettre, car elles sont pressées, et, comme l'Attila de Corneille, elles *s'ennuient d'attendre*. Qu'auriez-vous à faire alors de nos prophéties datées du mont Pagus et des rives du Mélès?

Parmi les habitans de Smyrne dont je recherche la société, je me plais à vous rappeler M. Cramer, fils d'un ancien consul d'Autriche; très-jeune encore, il parle toutes les langues modernes; il écrit en français avec autant de correction que d'élégance, et possède aussi bien le grec ancien que nos hellénistes les plus distingués. Il s'occupe d'un grand ouvrage sur les inscriptions, qui sera plus complet que tout ce qu'on a fait jusqu'ici. Ses études et la facilité qu'il a de voir beaucoup de choses par lui-même, me font espérer qu'il répandra de véritables lumières sur les ruines et les monumens historiques de l'Orient. Je manquerais à la reconnaissance, si je ne vous parlais aussi de M. Dupré, consul de France à Smyrne. On ne peut accueillir avec une politesse plus hospitalière les voyageurs qui arrivent dans ce pays, pour l'étudier. M. Dupré est un homme modeste, laborieux et rempli de savoir. Il m'a montré la relation d'un voyage qu'il a fait en Perse; cette relation, qui n'a point été publiée, renferme beaucoup de faits curieux et de notions utiles à la géographie. Les Francs établis à Smyrne se plaisent à louer l'esprit d'équité que M. Dupré apporte dans l'administration de son consulat, et les Turcs reconnaissent la loyauté qu'il met dans ses rapports avec le gouvernement du pays.

Vous voyez qu'en arrivant à Smyrne, je ne suis pas tout-à-fait tombé dans un désert, et que j'ai trouvé dans le pays des Barbares, ce qui nous charme le plus dans nos pays civilisés, une conversation agréable, une société choisie. Il me semble parfois que je suis encore auprès de vous, parmi nos amis de la grande capitale, et, si cela continue, je dirai aussi que Smyrne est un nouveau Paris, le *Paris de l'Orient*.

LETTRE XII.

Smyrne, le 28 juin 1830.

LES ENVIRONS DE SMYRNE.

Nous avons fait ces jours derniers plusieurs promenades aux environs de Smyrne; je vous parlerai d'abord de notre course aux bains de Diane. En sortant par la porte des Caravanes, à une demi-lieue hors de la ville, on trouve une source ou courant d'eau qui se jette dans un marais; quelques arbres sont plantés à l'entour. Un voyageur du dix-septième siècle avait reconnu là les vestiges d'un temple; M. Fauvel a distingué un pilastre, et des tronçons de colonne à travers les joncs et les roseaux. On croit que ce sont les ruines d'un temple élevé à Diane par une colonie venue d'Éphèse. Ce lieu est appelé par les Turcs *Chalcabounar*.

Nous sommes restés quelque temps assis à l'ombre d'un platane, les yeux attachés sur la fontaine ou bain de Diane, ayant derrière nous la grande route de Smyrne. Là, je rêvais en silence aux singulières révolutions qui s'opèrent dans le monde où nous sommes. Nous étions alors dans le lieu même où s'élevèrent les autels d'une divinité du paganisme, et nous voyions passer près de nous de longues files de chameaux conduits par des Musulmans au turban vert, qu'on appelle les cousins de Mahomet; le chamelier de chaque caravane, monté sur un âne, jouait du flageolet pour ranimer ses chameaux fatigués, et les airs du chamelier réveillaient les échos qui avaient répété les chants d'Homère. On sait que ce grand poète composa un hymne à Diane et qu'il le chanta lui-même en ce lieu où nous n'entendons plus que le bruit de la caravane qui passe et le coassement des grenouilles cachées dans le marécage.

A un quart d'heure de marche, de l'autre côté du chemin, nous avons reconnu la source d'où coule la fontaine de Diane. On trouve là une grotte, moitié l'ouvrage de la nature, moitié construite en maçonnerie ou avec des pierres apportées; cette grotte n'a rien de remarquable que la tradition qui nous représente Homère venant y chercher des inspirations poétiques. Le voyageur ne peut parcourir Smyrne et ses environs sans que le souvenir du divin poëte ne vienne se mêler à ses pensées. Je ne répéterai point les traditions merveilleuses dont tout ce pays est rempli; l'histoire de l'auteur de l'*Iliade* est comme celle de ses dieux, semée de beaucoup de fables, et pour qu'il ne manquât rien à la ressemblance, l'existence même du poète a fini par être contestée. La réputation d'Homère ne commença que long-temps après sa mort, et la postérité ne put savoir avec exactitude quelles avaient été l'origine et la vie d'un homme dans lequel ses contemporains n'avaient vu qu'un pauvre aveugle. Aussi je ne recherche point ses traces dans un lieu plutôt que dans un autre, mais ce que je regarde comme certain, c'est qu'il a habité cette partie de l'Ionie, et que le pays dans lequel nous sommes, fut le premier dans l'antiquité où ses vers furent chantés et regardés comme une inspiration des dieux. Si les bords du Mélès n'ont pas vu naître Homère, c'est là du moins que naquirent l'*Iliade* et l'*Odyssée*, et que commença l'admiration de la postérité pour ces deux merveilles de la poésie. Nous savons que dès la plus haute antiquité, l'Ionie avait une école où les disciples d'Homère récitaient ses vers. Ces enfans de l'harmonie répétaient leurs concerts au penchant d'*un coteau à pente douce*, et *près du temple de Diane, entouré d'un bosquet délicieux*. Là, Quintus, auteur de *la Guerre de Troie*, invoquait les muses *dès l'âge où un duvet léger couvrait à peine ses joues, et lorsqu'il conduisait ses troupeaux dans les pâturages de Smyrne, séparés de l'Hermus par trois fois la portée de la voix humaine* (1).

Toutes ces campagnes, premier séjour des divinités païennes, avaient quelque chose de sacré qui les mettait en harmonie avec les poésies d'Homère et de ses disciples. Les temples de Diane et de Cybèle peuvent être regardés comme les premiers monumens de la mythologie grecque, et comme si la nature elle-même eût voulu se prêter ici aux poétiques fictions, les fleuves et les montagnes avaient aussi leurs merveilles qui entretenaient la superstition des peuples. Le rocher qui représentait Niobé, celui qui formait les autels de la mère des dieux, en même temps qu'ils inspiraient les chants des poètes, devaient disposer la multitude à les écouter avec respect; Homère, dans les temps primitifs, n'était pas seulement regardé comme un chantre harmonieux, mais comme l'apôtre et l'interprète des divinités. Il se mêlait à l'admiration pour ses vers une sorte de dévotion pour son caractère religieux; voilà pourquoi on lui éleva un temple à Smyrne; voilà pourquoi on divinisa le Mélès, et que les grottes qui l'avaient inspiré, furent par-

---

Voyez l'invocation aux muses, de Quintus dans son poème de *la Guerre de Troie.*

tout révérées comme des sanctuaires. Lorsqu'il n'eut plus que son caractère de poète, il ne lui resta que des adorateurs littéraires; le pays qui lui avait dressé des autels, se hâta de les briser; bientôt même ce beau génie fut entièrement oublié, semblable à un astre du ciel qui s'éteint ou disparaît dans la nuit. C'est ce qui a fait que la postérité n'a plus que des souvenirs confus, et qu'aujourd'hui nous ne pouvons suivre Homère dans les lieux même que ses chants ont illustrés.

Quand nous avons repris la route de Smyrne, quoique la journée fût encore peu avancée, la chaleur se faisait déjà sentir très-vivement. Nous avons rencontré sur le chemin les chameaux qui rapportent du mont Sipile la glace et la neige, pour l'approvisionnement journalier de Smyrne. La charge de ces animaux se fondait au soleil, et tombait goutte à goutte sur la poussière ardente. Ces gouttes transparentes avaient plus de charmes pour nous que n'en eurent jamais pour les poètes les perles de la rosée printanière. Au milieu de la poudre brûlante du chemin et des ardeurs d'un climat qui dévore, nous regardions à peine les dromadaires qui passaient devant nous chargés des trésors de la Perse et de l'Inde, et tous nos regards restaient attachés sur la charge humide des chameaux du Sipile. Nous nous sommes arrêtés au pont des Caravanes. Dans ce lieu, le fleuve ou la rivière à laquelle on donne mal à propos le nom de Mélès, élargit son lit, et présente l'aspect d'un canal limpide; les habitans de Smyrne y viennent pendant la chaleur de la journée goûter la fraîcheur des eaux et des ombrages; on y prend des sorbets et des glaces; des Turcs, étendus sur des coussins, fumaient tranquillement leur chibouc, suivant des yeux les oies et les canards qui nageaient sur la surface tranquille de l'onde. Une cabane ou un café est suspendu entre les branches d'un platane; les femmes d'un harem, semblables à une troupe d'oiseaux, se faisaient entendre à travers le feuillage; des femmes juives étaient assises par groupes sur la rive. Après nous être arrêtés une heure dans ce vallon pittoresque, nous sommes montés au sommet du Pagus qui s'élève près de là. Vous avez pu voir dans quelques-unes de nos provinces de France, le sommet d'une colline ou d'une montagne, couvert des ruines d'une forteresse, ou d'un château abandonné et détruit. Les ruines de la citadelle de Smyrne, couvrant la cime du mont Pagus, présentent à peu près le même spectacle. Une grande partie des murailles est debout; nous avons trouvé dans l'enceinte les restes d'une citerne voûtée, et d'un édifice qui a été tour à tour une chapelle et une mosquée. En entrant par la porte de l'ouest, on aperçoit à droite une figure colossale placée dans le mur; les voyageurs ont cru y reconnaître l'image d'Apollon ou celle de la nymphe Smyrna. Elle a subi quelques dégradations; on lui a brisé le nez;

on a fait en outre une petite brêche au dessous de la statue, comme si on eût voulu l'enlever. La nymphe Smyrna s'est trouvée ainsi entre deux barbaries : celle des Turcs, qui ne peuvent souffrir une représentation de l'homme sur le marbre ou la pierre, et celle de quelques amateurs qui auront voulu posséder la nymphe dans leur cabinet.

Avant de descendre dans la ville, nous avons voulu visiter les cimetières plantés de cyprès qui couronnent la cité, et qui avaient d'abord frappé nos regards à notre arrivée dans la rade. Un silence religieux, une solitude qui a quelque chose de solennel et de triste, vous fait juger au premier abord que vous êtes dans un lieu consacré aux souvenirs funèbres. Nous avons reconnu que chez les Turcs la demeure des morts est plus ornée et plus solidement bâtie que celle des vivans ; les cimetières présentent souvent d'élégans mausolées revêtus de belles colonnes ; il est peu de tombeaux qui ne soient ornés de marbre avec des inscriptions, quelquefois tracées en lettres d'or ; souvent ce sont des marbres arrachés à des ruines d'anciens édifices, des colonnes enlevées à des monumens antiques qui viennent décorer les cercueils ; on reprendra quelque jour aux cercueils leurs ornemens pour en construire des édifices nouveaux ; ainsi va le monde ; on bâtit des sépulcres avec les pierres des palais, et des palais avec le marbre des sépulcres; c'est comme la nature qui modifie sans cesse ses formes, qui détruit pour créer, qui créc pour détruire, et qui compose chaque saison avec les débris des saisons précédentes. Nous aurons souvent l'occasion, dans notre voyage, de parler des cimetières turcs.

Smyrne, le 1er juillet 1830.

PROMENADE A BOURNABAT.

Smyrne a dans ses environs plusieurs villages où beaucoup de ses habitans vont passer l'été. Ils vont y chercher un asile contre la chaleur excessive, quelquefois même contre les ravages de la peste. Parmi ceux qui désertent ainsi la ville, on ne compte guères que des Francs, des Arméniens et des Grecs; les Turcs ne se déplacent pas si facilement et paraissent être tout à fait de l'avis de M. de Voltaire, qui regardait la campagne comme le premier des plaisirs insipides. La promenade n'a aucun charme pour les osmanlis, et les quartiers de la haute ville qu'ils habitent de préférence, leur offrent comme la vie des champs, le silence, la solitude et le repos qu'ils aiment par dessus tout. Quant à la crainte de la peste, elle ne saurait déterminer un vrai croyant à passer d'un lieu dans un autre : car l'heure de chacun est marquée par le destin, et c'est tenter Dieu que de chercher à l'éviter.

Nous sommes allés hier à Bournabat, village situé au nord-est de Smyrne, à deux heures de distance. On y va également par terre, ou bien dans un bateau qui vous conduit au fond de la rade, à trois-quarts d'heure du village. En prenant le chemin de terre, on marche d'abord entre les jardins de Smyrne et les rivages de la mer, puis, après avoir dépassé le golfe, vous trouvez des ânes qui vous portent jusqu'à Bournabat; la route est bien tracée et vous vous croiriez sur un chemin d'Europe; vous avez à droite et à gauche des tamarics ou de longs roseaux blanchis par la poussière du chemin, des oliviers, des figuiers et des noyers dont l'ombre rare ne vous garantit que faiblement des feux du soleil. La campagne de Bournabat nous a paru assez riante, malgré les ardeurs de la saison; nous nous étonnions que les vergers et les jardins eussent conservé les couleurs du printemps au milieu de ces torrens de flammes qui tombaient autour de nous. La petite rivière qui arrose le territoire de Bournabat ne suffit pas pour y entretenir la fraîcheur; il n'y a là de verdure que sur les arbres, et la terre est sèche et brûlée. La petite cité de Bournabat s'élève au penchant d'une colline, ayant derrière elle les hautes montagnes qui dominent les plaines de l'Hermus. Les maisons sont construites avec une certaine élégance; on remarque dans les rues et sur les places un air d'aisance et de propreté qu'il est rare de rencontrer dans les villages et les cités d'Orient. La population de Bournabat, qui est ordinairement de trois ou quatre mille habitans, est presque doublée depuis le mois de mars jusqu'au mois de novembre; les mœurs de cette population n'offrent aucun caractère particulier; ce sont les mœurs de Smyrne, c'est une portion de la caravane dont je vous parlais tout à l'heure, qui est venue camper à Bournabat.

En nous promenant dans les rues, nous avons été témoins d'une noce turque. Une femme, voilée et richement vêtue, était montée sur un cheval qu'on nous dit être le cheval de l'aga; le palefrenier, ou l'écuyer de l'aga, conduisait le coursier par la bride; cette femme était une jeune mariée qu'on menait ainsi à la maison de son futur. Celui-ci attendait l'épouse devant sa demeure; en la voyant, il l'invite à descendre chez lui, et la fiancée hésite d'abord: « Combien me donneras-tu, lui dit-elle, » combien me donneras-tu de bœufs, d'acres de » vignes, de plants d'olivier? » Quand le futur a répondu à cette interpellation, la femme cède à sa prière; il la prend à bras-le-corps et l'emporte dans un appartement qui lui est préparé; il la dépose sur un divan en présence des femmes de la famille, et sort de la maison. Pendant ce temps, les femmes offrent des présens à la mariée et la couvrent de dorures et d'oripeaux. Vers le soir, les hommes du village conduisent le mari dans sa maison; ils sont précédés de l'iman qui a reçu le serment des deux époux. Après avoir fait promettre au marié qu'il leur donnera un festin, ils le poussent sur le seuil de la porte et le laissent avec la nouvelle épouse. Voilà à peu près toutes les cérémonies d'une noce turque; la fête est accompagnée de coups de fusil en signe d'allégresse, de beaucoup de cris et de chansons, dont nous n'avons pas compris le sens. Le mariage se célèbre sans que les époux aillent à la mosquée; la religion paraît être pour peu de chose dans un mariage musulman.

Nous avons été plus heureux à Bournabat que nous ne l'avions été à Athènes; car nous y avons trouvé un restaurateur qui ne serait pas dédaigné même à Paris. Son hôtel est presque élégant; la porte en est ornée par des jasmins au doux parfum; des orangers, des citronniers et des grenadiers croissent dans la cour, répandant partout de l'ombre et de la fraîcheur.

Bournabat n'a point d'antiquités, si ce n'est la rivière qui coule auprès du village, et qu'on appelle aussi le Mélès. Il y a quelques années qu'on trouva, dans une vieille mosquée de Bournabat, une colonne de marbre avec une inscription grecque, qui avait été emportée des bains de Diane; voici le sens de cette inscription : « Maintenant que » la peste et tous fléaux ont cessé, je rends grâce

» au dieu Mélès qui a été mon sauveur. » L'antiquité, qui célébra beaucoup le Mélès et qui en fit un dieu, nous eût rendu à nous et au Mélès lui-même un plus grand service, si elle avait pris soin de nous indiquer la source du fleuve, son cours et son embouchure. Le Mélès jouirait encore de sa gloire, et nous n'aurions point perdu ses traces. Les anciennes traditions ayant placé ce fleuve sous les murailles de Smyrne, et cette ville ayant été bâtie et rebâtie en plusieurs lieux différens, on a toujours donné le nom de Mélès aux rivières qui coulaient près de la cité; le véritable Mélès a disparu pour nous au milieu de ces déplacemens; ainsi, la source du Mélès est devenue un mystère comme le berceau d'Homère; le fleuve et le poète ont eu un même destin.

J'aurais beaucoup de choses à vous dire sur les environs de Smyrne; mais je crains les répétitions. Il nous arrive souvent de prendre un caïque, et de nous faire débarquer sur un point du rivage. Nous avons visité ces jours derniers les bains d'Agamemnon qui ont conservé quelque célébrité. Les savans du pays racontent que des soldats du *roi des rois* ayant été blessés dans un combat, trouvèrent leur guérison dans ces eaux thermales, et qu'en signe de reconnaissance, ils suspendirent les casques et les dépouilles de l'ennemi aux voûtes du temple d'Apollon, dont on voit encore les ruines. Les habitans de Smyrne ont recours à ces eaux dans leurs infirmités : les malades font dresser des tentes autour de l'édifice. Des champs et des jardins bien cultivés, des ruisseaux bordés de myrthes et de lauriers roses embellissent le voisinage des bains d'Agamemnon. A quelques lieues de là, au nord-ouest, se trouvent plusieurs villages et la petite ville de Vourla, bâtie en amphithéâtre sur une colline. Plus loin, sont les ruines d'Érytrée, et l'emplacement de Clazomène, devenue une petite île, qu'on appelle l'île de Saint-Jean.

Dans une de nos courses, nous avons traversé la rade, et nous nous sommes avancés jusqu'aux rives de l'Hermus. Ce fleuve, qu'un poète latin appelle *Turbidus Hermus*, coule aujourd'hui fort paisiblement dans un lit plus large que profond. Dans la saison des pluies, il inonde souvent les campagnes qu'il traverse. On n'aperçoit sur ces rivages aucune habitation, aucune terre cultivée jusqu'à *Menimen*, l'ancienne *Temnos*. Le fleuve roule sans cesse des sables vers son embouchure, et plusieurs voyageurs ont pensé qu'il fermerait à la fin le détroit dans lequel il verse ses eaux, en face du château de Sangiak. Alors la rade de Smyrne cesserait d'être ouverte aux vaisseaux et deviendrait un grand lac, sur lequel on ne verrait plus que des bateaux de pêcheurs ; Smyrne, qui a si souvent changé de place, ne pourrait dans ce cas rester où elle est maintenant. Elle serait obligée d'abandonner le penchant du mont Pagus, et de transporter son industrie et ses comptoirs au pied du Corax, et sur la baie de Clazomène. Il est probable toutefois que ce changement n'arrivera pas de sitôt, et que le pays où nous sommes verra bien d'autres révolutions avant celle-là.

Demain je vous raconterai ma promenade au village de Koukoudjia.

Smyrne, le 2 juillet 1830.

UNE JOURNÉE A KOUKOUDJIA.

J'ai passé une journée avec M. Blaque au village de Koukoudjia. C'est là qu'il habite dans la belle saison. Nous sommes partis mardi dernier de très-grand matin; nous étions montés sur des ânes, la monture ordinaire de ce pays pour les hommes comme pour les femmes. Koukoudjia est bâti sur une colline qui paraît appartenir aux chaînes du mont Gallèse. Nous l'avions aperçu de la plaine de Bournabat; il paraît de loin comme suspendu à la pointe des montagnes, semblable à un nid d'aigles. Nous sommes sortis de Smyrne par le pont des Caravanes, et nous avons laissé à notre gauche les bains de Diane.

Il faut toujours monter pour arriver à Koukoudjia; le chemin est pierreux et difficile, la campagne inculte et déserte; cependant à mesure qu'on approche du village, on trouve des coteaux et des vallons cultivés. Nous nous sommes arrêtés plusieurs fois pour nous reposer et pour observer les productions et les divers aspects du pays. Toutes les campagnes en général, même les plus fertiles, sont plus agréables à voir de loin que de près : on chercherait vainement dans les paysages de l'Ionie l'ombre et la verdure de nos forêts d'Europe. Quand on approche de ces beaux figuiers, de ces beaux orangers, qui sont la parure des champs et des jardins, on ne trouve ni mousse ni gazon pour s'asseoir. Quant au murmure des ruisseaux, il n'en faut pas parler; rien n'est plus rare qu'une fontaine. Les oiseaux sont invisibles et muets; on n'entend sur les arbres et dans les buissons que le chant monotone des cigales. On s'étonne que les plantes puissent vivre au milieu de ce déluge de feu, et qu'il y ait quelque végétation sur une terre embrasée. Aussi, nos arbres d'Europe ont-ils beaucoup de peine à s'acclimater dans un pays où le soleil brûle leurs fruits sans les mûrir, où des millions de fourmis et d'insectes les dévorent. Parmi les végétaux que le sol a produits, il ne reste ordinairement que les plus vivaces; les plus faibles succombent aux premiers feux du soleil; et ce qui m'a surpris quelquefois, ceux qui ont résisté à l'épreuve de la sécheresse, tiennent à la terre durcie, comme si leurs racines avaient pénétré dans la pierre ou dans le marbre. On peut comparer les plantes de ce pays aux habitans : ceux qui n'ont pas une forte vitalité meurent de bonne heure; les autres, que la nature a constitués pour vivre long-temps, résistent à tout. On peut ajouter que les plantes, en Orient, comme les hommes, sont abandonnés à leur instinct, et que les uns et les autres vivent de peu.

Il ne faut pas s'étonner d'après cela que le territoire que nous voyons manque d'arbres, et que le pays ne soit point boisé. On n'abat pas volontiers les arbres vieillis sur le sol ; on respecte même la vieillesse d'un olivier presqu'autant que celle de l'homme ; mais on fait rarement des plantations nouvelles, parce qu'elles exigent trop de soins, et parce qu'on n'a point de confiance dans l'avenir. Enfin, l'agriculture a sa décadence et ses ruines comme les arts et l'industrie des cités. On ne cultive jamais des terres en friche, et les terres cultivées sont souvent abandonnées ; on voit de tous côtés le chardon et la bruyère dans les lieux qu'a couverts autrefois la moisson. Quoique les environs de Koukoudjia soient assez bien cultivés, et qu'on y reconnaisse partout les marques d'un travail assidu, une réflexion pénible occupe le voyageur qui parcourt les vallons et les coteaux du voisinage, c'est que la terre n'y reçoit jamais le degré de culture dont elle est susceptible, qu'on ne s'y met nulle part à l'abri des inconvéniens du climat, et qu'on n'y profite qu'à demi des dons de la terre et du ciel.

Koukoudjia est assez bien bâti ; les maisons y sont presque toutes séparées les unes des autres, et entourées de grands oliviers. Le village est habité exclusivement par des Grecs. Un aga et quatre gardes turcs sont le seul mélange qui s'aperçoive dans cette population hellénique. Cette colonie, qui semble se préserver avec un certain soin de la fusion, non-seulement avec les habitans de Smyrne, mais avec ses co-réligionnaires qui habitent cette partie de l'Anatolie, a gardé dans ses mœurs la physionomie des anciens Grecs. Retranchés en quelque sorte dans leur village contre tout ce qui pourrait porter atteinte à leur caractère, à leurs usages, altérer en quoi que ce soit l'uniformité de leur petite société, les habitans de Koukoudjia s'allient entre eux, vivent entre eux, et conservent, avec une sollicitude un peu sauvage, des coutumes auxquelles on pourrait presque donner le nom d'institutions.

Cet esprit d'isolement est même poussé si loin, que les habitans de Koukoudjia ont dans leurs mœurs quelque chose d'inhospitalier, dont on s'aperçoit au premier abord. Avant M. Blaque, aucun Franc n'avait guère pu demeurer dans leur village, sans y être volé, insulté, menacé même dans sa sûreté personnelle. M. Blaque s'est installé au milieu d'eux, avec la ferme volonté d'y faire respecter son titre d'Européen ; il a travaillé long-temps à les amener à lui, à les apprivoiser en quelque sorte comme on apprivoise les hôtes des forêts ; les malades trouvaient auprès de lui les remèdes qui leur manquaient ; il venait au secours des plus pauvres; il leur a prouvé à force de bons procédés qu'ils pouvaient trouver quelques avantages dans la présence d'un homme étranger à leurs mœurs, à leur religion, à leur famille nationale. Depuis deux ans, M. Blaque est là, honoré, tranquille, respecté de tous; il s'est convaincu qu'on peut presque toujours triompher à la longue des préjugés et vaincre d'injustes préventions.

Nous avions vu à Bournabat une noce turque. Pendant que j'étais à Koukoudjia, on y célébrait aussi une noce; et cette cérémonie solennelle a pu nous faire connaître les mœurs et l'esprit des habitans. Le mariage a été célébré d'abord à l'église : tout le village y était invité; il est d'usage qu'on fasse un présent aux nouveaux mariés. Un immense plat de cuivre est placé à côté d'eux, pour que ceux qui viennent les complimenter puissent y déposer leurs offrandes. Ces offrandes consistent en ustensiles de cuivre, en instrumens de ménage, en choses utiles, jamais en futilités. A côté de l'objet donné en présent, il est de règle qu'on dépose quelques graines de coton. A Athènes, on plaçait une bandelette de laine à la porte de la maison nuptiale. C'est la même intention, celle d'apprendre à la jeune fille qui prend un époux que le travail est une nécessité de sa condition nouvelle. Nulle part la joie n'est plus bruyante pour un mariage; nulle part de plus longs et de plus copieux festins.

Après avoir vu les joies des Grecs de Koukoudjia,

nous sommes rentrés chez M. Blaque. Tout en savourant le nectar arabique, nous avons lu les journaux d'Europe, et la correspondance de Morée, dont on doit faire le dépouillement pour le *Courrier de Smyrne*. Je puis vous citer ici comme une des singularités de mon voyage d'avoir assisté à la rédaction d'un journal français au pied du mont Gallèse. Les lettres de Naupli annoncent que le prince Léopold recule devant la royauté des Hellènes qu'il avait d'abord acceptée. Voilà la Grèce qui va rester sans gouvernement, et son organisation, s'il est permis de parler ainsi, est renvoyée aux *calendes grecques*. Capo-Distrias ne peut supporter le fardeau plus long-temps, et tout va tomber autour de lui.

Je ne vous parlerai point ici en détail de notre conversation sur la Grèce. Je vous en donnerai seulement un résumé exact qui vous fera connaître la révolution grecque dans ses rapports avec l'Europe civilisée. — Les Grecs d'aujourd'hui n'ont été que l'objet indirect de l'enthousiasme qui s'est manifesté. C'est au théâtre des événemens, c'est aux souvenirs anciens qu'il faut faire honneur de cet enthousiasme. Telle est la véritable source de toutes les passions romanesques qui se sont mêlées à la révolution de Morée. Comme toutes les choses qui tiennent à l'imagination, la révolution grecque a été vue et jugée de vingt manières différentes; les uns étaient entraînés par le souvenir vague de leurs premières études, mais leur entraînement n'a duré qu'autant de temps qu'il en faut à des illusions toutes poétiques pour s'évanouir complétement. Les autres cédaient à la compassion que leur inspiraient les misères et la servitude d'un peuple chrétien, mais on n'a pas tardé à reconnaître que la révolution grecque avait un tout autre mobile que le triomphe de la croix, et que les chefs de cette révolution ne donnaient guère l'exemple des vertus évangéliques. Enfin, un parti fort nombreux en Europe avait l'espoir qu'une révolution en Orient pourrait entretenir les habitudes et les traditions révolutionnaires en France et en d'autres pays. Ce parti a beaucoup perdu de son ardeur et de son zèle pour l'affranchissement de la Grèce, depuis que les rois ont voulu s'en mêler, et qu'il a été question de régulariser un mouvement qu'on avait le projet de tourner contre la royauté.

Ceux qui voulaient que les peuples eussent sous les yeux une révolution modèle, ont pu d'ailleurs s'apercevoir que l'Europe renfermait encore assez d'élémens de révolution, et que, pour bouleverser les royaumes, ils n'avaient pas besoin de l'exemple de la Grèce. Il ne reste donc plus à ce malheureux pays que l'appui des rois et de leurs cabinets ; mais comment s'entendre sur les moyens de secourir et de gouverner un peuple lointain ? Le moindre changement dans les rapports des puissances, le moindre retard dans les communications, une combinaison nouvelle dans la diplomatie européenne ne peuvent-elles pas remettre en doute l'existence même de la Grèce, et la livrer à la fureur de tous les partis qui la menacent? Ainsi on peut prévoir une époque où ce pays, objet des universelles sollicitudes, sera peut-être abandonné par tout le monde.

Nos causeries politiques n'en sont pas restées là; la France, l'Angleterre et la Russie ont été passées successivement en revue. Notre pensée était bien loin de l'Ionie. Nos conversations ressemblaient assez à un journal qui traite de toutes choses à la fois sans trop s'occuper des transitions, et dans lequel on parle de tous les pays, excepté souvent de celui où l'on se trouve. Toutefois, je n'oublierai point la journée que j'ai passée à Koukoudjia.

P. S. Tandis que je visitais les environs de Smyrne, M. Poujoulat a poussé ses courses jusqu'à Éphèse; la description de son voyage ne manquera pas de vous intéresser, et je la joins à ma lettre.

LETTRE XIII.

A M. M....

DE SMYRNE AUX RUINES D'ÉPHÈSE, EN PASSANT PAR ECHELLE-NEUVE, L'ANCIENNE NÉOPOLIS.

30 juin 1830.

Je vais vous raconter ce que j'ai vu depuis Smyrne jusqu'aux pays d'Éphèse et de Néopolis. Nous ne nous en tiendrons point aux vieilles ruines, à l'histoire des anciens jours; je chercherai à faire passer sous vos yeux les physionomies nouvelles; je vous parlerai des villages et des hommes que j'ai trouvés sur mon passage, de l'état de cette contrée, de tout ce qui peut révéler l'esprit et le caractère des habitans, et je vous rendrai compte de toutes mes impressions.

Je me suis mis en route, le 26 juin, deux heures avant le coucher du soleil, accompagné d'un drogman du consulat de France, d'un cavasi ou janissaire et d'un guide. J'étais porteur d'un *teskeré* ou passeport, que m'avait délivré le cadi de Smyrne. Ce teskeré ne m'a pas été demandé sur ma route : la présence d'un cavasi est encore une meilleure recommandation qu'un passeport. Nous avons passé sur le mont Pagus, laissant à gauche la citadelle, et nous sommes entrés dans une ancienne voie militaire, pavée de pierres énormes. Après deux heures de marche, nous avons vu à droite *Sevedi-Keui* ; ce nom, qui signifie *village d'amour*, ne convient pas mal au hameau dont la situation est des plus riantes. C'est là que le voyageur Chandler s'était retiré pendant qu'un fléau terrible remplissait Smyrne de funérailles. Nous suivions un chemin pierreux et inégal, bordé de grands oliviers et de murailles délabrées ; le soleil se couchait en dorant de ses derniers rayons les hauteurs du Gallèse, chanté par Tibulle. Les pins et les buissons de ces montagnes jetaient une ombre noire qui semblait lutter avec le jour mourant. Au milieu de ces monts s'élevait autrefois une ville du nom de Gallèse. Nous avons rencontré auprès d'une citerne des femmes qui lavaient des robes, et des Turcs qui abreuvaient leurs chevaux : à notre approche, les femmes se sont voilées ; un des Musulmans est venu nous offrir à boire dans une tasse de bois. Il est une providence qui a placé sur tous les chemins de la Turquie, à différens intervalles, des puits et des fontaines pour les voyageurs; dans un pays où l'ombre est rare et le soleil dévorant, l'eau pure des fontaines est d'un prix infini.

La nuit nous a surpris au milieu d'une plaine remplie d'agnus-castus et de tamariscs, coupée par des ruisseaux et par des torrens desséchés. Nous étions à trois heures du village de *Devedi-Keui* où nous devions nous arrêter. Plusieurs sentiers se croisaient devant nous; notre guide, croyant prendre le chemin le plus court, avait pris une fausse route : nous étions perdus dans des marais où nos chevaux s'enfonçaient jusqu'à mi-jambes. Enfin, des feux qui brillaient au loin, ont aidé notre guide à retrouver le véritable chemin. Nous marchions à la lueur de la lune, l'astre ami des voyageurs : *Per amica silentia lunæ*. Tout se taisait autour de nous; je n'entendais que le bruit des pas de nos chevaux, les cris plaintifs des hibous et des grillons et la chanson monotone de mon cavassi.

Il était onze heures du soir quand nous sommes arrivés à *Devedi-Keui* (village des chameaux); nous avions traversé trois petites rivières, dont la dernière se nomme *Tourbali*. Devedi-Keui, qui compte tout au plus une quinzaine de cabanes, est, pour les caravanes, un lieu de halte et de repos. Le café du village est tenu par un Grec à mine joyeuse

et rebondie. Quatre murs nus, des estrades recouvertes de vieilles nattes, une large niche où se prépare le nectar arabique, telle était notre demeure hospitalière. Vous savez, au reste, ce que c'est qu'un café en Turquie, et surtout dans les pays qui ne sont fréquentés que par les chameaux; vous savez aussi que ces sortes de cafés sont les seules auberges de ces contrées. Des chevaux et des mulets paissaient à la porte de notre cabane, et des hommes et des femmes étaient étendus parmi des bagages. Ces femmes, ainsi couchées dans l'ombre avec leurs longs voiles blancs, ressemblaient à des morts enveloppés dans le linceul. Notre cafetier grec m'a dit que ce que je voyais là était une caravane de marchands arméniens qui revenait de Smyrne, et s'en allait à Scala-Nova. L'un de ces marchands, qui fumait sa pipe pendant que ses compagnons dormaient, m'a demandé si je voulais faire route avec sa caravane. « Il y a sur notre
» chemin, disait-il, une bande de Samiens qui,
» depuis plusieurs mois, dépouillent et tuent
» les passans; nous avons des marchandises, et
» nous craignons de tomber entre leurs mains. *Si*
» *ces chiens sans foi* voient un Franc au milieu
» de nous, peut-être n'oseront-ils pas nous atta-
» quer. » Nous sommes convenus de partir ensemble à la première aube, et après un léger souper, qui a été assez joyeux par les bons mots et les plaisanteries du cafetier, nous nous sommes cou-

chés avec nos vêtemens sur des nattes poudreuses et déchirées.

Peu de temps après, tandis que tout le monde était en repos, je me suis levé, ne pouvant plus supporter les attaques de mille insectes, ennemis du sommeil, et j'ai porté mes pas autour de notre cabane, dont la lune blanchissait le toit. Des bœufs et des vaches étaient répandus çà et là sans gardiens, et quelques cigognes, qui avaient replié la tête sous leurs ailes, dormaient immobiles sur les huttes de Devedi-Keui. Au milieu du calme de cette belle nuit, j'ai entendu, à une certaine distance, le flageolet d'un berger, et ces rustiques sons, mêlés au tintement des sonnettes du troupeau, semblaient comme des voix mélancoliques répandues dans les airs. A deux heures du matin, bien avant l'aurore, j'ai réveillé toute la caravane, et à trois heures nous étions en route.

A une demi-heure au-delà de Devedi-Keui, nous avons passé une petite rivière dont on n'a su me dire le nom. Le jour allait paraître, et nous entendions encore le cri du hibou, plus faible à l'approche du matin. Une forte rosée tombait sur nous, et nos habits en étaient trempés. A huit heures, nous avons fait halte auprès d'un café qui n'était qu'une cabane faite avec des branches de sapin, et des chèvres qui paissaient dans le voisinage nous ont donné du lait pour notre déjeûner. Nous avons trouvé là quatre soldats turcs bien armés qui ont reçu l'ordre de protéger les caravanes contre les brigands de Samos. A neuf heures, nous nous sommes remis en chemin, escortés de ces gendarmes musulmans. Nous avons traversé des bois d'agnus-castus si épais, qu'on y découvrait à peine des sentiers ou des issues ; nos chevaux en passant secouaient sur nous les arbustes inondés de rosée, et nous recevions ainsi deux fois dans le même jour la froide pluie du matin. Nous sommes entrés dans des vallons profonds couverts de houx, de chênes, d'arbousiers et de sapins ; ces vallons, qui présentent partout des rocs escarpés et des précipices, ont réveillé la peur dans l'âme des marchands arméniens ; les gardes musulmans, qui peut-être se plaisaient à exagérer le péril pour recevoir quelques piastres de plus, disaient que naguères ils avaient trouvé dans ces gorges de montagnes trois cadavres ensanglantés ; le cavasi, pâle d'effroi, nous engageait à préparer nos armes ; *che pavore, signor*, me répétait-il en mauvais italien, et la caravane s'avançait en silence et serrée comme pour soutenir un combat. Mais, grâce à Dieu, nous avons franchi sans accident le périlleux passage, et notre escorte, après avoir reçu son *bacchis*, est retournée vers sa cabane. Ce n'est pas d'aujourd'hui que les montagnes voisines d'Éphèse sont infestées de voleurs ; le brigandage des Samiens date de plusieurs siècles, et d'anciens voyageurs parlent de ces parages comme étant ordinairement dangereux.

A midi, la plaine du Caystre et les hauteurs qui dominent Éphèse, se sont montrées devant nous. En sortant des montagnes, nous avons tourné à gauche, et bientôt nous avons pris un chemin de pierre qui traverse un marais, dans la direction du nord au sud; ce chemin est construit avec des tronçons de colonnes, des pierres de taille, des fragmens de corniches et de piédestaux. Je n'étais pas loin d'Éphèse et je me trouvais tout à coup sur d'antiques ruines; ne pouvais-je pas croire que mon cheval foulait quelques restes de l'ancienne capitale de l'Ionie, et qu'il marchait peut-être sur un dernier débris de ce fameux temple de Diane, dont Éphèse ne garde plus aucun vestige?

Là, je me suis séparé de la caravane arménienne pour observer le pays avec plus de liberté; elle a poursuivi la route d'Echelle-Neuve, et moi, suivi de mon drogman, de mon cavasi et de mon guide, je me suis dirigé du côté des lacs Silénésiens, au nord du Caystre; c'est par erreur que M. de Choiseul les a placés vers l'autre rive du fleuve, au pied de la colline où s'élève l'édifice appelé vulgairement la prison de saint Paul. Ces lacs, situés à peu de distance de la mer et communiquant avec elle, sont remplis de joncs et de roseaux, et sont fréquentés par des milliers de grues et d'oies sauvages qui, dans leur vol, ressemblent à des nuages blancs suspendus au-dessus des eaux. La vue de ces légions d'oiseaux m'a rappelé ces vers des *Géorgiques*, qui paraissent désigner assez clairement les lacs Silénésiens sous le nom de lacs *Asius* ou *Asia* :

Jam varias pelagi volucres, et quæ Asia circum,
Dulcibus in stagnis rimantur prata Caystri ;
Certatim largos humeris infundere rores,
Nunc caput objectare fretis, nunc currere in undas,
Et studio incassum videas gestare lavandi.

« Voyez les différens oiseaux des mers, et ceux
» qui se nourrissent dans les prés du Caystre et
» dans les lacs si doux d'Asius ; ils s'inondent à
» l'envi d'abondantes rosées, tantôt présentant
» leur tête aux flots, tantôt s'élançant dans les
» ondes, tourmentés vainement du besoin de se
» rafraîchir. »

Le cygne, qu'on avait surnommé l'oiseau du Caystre, a abandonné ces rivages, et je ne puis plus vous dire avec le poète :

. . . . Caystros,
Carmina cygnorum labentibus audit in undis.

Le Caystre, en roulant ses eaux, entend le chant des cygnes.

Nous avons traversé le fleuve sur un grand bateau de forme triangulaire, qu'on fait mouvoir à l'aide d'un câble, laissant Éphèse à une heure de là, à l'orient. Ce bateau est l'unique ressource d'un musulman qui habite avec son fils dans une cabane voisine ; ce musulman, dont la barbe a blanchi, ne connaît pas d'autre métier depuis vingt ans ; il restera là jusqu'à sa mort, uniquement occupé à transporter les voyageurs d'une rive à l'autre ; après avoir vu ainsi passer les hommes et les flots du Caystre, il passera lui-même de ce monde à l'autre, et son tombeau, élevé sur les bords du fleuve, marquera pour les voyageurs l'endroit du passage.

Nous avons poursuivi notre marche à l'ouest, à travers des chemins étroits, bordés d'un côté par le fleuve, de l'autre par les hauteurs du Corissus. J'ai vu à l'embouchure du Caystre des restes de murailles et des débris de constructions qui doivent être comptés au nombre des ruines d'Éphèse. En tournant vers le midi, nous avons eu devant nous un terrain marécageux couvert de tentes noires. Ces tentes appartiennent à une tribu curde ou turkomane, qui ne vit que du produit de la pêche et du lait des troupeaux : des enfans nus, des hommes et des femmes, noircis par le soleil, et d'un aspect sauvage, étaient assis les uns sous les tentes, les autres hors des tentes, au milieu des bœufs et des chèvres, à côté de leurs filets étendus sur des joncs. Cette tribu barbare, ces tentes noires et ces troupeaux au bord de la mer étaient pour moi un spectacle si étrange et si nouveau que je ne pouvais en détacher mes regards. Mais personne de la tribu n'a fait attention à moi, et, le croirez-vous? ces hommes n'ont pas été plus frappés de la vue d'un étranger et d'un habit européen que les chèvres qui paissaient aux alentours.

De l'embouchure du Caystre à Néopolis, on compte trois heures de marche. Le chemin d'Echelle-Neuve passe sur d'âpres collines; ce ne sont que des sentiers étroits, coupés par des rocs ou remplis de pierres; nous avons aperçu, à une heure de distance, cette ancienne ville des Milésiens, qui, dans les langues modernes, conserve encore son premier nom. Placée au penchant d'une montagne et sur les bords de la mer, Echelle-Neuve, avec ses jardins et ses vignobles, avec ses maisons bien bâties et ses toits semblables à ceux de nos cités méridionales, présente d'abord l'aspect d'une ville agréable et importante. Je ne vous parlerai pas des débris d'une grande muraille et d'un aqueduc, que j'ai vu dans un vallon avant d'arriver à Echelle-Neuve; cet aqueduc qui portait autrefois les eaux de Néopolis à Éphèse, est si ruiné qu'on n'y reconnaît plus rien. C'est là que les auteurs placent l'ancienne Phygèla, petite cité dont l'histoire ne parlerait point, si elle n'avait eu la gloire de posséder un temple de Diane, bâti par Agamemnon à son retour de la guerre de Troie. Nous voilà arrivés à Néopolis, dans la maison de l'agent consulaire, pour qui M. Dupré, notre consul à Smyrne, m'avait remis une lettre de recommandation, espérant que cet agent pourrait me donner de précieux renseignemens sur le pays.

L'agent d'Echelle-Neuve, âgé d'environ soixante ans, est un Italien qui a servi Bonaparte dans les campagnes d'Egypte, et après s'être battu pour la France aux bords du Nil, il a mérité l'honneur de la représenter sur une des côtes de l'Ionie. Il s'est marié depuis peu à une jeune Smyrniote qui languit à Scala-Nova comme dans un lieu d'exil; le titre de *consulesse*, si flatteur dans les contrées du Levant, les beaux bijoux de noce dont elle se pare comme une madone, ne lui ont point fait oublier les saules et les platanes du Mélès, les jardins d'orangers de sa terre natale, les joyeuses fêtes de Bournabat; assise à l'angle d'un sopha, près d'une fenêtre qui fait face à la rade solitaire, elle cherche en vain des regards ou un sourire; la pauvre Grecque a perdu ses plaisirs et ses joies; elle regrette surtout de ne plus pouvoir figurer chaque soir au milieu de ces groupes charmans placés comme des vases de fleurs aux fenêtres de Smyrne.

A la manière dont notre agent consulaire a répondu à mes premières questions, j'ai bien vu qu'il n'était pas très versé dans l'histoire et dans les antiquités. Je lui parlais de Néopolis, d'Ephèse, du Caystre, et le bonhomme n'entendait rien à ces mots-là; il ne connaissait, comme les gens du pays, que Scala-Nova, Aia-Solouk et le Mendéré.

J'ai visité Echelle-Neuve et ses alentours, accompagné de l'agent consulaire, de mon drogman et de mon cavasi. L'intérieur de la ville m'a paru triste; pas de mouvement, rien de ce qui anime une cité. Echelle-Neuve, qui, dans ces derniers temps, avait encore quelque commerce, se dépeuple de jour en jour, et son port est désert; on y voit à peine quelques caïques de Samos attachés aux rochers du rivage. On remarque dans le port un château carré bâti sur un écueil; ce château est désert comme la rade qui l'environne, et c'est une des ruines de Scala-Nova. Cette Echelle, autrefois assez importante, n'a conservé que ses coteaux fertiles, qui donnent un vin fort estimé; sa population ne s'élève pas au-delà de quatre mille habitans, Turcs, Grecs, Juifs et Arméniens. Beaucoup de familles juives et arméniennes ont abandonné Echelle-Neuve depuis que le commerce s'est retiré de ce lieu; notre agent est le seul Européen qui demeure dans cette ville.

En me promenant sur les hauteurs de Néopolis, je voyais au midi le double sommet du mont Mycale, les rivages où fut Priène, la patrie de Bias, et le pays des Cariens; à l'ouest, j'ai contemplé longtemps l'île escarpée de Samos qui n'est séparée de la côte asiatique que par un détroit d'environ vingt-cinq milles. Les montagnes d'*Ampélos*, qui traversent l'île dans toute sa longueur, se montraient à moi avec une teinte moitié sombre, moitié azurée. Je n'ai pu saluer ainsi que de loin le berceau de

Pythagore; mais j'espère que, dans le cours de notre voyage, nous aurons occasion de voir de plus près la terre des Samiens.

La nuit a mis fin à nos promenades autour de Néopolis, et le lendemain, 28 juin, au lever du soleil, j'ai pris congé de mon hôte pour revenir sur le chemin d'Éphèse. Nous avons laissé la route du bord de la mer, et nous nous sommes enfoncés dans les montagnes, à travers des sentiers difficiles et périlleux, où nos chevaux pouvaient à peine passer. Au bout de deux heures de marche, nous sommes arrivés dans une vallée appelée par les Turcs *Arvanler*, où paissaient des troupeaux de bœufs, gardés par deux jeunes nègres presque nus, armés d'un énorme bâton de chêne. Nous avons déjeuné dans cette vallée à l'ombre d'un grand platane, à côté d'une source. Les deux pâtres, s'étant aperçus des préparatifs du repas, se sont avancés vers nous et se sont posés près de moi, debout et immobiles, appuyés sur leur bâton. Ils étaient d'une effrayante maigreur; leurs yeux enfoncés dans l'orbite avaient perdu leur éclat et jusqu'à leur mobilité, semblables à deux rayons éclipsés; la peau noire de leur corps était sèche et brûlée; leur bouche à demi ouverte laissait entrevoir des dents blanches qui ajoutaient encore à la sauvagerie de leurs traits; c'étaient deux spectres. J'ai partagé avec eux le pain grossier que j'avais emporté de Scala-Nova; à mesure qu'il dévoraient ce pain comme des chiens affamés, leur regard semblait se ranimer. Voilà assurément de ces tristes ombres qu'on ne rencontre que dans la région des morts, ou chez les races dégénérées.

Nous sommes remontés à cheval, laissant aux deux pâtres les restes du repas, et bientôt nous sommes entrés dans la plaine qu'arrose le Caystre. Il était dix heures du matin quand je me suis trouvé en face des ruines d'Éphèse. Nous avons marché encore une demi-heure, et nous sommes arrivés à Aia-Solouk, qui est le lieu où les caravanes ont coutume de s'arrêter.

P.....

SUITE

DE LA LETTRE XIV.

A M. M...

DESCRIPTION DES RUINES D'ÉPHÈSE ET D'AIA-SOLOUK.

Le 30 juin 1830.

Avant de commencer avec vous l'examen des ruines d'Ephèse, il me faut d'abord constater une importante observation que nous devons au célèbre Chandler; c'est qu'Aia-Solouk n'occupe point l'emplacement de l'antique ville de Diane. Aia-Solouk était tout simplement une cité musulmane bâtie au treizième siècle avec des débris d'Ephèse, à un mille de distance de cette ville. Beaucoup de voyageurs, et Tournefort lui-même, ont confondu les deux cités, et la véritable situation d'Ephèse leur a complétement échappé. De tous les voyageurs que je connais, Chandler est celui dont les recherches sur ce pays paraissent les plus heureuses ; c'est lui que je prendrai pour guide.

Pour que vous puissiez me suivre plus facilement dans mes descriptions ou mes récits, il sera utile, je crois, de vous donner une idée du pays où nous sommes. La plaine d'Ephèse, dont la largeur est d'environ six milles, et la longueur de près de douze milles, est de toutes parts entourée de montagnes, excepté à l'ouest du côté de la mer ; à l'est, le mont Pactyas, au nord, la chaîne du Gallèse, au midi, les hauteurs du Corissus, donnent à la plaine la forme d'un arc. Le Caystre, qui coule de l'orient à l'occident, traverse le milieu de la plaine et va se jeter dans la mer, au midi des lacs Silénésiens. Le mont Prion, autour duquel on voit les ruines d'Ephèse, d'une hauteur médiocre et de forme presque ronde, est situé auprès du Corissus, dont il se détache à peine. La rivière passe au nord du mont Prion, à un quart d'heure de distance. Les restes d'Aia-Solouk se trouvent sur une hauteur isolée, à une demi-heure des ruines d'Ephèse, à l'orient. Maintenant que les lieux vous sont connus, j'ajouterai qu'Ephèse a été bâtie et rebâtie tour à tour au penchant du Corissus, près de la fontaine Hypelée, dans la plaine auprès du temple de Diane, et enfin autour du mont Prion ; c'est Lysimaque qui appela les Ephésiens autour de cette montagne, et ce sont les ruines de cette dernière cité que nous allons parcourir.

Derrière le mont Prion, au sud-est, j'ai vu des pans de murs, des tronçons de colonnes, des débris d'arcades, restes d'un vaste édifice, que Chandler croit être le Gymnase, et que Dellawai et d'autres voyageurs ont pris pour le temple de Diane; Chandler avait trouvé sur un plafond, au milieu de ces décombres, des peintures représentant des poissons dans les flots, et près de là, sur le sol, des troncs de statues colossales, d'une belle draperie; les peintures sont presque toutes effacées et les statues ont disparu. Le premier monument qu'on rencontre en venant d'Aia-Solouk, est un stade très-vaste, appuyé d'un côté sur le revers du mont Prion, et de l'autre sur de grandes voûtes qui regardent la plaine; le débris le plus remarquable de ce stade est une arcade de marbre blanc fort bien conservée; mais dont la construction paraît être moins ancienne que l'édifice auquel elle appartient. Tournefort et Lebrun ont donné des dessins de cette arcade, couverte d'inscriptions latines placées si haut ou si mutilées, qu'on ne peut les déchiffrer. De grandes herbes, des ronces et des arbustes croissent dans l'enceinte du stade; des lézards à la peau verte et jaunâtre couraient sous les feux du soleil à travers les pierres et les blocs de marbre.

En avançant au-delà du stadium, on reconnaît un chemin, ou plutôt une rue bordée de piédestaux et de bases de colonnes, de débris de murs et d'édifices détruits, et l'on arrive au théâtre, qui ne conserve plus que deux ailes et quelques arcades. Le théâtre d'Éphèse dut être un des derniers monumens qui tombèrent ; car rien n'égalait l'ardeur des Ephésiens pour les spectacles ; saint Paul et les prédicateurs qui lui succédèrent tonnaient envain contre ces profanes réunions.

L'étroit vallon qui sépare le mont Prion du Corissus, offre d'abord les débris d'une église, puis différens fragmens de marbre, des colonnes renversées, et quelques vestiges d'un ancien odeum. Si nous revenons vers le théâtre, nous verrons près de là d'épaisses murailles de briques couvertes de trous où étaient incrustés les dalles de marbre dont les murs furent autrefois revêtus. Tournefort et autres ont cru voir dans ces murs des restes du temple de Diane. Dellawai se demande si cet édifice n'a pas pu être l'église de Saint-Jean bâtie par Justinien. En tournant à l'ouest, vous trouvez les traces d'un grand portique, le port de la ville changé en un marais, l'emplacement présumé de l'Agora, un espace vide semé d'orge, et une suite de voûtes construites en briques. Le long du Corissus, vous voyez de magnifiques chapiteaux et des entablemens de marbre, débris d'un temple corinthien ; les plus beaux restes de ce temple sont dessinés dans l'ouvrage de M. de Choiseul. A quel dieu ce monument était-il consacré? est-ce à l'empereur Claude, au dieu Jules, à Appollon Pythien? C'est ce que nos plus savans voyageurs n'ont point décidé.

Plein des souvenirs du fameux temple de Diane, tel que nous l'ont représenté Vitruve, Pline et Strabon, vous êtes impatient sans doute d'apprendre ce qui subsiste encore de ce grand monument. C'est ici surtout que ma science est en défaut. J'interroge en vain les lieux et les livres, je ne trouve partout que des doutes, des conjectures hasardées, des suppositions vagues, des systèmes qui n'expliquent rien. Au milieu d'un amas confus de ruines, je demande aux colonnes, aux blocs de marbre, à chaque pierre, s'ils n'ont point appartenu au temple le plus célèbre qui fut jamais, et toutes les pierres sont muettes, et les ruines n'ont point de voix. Les voyageurs qui ont visité Éphèse, ont placé, chacun dans une position différente, le temple de la grande déesse. Les uns ont cru en trouver des vestiges au sud-est du mont Prion, les autres au nord, d'autres à l'ouest; quelques-uns, tels que Chandler, plus raisonnables peut-être, ont déclaré n'avoir rien reconnu de positif sur l'emplacement du monument. Ceux qui regardent les souterrains voisins des marais ou du port comme des ruines du temple (et ceux-là sont en assez grand nombre), oublient évidemment que ces souterrains se trouvent dans l'enceinte de la ville, et que le temple était éloigné de plusieurs stades des murailles d'Éphèse. Pour moi, je vous ferai grâce de mon système et de mes conjectures; j'aime mieux vous entretenir un moment de la fondation de ce temple et de son histoire.

Le culte de Diane à Éphèse, comme vous savez, remonte aux premiers âges ; ce furent, dit-on, les Amazones qui, les premières, sous le règne de Thésée, sacrifièrent à la déesse sur les rives du Caystre; elles déposèrent dans le tronc d'un ormeau une Diane de cèdre ou d'ébène grossièrement taillée. Ainsi commença le culte de la grande déesse ; un tronc d'arbre fut son premier temple; plus tard elle eut un sanctuaire qui devint la merveille de l'univers. La religion avait appelé les arts à son secours, et les chefs-d'œuvre des Appelle ou des Phidias entretenaient surtout l'enthousiasme et la foi des peuples; dans ces temps d'ignorance et de superstition, c'était la grandeur et la beauté d'un temple qui faisaient la grandeur et la puissance d'un dieu. Le monde païen n'eut point de temple plus saint et plus révéré que celui de Diane à Éphèse, parce que ce temple surpassait en richesse et en splendeur tous les autres sanctuaires. Personne n'ignore quel fut le sort de ce monument ; un fou, qui cherchait à tout prix l'immortalité, voulut associer son nom à la destruction du temple de Diane. Le second temple, bâti en l'honneur de la déesse, ne le cédait en rien à la magnificence du premier. Telle était la vénération des peuples pour la grande Diane, que la guerre elle-même respecta toujours les trésors placés sous la sauve-garde de la déesse; l'histoire a cité Néron comme étant le seul qui eût osé toucher à ce sanctuaire. Les barbares du Nord, qui passèrent comme un ouragan sur les beaux pays de la Grèce et de l'Asie, pillèrent et brûlèrent le temple de Diane; il est probable que ce temple a été effacé de la terre avec d'autres beaux monumens de l'antiquité païenne, alors que, par un édit de Constantin, édit fatal et à jamais déplorable pour les arts, tous les temples des dieux croulèrent dans l'Orient. Quand les rois et les peuples accouraient à l'envi sur les bords du Caystre pour déposer leurs offrandes sur les autels de Diane, qui eût osé dire qu'un jour le voyageur chercherait en vain la place du temple?

Après avoir passé le marais que des auteurs présument être l'emplacement du temple de Diane, on traverse un espace rempli de ronces acérées de la hauteur de l'homme, puis on aborde une colline assez escarpée, dont le sommet porte les ruines d'un édifice appelé communément la *Prison de Saint-Paul*. Chandler pense que ce sont là les restes d'une des tours dont on avait flanqué les murs d'Éphèse. Je suis porté à croire que si Chandler avait examiné cet édifice avec plus d'attention, il y aurait vu autre chose que des débris d'une tour. Cet édifice est bâti en pierres de taille de granit. Il est de forme carrée, et sa circonférence est d'environ quarante pieds; ses murs sont épais de trois pieds et demi; il est composé de quatre pièces, dont trois sont encombrées de pierres de taille. On y entre par trois portes. Au pied de l'édifice, du côté qui regarde Éphèse, on voit les débris d'une terrasse en beau marbre blanc. Cette colline domine l'ancien port de la ville, et, du haut du monument renversé, on parcourt librement des yeux la grande vallée du Caystre. L'édifice est appelé par les Turcs le *Château de la Fille*. Les Musulmans conteurs nous disent qu'une jeune princesse est restée long-temps captive dans cette tour; un amour malheureux se mêle à cette histoire, et le roman finit par le trépas de la jeune fille. De semblables histoires ne sont pas rares dans les pays d'Asie. Il n'est guères de ruines qui n'aient donné lieu à quelques légendes romanesques ou merveilleuses. Ne pourrions-nous pas nous demander si ce nom de *Château de la Fille* ne serait pas un vague et dernier souvenir de la matrone d'Éphèse?

Le mont Prion est souvent cité dans les antiques annales. Les voyageurs y visitent aujourd'hui les sépultures des Éphésiens, creusées dans le roc, et ces carrières de marbre qui furent d'un si grand secours pour la construction de la ville et du temple. Vous vous souvenez que c'est à un jeune pâtre qu'Éphèse dut la découverte de ces précieuses carrières. Le Prion est célèbre aussi dans l'histoire du premier âge de l'Église. Les chrétiens y révérèrent long-temps les tombeaux de Timothée et de saint Jean. Au temps des guerres de la Croix, à l'époque du passage de Louis VII à Éphèse, on voyait encore sur la montagne le sépulcre du saint Précurseur. Au rapport d'Odon de Deuil, dont vous connaissez la chronique, ce tombeau était entouré d'un mur *destiné à le défendre contre les païens.* Ce monument sacré, que le chroniqueur pèlerin comptait au nombre des débris glorieux d'Éphèse, a disparu comme d'autres monumens, et je n'ai pu en reconnaître même des vestiges. Au sud-est du Prion, du côté du Gymnase, on remarque les restes d'une église, qui fut peut-être celle qu'éleva Justinien en l'honneur de saint Jean. Cette église était la cathédrale des Éphésiens au temps des guerres saintes, et c'est là que fut enseveli le chevalier Gui de Ponthieu, mort à Éphèse, sous les drapeaux de la seconde croisade. Près de là, on montre la grotte des *sept Dormans,* dont la merveilleuse histoire est connue également des disciples de l'Évangile et du Coran. A un quart-d'heure du mont Prion, au sud-est, j'ai visité un vaste souterrain construit en pierres de taille, dont les voyageurs n'ont point fait mention; et, pour dernière recherche, je suis allé reconnaître les restes des murailles qui défendaient, au midi, la ville de Lysimaque et s'étendaient sur le Corissus jusqu'au de là de la prison de Saint-Paul.

Il était quatre heures après midi, et depuis dix heures du matin, j'étais au milieu des ruines. J'ai regagné Aia-Solouk pour y chercher de l'eau et des ombrages, et je me suis assis sur une natte au pied du premier platane que j'ai rencontré. Le cafetier musulman d'Aia-Solouk est venu m'apporter la pipe et le café. Bientôt j'ai vu arriver auprès de moi un Turc de distinction, suivi d'une douzaine de gardes. Cet homme, âgé d'environ trente-cinq ans, d'une figure douce et d'un maintien noble, m'a salué de l'air le plus aimable, et s'est assis sur ma natte à côté de moi. « Vous voyez, m'a dit mon drogman, l'aga de *Chirkingé*, gros village situé à quelques heures d'Aia-Solouk. » Osman (c'est le nom de l'aga), m'a demandé mon nom et celui de mon pays. Au seul mot de Français, il a incliné la tête; et comme je lui parlais de ruines, il m'a montré du doigt Aia-Solouk. Osman a pris à ferme le territoire d'Aia-Solouk. On moissonnait pour lui sur les bords du Caystre et au milieu des ruines d'Éphèse. Semblable aux rois des premiers temps du monde, Osman n'avait pour toutes richesses que des troupeaux et des moissons. J'avais vu ses vaches et ses bœufs paître sur l'emplacement présumé du temple de Diane; ses brebis et ses chèvres broutaient l'herbe qui croît sur les débris du Gymnase et du Stade. « Comment se fait-il, m'a dit Os-
» man, que vous ayez quitté le pays de France
» pour venir voir des ruines et des hommes comme

nous? Quel plaisir pouvez-vous y trouver? ». Je lui ai répondu que, pour bien connaître l'espèce humaine, il fallait étudier les hommes de tous les pays, et qu'on apprenait, à l'aspect des grandes ruines, des choses qui ne se trouvent point dans les livres. Il paraît que cette réponse n'a pas été tout à fait défigurée en passant par la bouche de mon drogman, car l'aga s'est écrié plusieurs fois : *Pèki, pèki* (c'est bien ; c'est bien). Il s'est offert d'être mon guide pour visiter les restes d'Aia-Solouk ; et, suivis de ses gardes et de mon drogman, nous avons pris le chemin des ruines.

Aux temps de Tournefort, de Chandler, de M. de Choiseul, Aia-Solouk était encore un village considérable ; maintenant vous n'y trouvez plus rien qu'un café, auprès duquel se reposent les caravanes. Ce qu'il y a de plus remarquable dans ces ruines, ce sont les restes d'un vaste château, une belle mosquée, une porte connue sous le nom de *Porte de la Persécution*, et un grand aqueduc. Les débris d'une multitude de bains et de petites mosquées, des amas de décombres et beaucoup de colonnes encore debout apparaissent autour de la montagne d'Aia-Solouk. Osman, qui s'était fait mon Cicérone, me disait, avec cette exagération commune aux orientaux, qu'Aia-Solouk possédait autrefois trois cent soixante mosquées, et trois cent soixante bains ; c'était, me répétait-il, une cité comme Smyrne. En montant au château, nous avons passé par *la porte de la Persécution;* porte grande et belle, soutenue des deux côtés par deux arcs-boutans, qui, d'après Chandler, ont été construits avec les siéges d'un théâtre, couverts d'inscriptions grecques mutilées. J'ai vu, comme tous les voyageurs, les bas-reliefs qui décorent la façade de cette porte. Tournefort, Vood et M. de Choiseul en ont rapporté les dessins. On remarquait alors trois morceaux de sculpture antique ; le premier représentait Achille recevant le corps de son fidèle Patrocle, le second représentait le corps d'Hector entouré de femmes en pleurs, et le troisième, des enfans jouant avec des branches de vignes. Il n'existe plus aujourd'hui que les deux bas-reliefs consacrés à Patrocle et à Hector, et ces morceaux n'ont pas été épargnés ; les Troyennes qui pleuraient autour de l'époux d'Andromaque, ont été enlevées; le bras gauche et la jambe gauche d'Hector sont brisés. Le plus beau de ces bas-reliefs, celui qui représentait une bacchanale d'enfans, a disparu depuis plusieurs années; j'ai su qu'il avait été emporté par des voyageurs italiens. Ainsi des monumens que le temps et les Turcs nous avaient conservés, sont tombés misérablement sous le marteau de quelques amateurs. Dans le cours de notre voyage, nous aurons plusieurs fois l'occasion de déplorer ces profanes enlèvemens.

Auprès du château, j'ai vu d'énormes blocs de

murailles en brique, débris de quelque grand édifice; Osman me disait que ces blocs de murs avaient appartenu à un monastère grec. Mon brave aga voyait partout des ruines de monastères, et, à l'en croire, le peuple d'Aia-Solouk n'eût été presque tout entier qu'un peuple de cénobites. Pourtant quand je lui donnais des explications, il se faisait traduire mes paroles avec un soin minutieux. Sa surprise a été extrême quand je lui ai dit que jadis des souverains avaient choisi Aia-Solouk pour demeure; *stamboul, stamboul!* s'écriait-il; il ne concevait pas que des princes Turcs eussent pu résider ailleurs qu'à Constantinople. Pour un musulman, toute grandeur et toute gloire résident à Stamboul, et c'est à ce nom que se rattachent toutes les idées de la puissance. A trente ou quarante pas du château, mon Cicérone m'a fait remarquer des pierres rangées en forme de cercle, traversées par une colonne; il m'a raconté qu'à chaque printemps, les Grecs des environs viennent en foule prier autour de cet étroit espace, consacré sans doute par une religieuse tradition.

Le château d'Aia-Solouk est un édifice du moyen-âge; l'enceinte est d'une grande étendue et les murailles sont encore debout. Cette enceinte, où croissent des figuiers sauvages et des tamariscs à travers les décombres, n'offre rien de curieux; on n'y trouve qu'une petite mosquée à demi-détruite et une citerne voûtée: au moment où je me suis approché de l'ouverture de la citerne, deux corneilles, frappant l'eau de leurs ailes, se sont échappées du fond de ce puits, et ont plané quelque temps au-dessus de nos têtes, sans vouloir nous quitter; un Ephésien du siècle de Lysimaque eût regardé ces deux oiseaux comme deux augures. A l'Ouest du château, au bas de la montagne, s'élève une grande mosquée abandonnée depuis douze ou quinze ans. La plupart des voyageurs que nous connaissons n'avaient pas pu visiter l'intérieur de cette belle mosquée; grâce à l'abandon du monument et à l'obligeance de mon aga, j'ai parcouru dans tous les sens cet important édifice et la cour où le vestibule qui l'avoisine. Ce vestibule a deux entrées, l'une à l'occident, l'autre à l'orient; en passant par cette dernière porte, il faut descendre une vingtaine de degrés; au milieu de la cour se trouve le bassin d'une belle fontaine destinée aux purifications musulmanes.

Des colonnes de marbre renversées, des fragmens d'architecture antique et de beaux piédestaux se montrent dans le vestibule désert, et les grands arbres qui croissent dans l'enceinte, étendent leurs rameaux sur les murailles dont cette cour est environnée. La porte de la mosquée est au midi du vestibule. Ce qu'on remarque d'abord dans l'intérieur de cet édifice, ce sont deux magnifiques colonnes de porphyre, d'une seule pièce et de quatorze pieds d'épaisseur, qui soutiennent le plafond de la mosquée ; ces belles colonnes , ainsi que tous les marbres du monument, sont autant de dépouilles de l'ancienne Éphèse. La partie de la mosquée, qui en est comme le sanctuaire, et que les Turcs appellent *Kiblé*, est peinte et sculptée avec beaucoup de luxe et d'éclat. La niche sacrée où se déposait le Coran, est enrichie de dorures ; des inscriptions arabes couvrent les murs du temple. L'extérieur de la mosquée, du côté de l'ouest et du midi, offre des ornemens dans le style sarrasin ; des treillages en fil de fer et des châssis en bois donnent un air d'élégance aux fenêtres de la mosquée. Les deux dômes de l'édifice ont été dépouillés de leurs lames de plomb : les minarets, qui s'élèvent au-dessus de la toiture, ont subi des dégradations, et leurs flèches sont brisées. En parcourant le temple abandonné, je ne pouvais me défendre d'un sentiment à la fois religieux et mélancolique. Un sanctuaire, quel qu'en soit le dieu, inspire toujours le recueillement et le respect, et je ne sais quelle émotion secrète nous accompagne partout où les hommes ont prié. La grande mosquée d'Aia-Solouk est devenue maintenant la demeure des cigognes et des corneilles ; elles s'y montrent par milliers.

Cet édifice, avec la blancheur de son marbre, avec sa physionomie sarrasine et son imposante grandeur, présente un aspect qui frappe d'abord le voyageur. Le caractère et la forme du monument sont tels, qu'on est surpris que des savans aient pu le prendre pour l'église de saint Jean, bâtie par Justinien. C'est aux princes fondateurs d'Aia-Solouk que cette mosquée doit son origine. Je ne vous dirai rien de l'aqueduc d'Aia-Solouk qui, recevant les eaux de la fontaine Halitée, au pied du mont Pactyas, venait abreuver la forteresse et la cité. Cet aqueduc est construit avec des débris d'Éphèse, dont plusieurs sont couverts d'inscriptions recueillies par différens voyageurs. J'y ai compté trente-six arches ou piliers tombant en ruines. Tel est l'état présent d'Aia-Solouk.

La nuit m'a surpris remuant encore les pierres de la cité musulmane. L'aga et ses gardes, qui m'avaient suivi pendant toute ma promenade, sont descendus avec moi vers le platane où m'attendait Mahomet, mon muletier. Des ordres ont été donnés pour le repas du soir. Osman, fidèle aux antiques usages de l'Orient, a fait tuer un agneau en mon honneur; on l'a servi tout entier dans un grand vase de bois : il était rôti et farci de pilau, et son parfum flattait agréablement l'odorat de sept ou huit convives affamés. La table du festin, semblable à un tabouret rond, avait un pied de hauteur. Nous nous sommes assis, les jambes croisées, autour de cette table, en plein air, éclairés par un lampion posé sur un débris de piédestal. Ce festin, digne des héros de l'*Iliade*, était une fête pour Aia-Solouk; le calme et le silence du soir, la lune rayonnant dans le ciel, tous les serviteurs et les gardes de l'aga, debout autour de nous, donnaient à ce banquet quelque chose de grave et de solennel.

Pendant le souper, Osman me demandait si j'étais content de ma journée et si je ne regrettais pas les dix heures de fatigue que j'avais passées au milieu des ruines. « Il faut que cette vallée ait vu de » bien grandes choses, ajoutait-il, pour que vous » preniez tant de peine pour reconnaître ce qui » subsiste encore ? » Une extrême curiosité et le désir de savoir, animaient toutes les paroles de l'aga. Éphèse était devenue son bien, et jamais le nom d'Éphèse n'avait retenti à son oreille. Je lui ai donc prononcé ce nom, qui lui révélait un ancien monde, un monde qui, pour lui, n'avait jamais existé. Je n'ai point entrepris de lui raconter l'histoire d'Éphèse et de ses âges glorieux; il eût été inutile de dire à Osman que cette cité avait reçu dans son sein les plus grands capitaines de l'antiquité, tels qu'Alexandre, Annibal, Antiochus, Manlius, Auguste et Pompée. A quoi bon lui parler de Lucullus qui venait y étaler son luxe et la pompe de ses fêtes; de Cicéron, qui s'était rendu sur ces rives pour y admirer les chefs-d'œuvre d'Apelle, de Praxitèle et de Scopas? J'ai mieux aimé lui parler des choses qui étaient plus près de lui, et qu'il pouvait plus facilement comprendre. Je lui ai appris que, malgré le long espace qui la sépare aujourd'hui de la mer, Éphèse avait autrefois un port et que tous les peuples d'Asie lui apportaient le tribut de leurs productions. J'aurais pu raconter à mon aga comment les orfèvres, les statuaires, et tous ceux qui faisaient des dieux à Éphèse, conspirèrent avec acharnement contre les premiers Apôtres de l'Évangile qui vinrent y prêcher l'unité de Dieu. Mais de quel intérêt eût été pour un Musulman l'histoire de l'établissement du christianisme à Éphèse? Nous sommes arrivés tout de suite à la conquête de cette ville par les Turcs en 1308. Osman alors a redoublé d'attention; et quand je lui ai dit qu'Aïa-Solouk fut bâtie, il y a plus de cinq siècles, avec les ruines d'Éphèse, et que la cité musulmane était devenue le siége du souverain de cette province, une certaine joie mêlée d'orgueil s'est peinte dans ses yeux.

Après le souper, l'aga m'a donné un kiosque délabré pour y passer la nuit. C'est là qu'il dormait lui-même, ayant pour compagnes des corneilles et des cigognes. Nous avions pour lit une natte et pour chevet une pierre : les armes d'Osman étaient suspendues à côté de nous comme pour protéger notre sommeil. Le lendemain, 29 juin, dès que les premiers rayons du matin ont pénétré dans notre kiosque, je me suis levé pour reprendre le chemin de Smyrne. J'ai embrassé l'aga, et l'ai remercié, le mieux que j'ai pu, de ses bontés et de ses complaisances. « Si jamais vous repassez dans ces » terres, m'a-t-il dit, souvenez-vous de moi, et

» venez me trouver dans mon village de *Chirkingé*;
» là, ma demeure sera la vôtre, et l'hospitalité
» sera plus douce pour vous, car Aïa-Solouk n'a
» que des pierres, et je n'ai rien ici d'agréable à
» vous offrir. » Ce touchant adieu et cette expression de la plus noble politesse m'ont vivement ému. J'ai bien promis à Osman de garder son souvenir; je le reverrai, j'espère, à Chirkingé, quand je repasserai dans le pays d'Éphèse pour aller chercher aux bords du Méandre des traces de Louis VII et de ses chevaliers.

P........

LETTRE XV.

DÉPART DE SMYRNE, COTE DE MITHYLÈNE, ADRAMITTI, CYDONIE; BAIE D'ÉRISSO.

A bord de l'*Erminio*, le 12 juillet 1830.

Nous nous sommes embarqués le 7 juillet, à neuf heures du soir, à bord d'un bâtiment ragusais appelé l'*Erminio*, qui faisait voile pour Constantinople. A notre sortie de la rade, les rayons de la lune éclairaient les murailles blanches du château de Sandiak, et les deux cimes *fraternelles* du *Corax*. Quand le jour a paru, les îles de Vourla fuyaient derrière nous, et nous avions à notre gauche les côtes verdoyantes de *Cara-Bournou*. Le voyageur trouve toujours un nouveau plaisir à traverser ce golfe de Smyrne, dont chaque rivage offre un beau spectacle ou lui rappelle un souvenir.

Dans la journée du 8 juillet, à midi, l'*Erminio* s'avançait entre l'île de Méthelin ou l'ancienne Lesbos, et le golfe de Sanderlik redouté des navigateurs. Après avoir dépassé les montagnes qui enferment le port Olivier, nous avons été surpris par le calme : pas un souffle de vent, le bâtiment était immobile ; on eût dit que nous avions jeté l'ancre. Nous sommes restés ainsi pendant deux jours entiers ; nos marins s'affligeaient de ce contre-temps, et nous étions nous-mêmes fort contrariés d'être arrêtés dans notre route. Toutefois, rien n'était plus propre à consoler nos ennuis, que le beau spectacle que nous avions alors sous les yeux. Comme l'*Erminio* se trouvait arrêté au milieu du canal, nous voyions d'un côté la rive septentrionale de Méthelin, de l'autre, les chaînes de l'Ida qui s'étendent sur les rivages de l'Asie. Je n'ai point encore trouvé en Orient d'aspect plus pittoresque, plus enchanteur que la côte de Méthelin qui s'offrait à notre vue. Des bois de pins et de chênes couronnent la cime des montagnes ; au penchant des coteaux, jusqu'à la mer, on ne voit que des forêts d'oliviers, des terres couvertes de moissons, des vignes au pampre vert, des jardins plantés d'orangers et de myrthes. Des villages bien bâtis, des maisons élégantes et peintes en rouge, se montrent çà et là à travers les arbres touffus. La verdure de ces riantes campagnes a résisté aux feux de l'été, et les vents du nord qui soufflent pendant la saison brûlante, entretiennent dans les vallons et sur les coteaux la fraîcheur des ombrages et des fontaines. Au milieu de ces paysages si riches et si variés, on aperçoit la capitale de l'île, avec son fort bâti sur un môle avancé qui sépare deux ports. Nous aurions bien voulu descendre à terre, et nous arrêter quelque temps dans cette espèce de paradis terrestre ; mais à chaque instant il pouvait s'élever une brise favorable ; notre capitaine ne nous a point permis de quitter l'*Erminio*. Je ne perds point l'espérance de revoir un jour l'île de Méthelin, et de parcourir un pays où chanta Sapho, où se perfectionna la lyre, où la musique et la poésie enfantèrent autrefois leurs prodiges. Nous y perdrons sans doute une partie de nos illusions, comme cela nous arrive toutes les fois que nous mettons le pied sur une terre consacrée par de poétiques souvenirs. Le temps et les Turcs ont dû apporter bien des changemens à l'antique Mythilène ; mais au milieu de ces paysages si frais, sous ces bosquets verdoyans, il nous sera doux encore de relire les vers qu'ils ont inspirés, et de rêver aux concerts et aux fêtes de l'ancienne Lesbos.

Les côtes de l'Asie, qui nous apparaissaient dans le lointain, nous rappelaient plusieurs traditions intéressantes de l'antiquité et des temps modernes. On sait que Virgile fait embarquer son héros au pays d'Antandros, situé au fond du golfe d'Adramitti.

> Auguriis agimur divum classemque sub ipsa
> Antandro, et Phrygiæ molimur montibus Idæ, etc.

C'est là que s'assemblèrent les restes d'Ilion, condamnés à chercher un *asile dans des terres inconnues, et fuyant sans savoir où le sort allait les conduire.* C'est là que le vénérable Anchise, *lorsque le printemps venait de commencer,* ordonna d'abandonner *les voiles aux destins;* et que le pieux Énée *quitta en pleurant les ports et les rivages de la patrie, et les champs où fut Troie.* Ce passage, du troisième livre de l'*Énéide* m'avait toujours paru admirable. Vous pensez bien, mon cher ami, que les vers du poète latin ne pouvaient rien perdre à être relus en présence du mont Ida et devant le golfe d'Adramitti.

La ville d'Adramitti, mentionnée par Strabon, avait pris la place d'Antandros. Cette ville fut, dans l'antiquité, la rivale d'Assos et de Pergame, bâties dans son voisinage. Elle était encore florissante aux derniers temps de l'empire grec. Henri, successeur de Béaudoin au trône de Bysance, vint jusqu'à Adramitti, et remporta une victoire sur les Grecs et les Barbares, entre cette ville et le mont Ida. Vers la fin du treizième siècle Andronic choisit Adramitti pour y convoquer une espèce de concile dont l'objet était de terminer les querelles des *Joséphites* et des *Arsenites.* Après de longs débats, il fut convenu que chaque parti écrirait sa doctrine sur un papier, et que les deux papiers seraient déposés sur un brasier allumé. La doctrine épargnée par le feu devait être regardée comme la vérité. Or, il arriva que l'une et l'autre doctrine succombèrent dans le brasier ardent. L'épreuve du feu condamnait les disciples de Joseph et d'Arsène. Mais chacun des partis n'en persista pas moins dans ses opinions. C'est au milieu de ces querelles que l'empire grec achevait de tomber ; et c'est alors que commencèrent toutes les ruines qui couvrent aujourd'hui l'Orient. On connaît à peine maintenant l'emplacement d'Adramitti. Les géographes marquent au fond du golfe un village auquel ils donnent le nom de l'ancienne cité.

A l'orient du golfe et non loin des petites îles Mosconichi, on trouve une ville grecque, l'objet naguères de l'attention des voyageurs, et maintenant couverte de misérables ruines. Cidonie, appelée *Aivali* par les Turcs, comptait plus de vingt mille habitans, parmi lesquels on voyait à peine quelques osmanlis. L'agriculture fécondait son territoire ; le commerce et la navigation enrichissaient la cité ; elle avait un collége célèbre dans l'Archipel et sur les côtes de l'Asie-Mineure. Toutes ces prospérités et la ville elle-même ont péri en 1821. L'apparition d'une flotte, armée par les Hellènes, donna le signal de la guerre et de la destruction. Au milieu des combats livrés entre les Turcs et les Grecs, la ville fut tout entière consumée par les flammes. Une grande partie de la population périt sous le fer, par le feu, ou dans les flots; le reste fut dispersé ou vendu dans les marchés de Smyrne et des autres villes voisines. Dix ans se sont écoulés; et les ruines de Cidonie couvrent encore la terre. Un firman de la Porte a permis aux habitans fugitifs de rentrer dans leurs foyers déserts. Quelques-uns, dit-on, sont revenus; on leur a rendu leurs terres et leurs oliviers qui ne se trouvaient point engagés aux mosquées. Nous avions sur l'*Erminio* un Grec de Smyrne, qui a passé dernièrement sur les ruines d'*Aivali*, et qui avait vu cette ville dans son état florissant. Ses récits nous ont arraché des larmes. Rien n'est plus digne de compassion que les scènes tragiques qui accompagnèrent la destruction de la ville; mais il y a peut-être quelque chose de plus douloureux dans le sort de ces exilés qui, revenant après une longue absence, ne retrouvent plus ni patrie, ni famille, et cherchent vainement leurs tristes dieux pénates dans un amas de décombres.

Nous avions ainsi tout le loisir de nous livrer à nos souvenirs, et d'étudier ou de nous rappeler l'histoire des pays situés autour de nous. Enfin, le 11 juillet, à sept heures du soir, une légère brise s'est élevée et nous a poussés vers le cap Baba (l'ancien promontoire *Lectos*). L'*Erminio* se disposait à remonter le canal des Dardanelles; et nous espérions nous trouver le lendemain matin en face de Ténedos et devant la côte de Troie. Mais à peine avions-nous doublé le cap, que la *tramontane* s'est levée avec violence, et nous a entraînés vers l'île de Chio. Or, vous saurez que la *tramontane* est un vent du nord qui vient de la Mer-Noire, et qui règne pendant les trois mois de l'été sur la Propontide et sur la mer Égée. Pendant toute la nuit, nous avons couru çà et là sous la tempête, et c'est avec beaucoup de peine que nous avons pu nous mettre à l'abri dans la baie d'Érisso, sur les côtes méridionales de l'île de Méthelin.

Ce côté de l'île forme un triste contraste avec celui dont la vue nous avait charmés les jours précédens. On n'y voit que des précipices, des rochers nus, des montagnes sans aucune végétation. Nous n'avions dans le port, où nous avait poussés l'orage, que le plaisir de la sécurité, et l'aspect du pays nous donnait à peine l'envie de descendre à terre. Cependant les provisions nous manquaient : il a bien fallu en chercher dans les villages voisins de la côte. A une lieue de la baie est un petit bourg, nommé *Erisso*; quelques terres cultivées, quelques vignes, des oliviers et des figuiers, plantés çà et là, entourent le village, composé à peu près de deux cents maisons, et forment comme un oasis au milieu d'un désert montueux. Le jour même de notre arrivée dans la baie, nous nous sommes rendus au village d'Érisso. On nous a conduits chez l'aga du village, à qui nous avons demandé la permission d'acheter des vivres. Cet aga est borgne et boiteux, et je le crois même privé de l'usage de la parole, car il ne nous a rien répondu. Il paraît que ce n'est pas lui qui fait les affaires. Notre aga, disaient les Turcs, n'agit ni ne parle, mais il y a des gens qui parlent et qui agissent pour lui. C'est en vain que nous avons cherché ceux qui agissent et qui parlent pour l'aga ; nous n'avons trouvé personne qui pût nous accorder ce que nous demandions. Les habitans ne peuvent vendre leurs denrées qu'au mutzelin de Castro et à ses sous-fermiers ; ce qui a fait que nous n'avons pu nous procurer, dans le village, que deux ou trois poules et quelques œufs.

Deux passagers de l'*Erminio*, en parcourant la campagne, ont rencontré une jeune femme, balançant un petit enfant aux branches d'un figuier. Cette femme a paru effrayée à leur aspect, et elle est rentrée dans une cabane, où ils l'ont suivie. Un panier avec des œufs et du pain noir, une cruche pour puiser de l'eau à la citerne, un petit paquet de hardes, voilà tout ce qu'ils ont vu sous le toit habité par la pauvre Lesbienne. Elle s'est jetée à leurs genoux, en leur répétant plusieurs fois : *Capitano, capitano, Stamboul* (*Capitaine, capitaine, menez-moi à Constantinople*). En revenant à bord, nos passagers ont raconté ce qu'ils venaient de voir ; et leur récit a mis le feu dans toutes les imaginations. Il n'est pas un des habitans de l'*Erminio*, sans en excepter le capitaine, qui n'ait cru voir dans cette femme abandonnée une nouvelle Ariane qu'il aurait voulu consoler. Il est probable que cette aventure n'en restera pas là, et que j'aurai quelque chose de plus à vous dire avant que nous n'ayons quitté la baie d'Erisso.

SUITE

DE LA LETTRE XVI.

A bord de l'*Erminio*, ce 19 juillet.

Le 13 juillet, nous sommes redescendus à terre. Le hasard nous a conduits dans une petite maison située au milieu de la plaine. Deux Turcs nous ont reçus dans un enclos, et nous ont offert de nous reposer à l'ombre de leurs oliviers et de leurs platanes. Nous leur avons adressé quelques questions sur l'île de Méthelin; à mesure qu'ils entendaient prononcer un nom, ils nous répondaient par signes; ainsi, lorsque nous prononcions les noms de Castro ou de Coloni, ils nous montraient l'orient ; quand nous leur parlions de Molivo ou de Pétra, ils se tournaient du côté de l'ouest. Vous pensez bien que nous n'avons pas beaucoup profité de cette leçon de géographie. Comme la chaleur devenait excessive, et que l'ombre des arbres ne pouvait nous en garantir, nous sommes entrés dans la cabane musulmane. Bientôt sont arrivés nos pourvoyeurs qui nous ont apporté une cruche de vin et la moitié d'un mouton rôti qu'ils avaient trouvés par miracle au village d'Érisso. Nous nous sommes rangés en cercle sur le plancher autour de ces provisions, et les deux Turcs se sont assis à notre banquet. Quoique le vin de Lesbos ne mérite plus la réputation qu'il avait au temps d'Aristote, tous les convives et les musulmans eux-mêmes ne l'ont point dédaigné ; et le vase d'argile, rempli de cette liqueur, a fait plusieurs fois le tour du festin.

Après le dîner, on est venu nous dire que deux Grecs de Smyrne, passagers de l'*Erminio*, et un matelot de notre bord s'étaient introduits dans la maison de la femme abandonnée. A cette nouvelle, nous avons vu changer tout à coup le visage de nos hôtes musulmans. Ces mêmes hommes qui, un instant auparavant, riaient avec nous et savouraient le vin de Lesbos, ont pris une physionomie sombre et menaçante. Ils ne pouvaient supporter l'idée qu'une femme turque reçût la visite des chrétiens. Tous deux nous ont fait signe de retourner à notre bord, et se sont précipités hors de la maison pour conduire la femme chez l'aga. Après avoir fait de vains efforts pour apaiser la colère de nos hôtes, nous avons regagné notre navire et nous n'avons pu savoir ce qui s'était passé et quelle rumeur avait troublé le village d'Érisso.

A dix heures du soir, et par la nuit la plus obscure, nous entendons des cris sur le rivage; quatre matelots s'arment de fusils et vont à terre : peu de temps après, nous voyons entrer dans l'*Erminio* une femme voilée et vêtue à la turque, tenant un enfant dans ses bras; elle avait échappé aux poursuites dirigées contre elle, et venait demander un asile dans un navire chrétien. Tout le monde était impatient d'apprendre son histoire. Nous n'avions qu'un assez mauvais interprète, et tout ce que nous avons pu comprendre à ce que nous disait la pauvre Lesbienne, c'est qu'elle avait été mariée à un Turc dès l'âge de treize ans; qu'on l'avait forcée d'abjurer la religion grecque, et que son mari était officier de la garnison de Baba. On pouvait conclure de cela que la belle fugitive s'était dégoûtée de Mahomet et de son mari, et qu'elle voulait redevenir chrétienne, à peu près comme madame de la Suse se fit catholique, pour ne plus voir son mari ni dans ce monde ni dans l'autre. Nous nous intéressions tous au sort de la pauvre femme : on nous disait qu'en pareil cas, il n'y allait de rien moins que de la vie, et qu'elle pouvait être jetée à la mer, cousue dans un sac de cuir. La loi turque est formelle là-dessus ; et de semblables condamnations ne sont pas rares dans l'empire ottoman.

Le 14 juillet, au matin, deux primats grecs d'*Erisso* sont venus à bord de notre bâtiment pour réclamer la fugitive. On leur a répondu qu'on ne la connaissait pas ; qu'on ne l'avait point vue. Les primats nous ont dit que l'aga les avait rendus responsables de ce qui pourrait arriver, si la femme ne se retrouvait point. Pendant qu'ils sont restés à bord, la malheureuse femme était couchée sur une natte dans l'entrepont ; son petit enfant, balancé dans un hamac, tendait, en souriant, les bras au capitaine. Le lendemain, nous avons vu l'aga parcourir le rivage avec une escorte nombreuse : nous avons su qu'on avait fait des perquisitions dans les montagnes du voisinage, et qu'on avait promis cinquante piastres à celui qui ramènerait la jeune Lesbienne. La pauvre femme demeure avec nous à bord de l'*Erminio* ; elle veut nous suivre à Constantinople pour y abjurer l'islamisme et briser toutes les chaînes que le Coran lui a données.

Comme la *tramontane* soufflait toujours, nous nous sommes mis à faire des courses dans l'île. Le 15 juillet, nous sommes allés jusqu'à *Mesotopos*, village situé à deux lieues d'Erisso, du côté de l'est. Nous avons traversé des montagnes sans verdure, et dont l'aspect ne nous inspirait que de la tristesse. Au milieu de ces montagnes, on rencontre quelques vallées couvertes de chênes, de pins et d'oliviers; quelquefois des ravins s'ouvraient devant nous comme des abîmes. On trouve çà et là des plantes de thym et de serpolet, pâles et brûlées, quelques champs de coton et de calamboc; presque partout des chemins horribles, des sentiers tracés dans le roc, quelquefois dans le lit des torrens. Nos chevaux ne savaient où poser leurs pieds; mais l'habitude qu'ils ont de ces sortes de chemins, fait qu'ils tombaient rarement, et qu'il y a plus de sûreté à aller à cheval que de marcher à pied.

Des vallons où croissent des lauriers roses, des tamaris, de longs peupliers, des oliviers et d'autres arbres du pays, nous ont annoncé l'approche de *Mesotopos*. Ces vallons sont arrosés par une petite rivière nommée *Moragna*; les Turcs y ont bâti un pont, dont la construction n'est pas sans élégance. De là à *Mesotopos*, on compte une demi-heure de marche. *Mesotopos* est bâti au penchant d'une vallée qui se prolonge jusqu'à la mer; le village est entouré de jardins et de terres mal cultivées; les maisons y sont bâties en pierres ou en murs de terre. Notre arrivée était un grand événement pour ce village, où sans doute n'était jamais venu un Européen. Un Grec nous a reçus chez lui et nous a fait asseoir sur une natte, dans une espèce de basse-cour. La femme de notre hôte grec avait un air lamentable; tandis qu'on nous servait de l'eau, du pain noir et des œufs, elle nous regardait et disait en soupirant qu'elle avait vu des Turcs porter des têtes de Grecs au bout de leurs piques; ce souvenir la faisait fondre en larmes. Nous avons offert du pain et des œufs aux enfans qui étaient accourus pour nous voir dîner; mais les mères, qui étaient présentes, ont saisi leurs enfans dans leurs bras et leur ont défendu de manger. C'était le vendredi, et, ce jour-là le jeûne le plus rigoureux est ordonné, même aux petits enfans. Après dîner, toutes les femmes se sont approchées de nous en nous montrant leurs mains; elles nous prenaient pour des sorciers, et chacune d'elles voulait qu'on lui dît sa bonne aventure.

Nous n'avons pu nous procurer qu'une cruche de vin dans tout le village de *Mesotopos*; les Grecs nous ont dit qu'ils étaient tous très-malheureux; à l'époque de la moisson, l'aga ou un officier turc vient compter leurs gerbes, et quand les gerbes sont battues, il vient mesurer le blé; la même surveillance, disaient-ils, est exercée pour toutes les récoltes. Le mutzelin de l'île ordonne que tout lui soit vendu au prix qu'il fixe lui-même; tout cela n'empêche pas qu'il ne prélève encore un dixième sur tous les produits de la terre, et qu'il ne fasse payer le *caratch* ou la capitation. Les Grecs de *Mesotopos* déploraient amèrement leur sort, et nous demandaient des nouvelles de la Morée.

Nous avons fait plusieurs autres courses, soit en suivant les côtes de la mer, soit en nous avançant dans l'intérieur de l'île ; au milieu de la variété des paysages, nous avons partout reconnu des traces de volcans; nulle part la population n'est en proportion de l'étendue et de la fertilité du pays. L'air y est malsain en beaucoup d'endroits; la fièvre et même la lèpre y dévorent les habitans dont le nombre ne s'élève pas à soixante mille. Nous avons poussé une de nos courses jusqu'à Molivo, sur la rive occidentale de l'île. Ce bourg, assez bien peuplé, occupe la place de l'ancienne Métymne; il est bâti au bord de la mer, sur le penchant d'une colline. Le voyageur Olivier avait vu à Molivo un jeune musicien dont les improvisations lui avaient rappelé la patrie d'Arion ; nous n'y avons rien trouvé de semblable; les Grecs de ce pays ne se font remarquer que par un chant monotone; ils n'ont que de grossiers instrumens qui ne sauraient produire une véritable harmonie; leurs chansons sont dépourvues d'inspiration et de verve. Rien, en un mot, ne peut rappeler chez les modernes le souvenir d'Arion et de Therpandre; et, sur ces rives qui furent autrefois si harmonieuses, je crois qu'il n'y a guère que le rossignol qui ait conservé ses chants et qui n'ait pas dégénéré. Nous n'avons pu découvrir des traces de l'ancienne Methymne; point de ruines, si ce n'est les murailles d'un château génois; la ville a deux couvens de filles, qui servent de maisons de correction pour les femmes de mauvaise vie; les habitans de Molivo sont très-hospitaliers; en parcourant les bords de la mer, du côté de Sigri, nous n'avons vu que des bois de chênes et des précipices effrayans.

Nous étions allés très-loin chercher des ruines, tandis que nous en avions tout près de nous. Nous avons reconnu l'emplacement de l'ancienne ville d'Erissus, mentionnée par Strabon, et patrie de Théophraste et de Phania, les deux plus fameux disciples d'Aristote. La cité d'Erissus devait s'étendre, depuis les bords de la mer jusqu'au penchant des collines qui sont au sud-est du village d'Erisso. Dans tout cet espace on trouve des marbres antiques, des fondemens de murailles. A un quart d'heure de la mer, on remarque les restes d'une chapelle grecque qui fut bâtie en grande partie avec des marbres appartenant à d'anciens monumens. Nous avons vu dans l'enceinte de la chapelle une colonne de marbre, ornée de sculptures, étendue à terre au milieu des décombres. De quelque côté qu'on porte ses pas, on rencontre des chapiteaux et de vieux débris, des colonnes de marbre blanc ou de granit encore debout; le sol où fut Erissus est inculte et jaunâtre; on ne voit pour toute verdure que des enclos de mûriers et de figuiers, et dans ces enclos se trouvent aussi des tronçons de colonnes et des ruines. Près de là, du côté de la mer, s'élève une petite montagne de forme conique dont la base méridionale est baignée par les flots. La forteresse d'Erissus était bâtie sur cette montagne, et nous en avons retrouvé les restes qui consistent en un vaste amas de pierres de construction. Sur le revers oriental de ce mont, on remarque une tour en ruines et des traces d'un grand mur. Au milieu de ces débris, nous est apparu un vieux musulman brûlé par le soleil, coiffé de chiffons rouges, couvert de vêtemens noirs et en lambeaux; il était appuyé sur un bâton et regardait la mer avec des yeux immobiles; on eût pu le prendre d'abord pour un fantôme, gardien des ruines d'Erissus. Nous nous sommes approchés de lui et nous lui avons demandé ce qu'il faisait sur cette montagne; il a répondu qu'il restait là par ordre de l'aga d'Erisso pour reconnaître les navires qui arrivent dans la rade. La cabane de ce noir gardien avait tout juste assez d'espace pour contenir un homme de cinq pieds et six pouces. Aucun voyageur n'avait reconnu avant nous les ruines d'Erisus; si on faisait des fouilles dans cet emplacement, il est probable qu'on y trouverait des débris précieux et dignes de fixer l'attention des savans. La baie d'Erisso est en partie comblée par les sables qu'y apportent les vents et la petite rivière de *Callagra*. Cette rivière se perd dans un étang couvert de roseaux, à quelque distance de la baie.

À bord de l'*Erminio*, ce 23 juillet.

Tous les jours, au coucher du soleil, nous voyons au fond de la baie des tourbillons de sable et de poussière, soulevés par un vent de terre qui descend des montagnes d'Erisso. Avant-hier soir, tandis que nos regards se portaient vers ces tourbillons, nous nous sommes vus tout à coup entraînés loin du rivage; les ancres de l'*Erminio* avaient été arrachées, et la tramontane nous a poussés au milieu de la mer. Nous avons gagné le sud-est de l'île, et, avant la tombée de la nuit, nous avons pu découvrir la petite ville de Coloni, bâtie au penchant d'une montagne. Pendant toute la nuit, nous avons erré çà et là à peu de distance de la côte. Le ciel était resté pur, la nuit était brillante comme de coutume, mais la mer était toujours très agitée. Au lever du jour, la tempête nous avait ramenés en face des montagnes d'Erisso; nous avons regagné péniblement le mouillage d'où les vents nous avaient chassés, et nous avons éprouvé un moment de joie en retrouvant cet asile que nous étions naguères si impatiens de quitter.

Dans la matinée, les vents contraires ont amené près de nous différens navires qui les uns venaient de Symrne, les autres de l'Archipel, d'autres de l'Afrique; ceux-ci nous ont donné des nouvelles de l'expédition d'Alger, et comme ces nouvelles étaient favorables à la France, nous avons bu à la santé de nos braves ce qui nous restait de vin de Mesotopos. Tous ces navires mouillés autour de nous animent notre solitude; séparés du monde et enfermés dans notre prison flottante, la vue d'une bannière européenne nous réjouit et nous rappelle la patrie.

La tramontane soufflait toujours; nous sommes redescendus à terre pour visiter encore les ruines de l'ancien Erissus. Des soldats à l'œil farouche rôdaient çà et là comme des loups cherchant la brebis timide; nous craignions à chaque instant qu'ils ne vinssent nous redemander la Lesbienne fugitive. L'aga d'Erisso va, dit-on, adresser des plaintes au consul d'Autriche à Castro pour forcer notre capitaine à rendre la femme qu'il garde à son bord. De son côté, le capitaine paraît quelquefois se refroidir pour la belle musulmane et se repent de lui avoir donné asile; cette jeune étrangère à bord de l'*Erminio* lui semble un mauvais augure pour notre voyage; il se rappelle sans doute qu'Agamemnon, par son obstination à garder Briséïs dans sa tente, avait irrité les dieux de l'Olympe et de la mer; il veut être plus sage que le roi des rois; il avait même donné l'ordre à deux matelots de reconduire à Érisso la Lesbienne avec son enfant. On ne s'est pas pressé de lui obéir; nous lui avons fait entendre qu'il trahissait l'hospitalité, et qu'il allait offrir une victime à la barbarie des Turcs. Enfin, il s'est laissé attendrir; la pauvre femme ne sait pas qu'on a délibéré ainsi sur son sort; elle compte tristement les heures dans l'entrepont; elle maudit plus que nous les vents contraires, car la seule vue d'*Erisso* la tient dans de continuelles alarmes.

Nous sommes dans la baie d'Erisso comme dans un lieu d'exil. Là, nos heures s'écoulent lentement et de la manière la plus uniforme. Il m'est arrivé plusieurs fois de passer la nuit sur le pont de l'*Erminio*, les yeux tournés vers le ciel. Le premier effet de ce beau spectacle, c'est de me rappeler les lieux que j'ai quittés, de reporter ma pensée vers nos amis d'Europe; j'ai toujours remarqué que l'aspect d'une belle nuit réveillait d'abord en nous les sentimens tendres et les souvenirs affectueux. Rien n'est plus propre aussi à nous consoler des peines de la vie que la vue de cette multitude de mondes, de cette poussière d'étoiles, semée dans l'étendue du firmament; en présence de cette immensité, quel homme n'a pas senti le néant des choses humaines? Quel homme n'a pas oublié les empires et leurs révolutions! A force de contempler ces beaux tableaux, j'ai pu reconnaître qu'ils fortifient toutes les passions généreuses, et qu'ils affaiblissent toutes les autres. Je ne crois pas que l'avarice, l'égoïsme, l'ambition, aient jamais regardé le ciel, mais je suis persuadé que la charité, l'amitié, l'amour, les plus douces vertus de l'homme, ne perdent jamais de vue cette voûte céleste d'où elles sont descendues.

Vous voyez, mon cher ami, qu'au lieu de faire ici un cours d'astronomie, je vous fais un cours de morale. N'est-ce pas, en effet, dans le ciel que le genre humain a trouvé ses plus grandes leçons et ses plus grandes pensées? C'est là que se rattache l'idée de l'immortalité, et que les anciens plaçaient ce qui devait échapper au temps. L'écriture a dit : *Cœli enarrant gloriam Dei*, mais l'homme aussi a voulu que sa gloire fût racontée dans les cieux; il a voulu que les constellations parlassent de lui; il a donné son nom aux astres radieux comme à des ouvrages sortis de ses mains, il se plaît à retrouver dans le ciel quelque chose de ses affections et de sa propre histoire.

Je me laisse aller à l'humaine faiblesse, et je me figure quelquefois, en regardant cette voûte étoilée, qu'elle est habitée par des êtres qui ont nos goûts et nos habitudes; je me figure que la passion des voyages les anime comme nous, et qu'à travers ces mondes innombrables, ils se visitent entre eux comme les habitans des régions diverses de notre globe. Oui, le firmament a aussi ses pèlerins, ses voyageurs, qui parcourent cet archipel céleste qu'on appelle la Voie Lactée, comme nous parcourons maintenant l'Archipel des Cyclades ; de même que nous allons d'île en île, de rivage en rivage, ils passent d'une étoile à une autre étoile, ils vont de soleil en soleil....

Lorsque je me livre à ces rêveries, je n'éprouve pas le moindre besoin de dormir, quoique le silence qui règne autour de nous et le bruit monotone des vagues lointaines, invitent tout le monde au sommeil. L'étoile du matin me retrouve souvent tout préoccupé des prodiges de la nuit ; et d'autres merveilles s'offrent alors à mes regards ; l'horizon s'éclaircit par degré ; des nuages couleur de flammes se montrent vers l'orient ; c'est le soleil qui sort du sein de la mer Égée. Je me rappelle avoir décrit autrefois les pompes du matin ; j'avais vu souvent le beau soleil de mai se lever sur les hauteurs resplendissantes du Jura ; je me souviens de tout ce que j'éprouvais alors, mais il me semble qu'aucun spectacle n'a jamais pu égaler en magnificence celui de l'astre du jour se levant au milieu des îles de l'Archipel ; non, jamais ces grands tableaux ne sortiront de ma pensée, et lors même que l'Orient ne m'aurait montré que ses belles nuits et le lever de son soleil, je ne l'oublierais point, et je n'aurais pas à regretter les peines de mon voyage.

Les vents continuaient à nous être contraires ; comme nous étions pressés de poursuivre notre route, j'ai prié le capitaine de l'*Erminio* de nous débarquer au cap Baba. Une fois débarqués sur la côte d'Asie, nous pourrons nous rendre par terre aux Dardanelles, et de là à Constantinople.

Le 20 juillet, un léger vent de terre nous a aidés à sortir de la baie, et nous avons longé la côte sud-ouest de l'île ; nous avons doublé le cap *Sidéro*, mais bientôt la tramontane s'est réveillée avec toutes ses fureurs, et nous avons été condamnés à louvoyer. Pour monter au-delà du cap Sigri, il nous a fallu pousser nos bordées auprès d'un amas de petites îles, connues sous le nom d'*Iles du Diable*, dont les principales sont *Prasoneri*, *Séraquino*, *Kilidromi*. Nous avons tournoyé plusieurs fois dans le voisinage d'*Agio-Strati*, dont la côte rocheuse présente de loin les figures les plus bizarres. Deux fois nous nous sommes trouvés en présence de Lemnos ; cette île, qui n'a pour elle que son port, est aujourd'hui aussi triste et presque aussi déserte qu'au temps de Philoctète. Nous pouvons dire encore avec l'auteur du *Télémaque*, *que dans cette île il n'y a ni commerce, ni hospitalité, ni homme qui y aborde volontairement ; on n'y voit que les malheureux que les tempêtes y ont jetés, et on n'y peut espérer de société que par des naufrages*. Nous avions sur notre navire un jeune matelot, né à Lemnos, mais il n'avait nulle envie d'y débarquer, car il était trop sûr, disait-il, de n'y trouver que la misère.

Au-delà de Lemnos, nous découvrions les montagnes de Samothrace, dont les cimes sont couronnées de neige. Plusieurs fois le mont Athos a frappé nos regards : c'était le seul spectacle qui eût pour nous quelque charme pendant ces courses vaines et monotones. Vous savez que Xerxès écrivit autrefois au mont Athos qui, sans doute, ne répondit point ; vous savez aussi qu'un artiste grec eut la pensée de faire de cette montagne une statue d'Alexandre. Le conquérant macédonien devait tenir dans une de ses mains la source d'un fleuve, et dans l'autre une cité. On n'a jamais mis tant de grandeur dans la flatterie. Dès les premiers temps du christianisme, le mont Athos fut appelé la Montagne sainte. Les moines grecs du Bas-Empire se vantaient d'y être illuminés par le feu divin. Les princes et les empereurs vinrent quelquefois oublier dans cette retraite les misères de la puissance. Les Turcs s'emparèrent de tout l'empire de Constantin ; mais ils laissèrent le mont Athos aux caloyers. Deux mille cénobites y forment une colonie chrétienne vouée au travail, à la prière et à la pénitence. On a cru long-temps que les caloyers du mont Athos avaient conservé les trésors littéraires de l'antiquité grecque ; mais les recherches de Villoison, du docteur Carlile et de plusieurs autres savans voyageurs, n'ont produit aucune découverte.

Les ténèbres qui couvrent l'empire ottoman s'étendent aussi sur le mont Athos. En vérité, en vérité, je vous le dis, il ne nous vient plus de l'Orient d'autre lumière que celle du soleil.

La baie d'Érisso n'est éloignée du cap Baba que de quelques lieues, et nous étions en mer depuis trois jours sans pouvoir atteindre ce promontoire. La tramontane soufflait toujours, et redoublait quelquefois de violence. Une lame d'eau m'a renversé sur le pont, tandis que je tenais les regards attachés sur la côte où se portaient tous nos vœux. Imaginez-vous quel a dû être notre ennui pendant trois jours, lorsque chaque bordée semblait nous conduire à cette terre qui était devant nous, et chaque fois le navire dérivait loin du promontoire. Baba était là avec sa blanche forteresse, avec ses vignobles verdoyans; et quand nous étions près de l'atteindre, quand nous touchions au terme de nos misères, le vent contraire emportait notre navire, et la côte d'Asie fuyait dans le lointain; il fallait recommencer de nouvelles bordées. Tant de journées perdues, tant de courses inutiles, nous avaient jetés dans une espèce de désespoir; enfin, une bordée heureuse nous a conduits dans la rade de Baba. L'*Erminio* vient de jeter l'ancre, et nous allons bientôt descendre à terre.

Baba, 24 juillet 1830.

Nous avons fait nos adieux à l'*Erminio*, et nous voilà établis dans un café de Baba. Nous occupons une galerie d'où la vue s'étend sur la mer que nous venons de parcourir et sur la côte septentrionale de Méthelin. Nous couchons sur des nattes ; nos malles et nos effets sont autour de nous. Près de notre demeure s'élève un minaret, et nous entendons trois fois par jour la voix du muézin ; cette voix, qui semble descendre du ciel, appelle les Turcs à la prière. Pour nous, elle nous tient lieu d'horloge et nous aide à compter les heures qui s'écoulent. Le café où nous sommes, est aussi voisin de la forteresse ; et lorsque la nuit tombe, nous avons pour récréation la musique de la garnison. On voit bien que les airs de Rossini ne sont pas encore arrivés à Baba ; c'est le charivari turc dans sa pureté primitive. Ajoutez à cela que nous entendons toute la nuit les sentinelles qui crient et se répondent de quart d'heure en quart d'heure; il n'y a pas moyen de dormir dans le voisinage de ces gardiens, que j'aurais volontiers comparés aux oies du Capitole, si la comparaison n'était pas un peu usée.

La petite ville de Baba, après laquelle nous avons tant soupiré, ne mérite pas une description détaillée; elle est bâtie sur une colline dominée par de hautes montagnes. Les maisons de Baba ne sont autre chose que d'humbles cabanes de pierre. La plupart ne reçoivent le jour que par des fenêtres grillées: on ne trouverait pas un carreau de vitre dans toute la ville. Les coutelleries de Baba avaient autrefois de la réputation. Ces fabriques existent encore aujourd'hui, mais ne valent pas la peine qu'on en parle. Tout ce qu'on peut remarquer ici, c'est une baie sûre et commode où les navires viennent s'abriter contre le vent du nord.

Baba a peu de ressources, et nous avons de la peine à y vivre. On peut s'y procurer du pain tous les jours, quelquefois de la viande; mais tout cela se distribue de grand matin. Les vivres sont ici comme la manne du désert; on ne trouve plus rien lorsque le soleil est sur l'horizon. La population, composée d'environ deux mille habitans, est toute musulmane: on n'y voit que deux Grecs seulement; l'un est boulanger et demeure près de notre café; l'autre vend du vin aux étrangers qui passent. Il loge et couche dans une barque qui lui sert à la fois de cave, de maison et de boutique. Les Turcs de Baba paraissent plus sévères dans leurs mœurs que ceux de Smyrne. Ce n'est pas assez pour les femmes d'être voilées : on n'en rencontre peu dans les rues ; à l'approche d'un Franc, elles se cachent derrière des portes, elles tournent la face contre les murailles. Nulle part on n'observe plus sévèrement les lois et les pratiques de l'islamisme. Les habitans ne manquent jamais d'assister à la prière ; et comme ils viennent au café en sortant de la mosquée, nous avons pu voir dans leur maintien, et sur leur front un reste de leur recueillement et de leur dévotion. Quoique leur territoire ne produise guère que de la vigne, ils n'en repoussent pas avec moins de dédain la liqueur maudite par le Prophète. Ce matin, je voyais notre cafetier turc qui lançait sur nous des regards pleins de colère, et qui frottait une tasse avec de la cendre ; c'était une tasse dans laquelle l'un de nous avait bu du vin. Du reste, cette rigidité dans l'observance du Coran n'altère en rien les vertus hospitalières des habitans de Baba. Nous sommes reçus partout avec un accueil presque affectueux. Les notables du lieu sont venus plusieurs fois nous visiter dans notre café. Nous leur avons adressé des questions sur les ruines d'Assos que nous aurions voulu voir ; mais le nom même d'Assos est inconnu aux plus savans du pays : Toutefois, comme ils croyaient que nous n'avions quitté l'Europe que pour voir des édifices ruinés ;

des murs démolis, chacun d'eux nous indiquait les masures qu'il a pu remarquer dans le voisinage. Des débris, qui ont deux ou trois mille ans, ne leur inspirent pas plus de respect que les débris qu'ils voient tous les jours autour de leurs demeures ; ils ne peuvent concevoir la différence qu'on pourrait trouver entre les ruines d'un kioske ou d'un moulin à vent, et les ruines d'Assos ou d'Ilion. Vous voyez que les Turcs sont encore bien peu avancés dans la science des ruines.

Demain, nous espérons nous mettre en route pour les Dardanelles.

LETTRE XVII.

DU CAP BABA AU VILLAGE DE KEIKLÉ.

Keiklé, le 26 juillet 1830.

Vous nous avez suivis à travers les îles de l'Archipel, et sur les flots orageux de la mer Egée ; vous allez nous suivre maintenant dans les montagnes de l'Anatolie, et sur les rives du *large* Hellespont. Décidés à nous rendre par terre aux Dardanelles, nous n'avons pas été longs dans nos préparatifs, et nous nous sommes bientôt mis en route. Notre caravane était assez nombreuse, et je vous dirai d'abord de quoi elle se composait. Nous avions trouvé à bord de l'*Erminio* deux nouveaux compagnons de voyage ; le premier était un jeune Franc-Comtois qui a servi en France dans un régiment de dragons, et qui, après avoir fait trois campagnes en Morée, sous le drapeau des Philhellènes, va offrir ses services au sultan Mahmoud; pendant son séjour en Grèce, il a appris un peu de grec moderne, et les maux qu'il a soufferts pour la cause de l'indépendance l'ont aguerri contre les misères et les privations d'un voyage par terre en Turquie. L'autre compagnon, qui s'appelle Michel, est de la vallée d'Aost en Piémont; il se vante de savoir le turc, l'arabe, le grec moderne; le fait est qu'il ne parle que le patois de la vallée d'Aost; mais il arrange si bien les intonations de sa voix, il modifie tellement son accent qu'il a vraiment l'air de parler plusieurs langues différentes. Il m'a rappelé un M. Lebrigand que j'ai vu dans ma jeunesse, et qui se vantait de parler douze cents langues, quoiqu'il ne connût guères que le Bas-Breton. Michel, outre le don des langues, a pour nous le mérite d'avoir été cuisinier à bord du brick français le *Génie* et nous a offert ses services pendant la route. Le grec Dimitri que nous avons pris à Baba pour nous accompagner jusqu'aux Dardanelles, est un pauvre habitant de Métélin, craignant Dieu et les musulmans, vrai philosophe pratique, résigné en toutes choses à sa destinée. Dimitri parle un peu la langue italienne, à l'aide de laquelle nous nous faisons entendre de lui; mais il a un grand défaut pour un interprète, celui de ne pas écouter ce qu'on lui dit, et d'arranger selon ses propres idées les questions ou les réponses qu'on le charge de traduire. Je ne vous parlerai point de notre chamelier assez bon homme au demeurant, mais un peu rude dans ses manières, quelquefois violent dans ses discours, et par-dessus tout entêté comme un Turc. Trois femelles de chameaux suivies de leurs petits portaient nos bagages. Nous étions tous à cheval, assis sur un bât, les jambes pendantes, et dirigeant nos montures avec un bout de corde au lieu de bride.

Nous voilà tels que nous sommes partis de Baba le 25 juillet, à sept heures du soir. Je me suis rappelé en sortant de cette ville, que Junon dans l'Iliade partit aussi du cap Baba ou cap Lectos, lorsqu'elle alla visiter Jupiter sur le mont Gargare; n'ayant plus de mers à traverser, dit le poète, la déesse fit le reste du chemin par terre.

Nous nous sommes avancés par une route montueuse le long de la mer. Dans les vallons et près du rivage, on voit des figuiers et des oliviers au milieu de vergers clos de murs, quelques vignes hautes et vigoureuses étalant leur verdure à travers les rochers et les pierres. Les hauteurs que nous laissions à notre droite, sont couvertes de groupes touffus de chênes nains. A mesure que nous avancions, le soleil descendait à l'horizon, et le spectacle qui charmait nos regards s'effaçait peu à peu avec le jour. Enfin nous n'avons plus vu ni la mer que nous entendions gronder au loin, ni les montagnes qui ne nous paraissaient plus que comme de grandes ombres, bordant le chemin. Les sentiers que nous suivions étaient étroits, hérissés de rocs et remplis de pierres, et cette marche à travers les ténèbres n'était pas sans danger. Heureusement que la lune s'est bientôt levée, et ses rayons propices, en nous guidant sur cette route, sont venus animer par des teintes douces et variées l'admirable paysage qui s'étendait devant nous.

Notre chamelier Méhemet nous avait promis de nous faire passer la nuit dans le village de *Kiolafli*, situé à trois lieues de Baba. On nous avait dit qu'il y avait là de très-belles ruines, et qu'un paysan y avait trouvé une petite chèvre en airain; nous étions bien aise d'ailleurs de voir un village turc. Nous avons rappelé à Méhemet la promesse qu'il nous avait faite en partant; mais celui-ci ne voulait pas suspendre sa marche. Alors une discussion assez vive s'est élevée entre nous; notre interprète Dimitri demandait en notre nom qu'on nous conduisît à *Kiolafli*; le chamelier turc répondait avec humeur. Bientôt les esprits s'échauffent de part et d'autre; notre Philhellène Franc-Comtois levait en l'air son bâton, en menaçant le conducteur récalcitrant; il nous avait semblé qu'en Turquie le bâton devait être le juge de toutes les querelles; néanmoins il n'a pas produit ici son effet accoutumé. Le débat s'animait toujours davantage, on ne s'entendait pas; M. Poujoulat et moi, nous exprimions notre déplaisir en français ; notre cuisinier Michel menaçait les Turcs dans sa langue maternelle ; Dimitri et le chamelier se disaient les plus grosses injures en turc ; tout cela se passait à onze heures du soir, dans un lieu désert, à trois lieues du cap Lectos, au pied des chaînes du Gargare. Les gémissemens des chacals se mêlaient aux voix discordantes de la caravane, et l'âne qui marchait en tête s'était mis à braire de toutes ses forces. Nous marchions toujours au milieu d'un vacarme que répétaient les échos des montagnes ; à la fin, nous nous sommes arrêtés auprès d'un puits ; le chamelier a consenti à faire halte ; on a déchargé les chameaux, on a ôté à nos chevaux leurs bâts ou leurs selles ; tous les animaux de la caravane se sont mis à paître dans les bruyères. Pour nous, nous n'avions aucune provision, croyant en trouver dans le village où nous devions nous arrêter. On se moque quelquefois des voyageurs qui racontent en détail ce qu'ils ont mangé à leur dîner ou à leur souper ; mais on ne saurait rire de ceux qui sont près de mourir de faim, et c'est ce qui nous est arrivé à la lettre. Pour comble de malheur, l'eau du puits était une sorte d'eau minérale fort mauvaise à boire. Je me suis couché tristement sous un olivier qui était près de là. M. Poujoulat, Antoine et nos compagnons de voyage se sont étendus sous un arbre voisin ; et sans trop savoir où nous étions, nous avons passé la nuit comme nous avons pu.

Le lendemain, nous avons eu un réveil magnifique; le soleil dorait les montagnes voisines; nous étions sur un plateau couvert de chênes nains ; d'un côté, nos regards plongeaient dans une vallée remplie d'arbres à travers lesquels on découvrait la mer; de l'autre, s'offrait à notre vue le village de *Kiolafli* qui avait été le sujet des querelles de la nuit. Notre premier mouvement a été d'aller visiter ce village bâti au penchant d'une colline, et qui présente l'aspect de trois hameaux séparés les uns des autres par des ravins. Avant d'arriver à Kiolafli, on trouve quelques jardins plantés de beaux orangers : dans les clôtures de ces jardins, nous avons remarqué des fragmens de marbre et des pierres de taille ; d'énormes tambours de colonnes gissent dans l'enceinte au pied des arbres, et le grenadier laisse tomber sa fleur purpurine sur ces grands marbres d'une étincelante blancheur. Pour vous donner une idée de ces colonnes, il me suffira de vous dire qu'elles pourraient être comparées à celles du temple de Jupiter Olympien, que nous avons vues à Athènes ; seulement ces dernières ont pris une teinte jaune, et celles de Kiolafli ont conservé leur premier éclat. Au milieu de ces jardins s'élève un reste de mur antique semblable de loin à une colonne, et protégé par le nid d'une cigogne. Il est probable que tous ces débris ont appartenu à un temple. La plupart des maisons de Kiolafli sont construites avec des débris de colonnes, de chapiteaux et de piédestaux d'un fort beau travail. La mosquée, d'une grandeur médiocre, est bâtie presque tout entière avec d'anciennes ruines, et nous avons regretté de ne pouvoir pénétrer dans ce sanctuaire qui renferme peut-être de précieuses antiquités. Le village est habité par environ cent familles musulmanes.

Kiolafli occupe sans doute l'emplacement d'une ancienne ville. Strabon nomme quatre cités situées sur cette côte; la position de Kiolafli et sa distance du promontoire Lectos nous font penser que les ruines dont il vient d'être question, sont celles d'*Amanitus*, l'une des quatre cités nommées par Strabon. Kiolafli est à trois quarts d'heure de la mer et à trois lieues du cap Baba.

Malgré la fertilité du pays, on remarque beaucoup de maisons abandonnées; les ruines des cabanes se mêlent aux ruines des palais ou des temples, triste résultat d'un gouvernement qui détruit partout les bienfaits de la nature, et change peu à peu en solitudes les terres les plus fécondes. On parle beaucoup en Europe de la réforme des abus dans ces pays-ci; en serait-il des révolutions que fait le despotisme, comme de celles qu'on fait au nom de la liberté?

Notre caravane s'est remise en marche le 26, à huit heures du matin. Nous suivions une vallée arrosée par une source abondante, et semée en plusieurs endroits des débris de l'antiquité. Un cimetière turc, situé sur le bord du chemin, renferme plusieurs petites colonnes brisées ou taillées pour servir d'ornemens aux sépulcres. Nous avons vu sur un marbre blanc qui décore une fontaine, un bas-relief fort bien travaillé, qui représente l'oiseau de Junon. La figure de cet oiseau qui a pu appartenir à un temple, nous a fait penser qu'on avait jadis élevé dans ces lieux des autels à l'épouse de Jupiter. En quel lieu en effet la déesse Junon devait-elle être plus révérée que dans le voisinage du mont Ida, qu'elle avait tant de fois honoré de sa présence?

Bientôt une plaine immense s'est ouverte devant nous; dans cette plaine coule une rivière qui porte divers noms, car les Turcs appellent ordinairement les fleuves et les rivières du nom des villages et des lieux qu'ils arrosent dans leurs cours. On remarque du côté de la mer quatre arcades d'un pont ruiné.

Nous voilà entrés dans une vaste forêt de chênes. Les chênes de l'Anatolie ne sont point aussi élevés que ceux d'Europe; leur tronc est moins noueux et moins robuste. Leur branchage si régulier et si bien arrondi qu'on le croirait quelquefois taillé au ciseau, présente un dôme très-élégant. On chercherait en vain dans ces forêts le *frigus opacum*, la fraîche obscurité dont parle Virgile, car les feuilles du chêne, rares et dentées sur leurs bords, n'empêchent point les rayons du soleil d'y pénétrer de toutes parts; une ombre légère et transparente touche à peine le sol embrasé; la terre s'y prête à la culture et les moissons y mûrissent comme dans les champs découverts.

Deux sortes de chênes croissent sur le sol de l'Anatolie; l'un est le chêne nain qui fournit la galle produite par un insecte, l'autre fournit la vélanède; vous savez que les galles sont employées à la teinture, et la vélanède à la tannerie; on les exporte en Italie et dans d'autres contrées de l'Europe. A qui sont ces forêts de chênes? disais-je à notre interprète Dimitri; aux agas, me répondait-il, qui font amasser par les habitans la vélanède et la galle, et qui vendent la récolte. Après les agas, ajoutait-il, je ne connais pas dans ce pays un être vivant qui profite de ces vastes forêts, si ce n'est les sangliers qui les habitent, et qui se nourrissent des glands tombés des arbres. J'aurais pu répondre à Dimitri par une bonne tirade philosophique contre les agas de l'Anatolie, mais j'étais harassé de fatigue, je pouvais à peine me tenir sur mon cheval; je me trouvais ainsi fort peu disposé à rompre des lances contre la tyrannie, et jamais je n'avais mieux senti le besoin de vivre en paix avec tout le monde.

Nous n'étions pas loin d'*Alexandria Troas* que nous avions le projet de visiter. Ordinairement, les voyageurs s'aperçoivent qu'ils approchent d'une grande cité, à la foule de gens qu'ils rencontrent. Ici nous ne rencontrons personne. Dans les pays que nous parcourons, ce sont les ruines dont la terre est semée qui nous annoncent le voisinage d'une grande ville ou plutôt de son emplacement. M. Poujoulat s'est détaché de la caravane, avec l'interprète Dimitri, pour aller visiter ce qui reste de cette nouvelle Troie presque aussi détruite que l'ancienne. La nouvelle Troie est plus connue des voyageurs et même des habitans du pays que la ville de Priam, d'abord parce qu'on l'a confondue long-temps avec la vieille Ilion, ensuite parce que les navires mouillent le long de cette côte, et que le rivage où fut la ville d'Alexandre leur offre tantôt un asile dans la tempête, tantôt un point de reconnaissance pour leur navigation. Nous avons continué notre route, ayant à notre gauche des collines qui nous séparaient des ruines de la nouvelle Troie. En avançant dans un vallon triste et sauvage, nous avons trouvé une rivière, près de laquelle sont des marais salés et des eaux thermales. Cette rivière, semblable au sombre Achéron, ne roule qu'une eau fangeuse, et ses bords n'offrent ni arbres, ni plantes, ni gazon; on y voit pour toute verdure des joncs marécageux du milieu desquels sortent des sources jaunâtres qui annoncent la présence de quelque dépôt sulfureux ou de quelque feu souterrain. Sur le haut d'un coteau, nous avons aperçu un cimetière et quelques ruines sans nom. Un peu plus loin, nous avons retrouvé des bois, quelques jardins et des terres cultivées. Les chaînes de l'Ida s'étendaient à notre droite; l'aspect de ces montagnes réveillait nos souvenirs homériques, et peu s'en est fallu que je n'aie pris pour le fameux Scamandre un ruisseau limpide dans lequel nous avons abreuvé nos chevaux. Nous sommes arrivés à six heures du soir dans un village appelé *Keiklé*, situé au milieu de belles campagnes.

Le village de *Keiklé* est habité par des Turcs et des Grecs. Une pauvre famille grecque nous a donné l'hospitalité; mais l'humble réduit où elle était logée, ne pouvait suffire à notre caravane, et nous nous sommes répandus pêle-mêle dans un jardin attenant à la maison, sous de hautes treilles et des figuiers touffus. Nous avons vu arriver avant la nuit M. Poujoulat et l'interprète Dimitri qui venaient de chercher une cité jadis florissante et n'avaient trouvé à la place qu'une forêt de chênes; mon jeune compagnon rédigera la relation de ce qu'il a vu et je la placerai à la suite de ma lettre, comme un épisode à notre odyssée.

Nous avons parcouru le village de *Keiklé* et ses alentours; le pays paraît riche et magnifique, mais le village n'est habité que par la misère. On n'y trouve aucune ruine curieuse, aucun vestige de l'antiquité. Les musulmans n'y ont qu'un oratoire sans minaret; cette chapelle turque se trouve à côté de la maison grecque où nous avons été accueillis. Après quelques courses dans le voisinage, nous sommes venus nous asseoir sur des bancs de pierre, placés auprès de la mosquée. Nous avons eu bientôt la visite de tous les curieux du village, qu'on peut à peu-près compter par le nombre des habitans; ils ont examiné avec attention la forme de nos vêtemens, ils ont admiré des pistolets à piston et à batterie masquée que nous avions achetés à Toulon, et leur surprise a été grande surtout quand nous avons déroulé sous leurs yeux des cartes géographiques de l'Anatolie, où se retrouvent tracés des noms qui chaque jour frappent leurs oreilles; ils ne pouvaient revenir de leur étonnement, en apprenant que dans les royaumes d'Europe on n'ignorait pas le nom du village de *Keiklé*. Nous leur avons parlé de la ville de Troie dont nous allions visiter les ruines; ils n'étaient qu'à quelques heures des sources du Scamandre et n'avaient pourtant jamais entendu prononcer le nom de l'ancienne capitale de la Troade. Un capitaine de canonniers en garnison à Ténédos, qui nous a fait plusieurs visites dans la soirée, n'en savait pas plus là-dessus que les paysans du village. J'aurais bien voulu suivre une conversation avec ces bonnes gens, non point pour connaître les antiquités du pays, mais pour les connaître eux-mêmes, pour me faire une idée exacte de leurs mœurs, de leur caractère, de leurs sentimens, ce qui vaut bien autant, selon moi, qu'une connaissance incertaine des peuples et des temps anciens. Les hommes qui sont restés, comme des ruines vivantes, au milieu de ces contrées célèbres, sont dignes aussi de notre attention, quelque dégradés qu'ils soient, quelque profonde que soit leur chûte. Celui qui veut observer l'humanité telle qu'elle est, avec les passions et les misères de cette vie, ne pourrait-il pas dire avec le bon Lafontaine :

Mieux vaut goujat debout qu'empereur enterré ?

Mais rien n'était plus difficile que de causer avec des gens qui ne m'entendaient pas, et qui n'entendaient que médiocrement notre interprète. Le pauvre Dimitri, lorsqu'il parlait aux habitans de *Keiklé*, s'efforçait de me faire valoir dans leur esprit et me présentait comme un personnage important; puis, quand il s'agissait de leur transmettre mes demandes et mes réponses, il embrouillait et dénaturait tout. Ainsi Dimitri ne ressemblait que trop à ces traducteurs vulgaires qui estropient un auteur, défigurent le sens de ses paroles, et dans une préface le louent prodigieusement, comme pour le dédommager du tort qu'ils lui ont fait en le traduisant. Ordinairement le malheur dont je parle n'arrive qu'aux auteurs morts; pour moi, il faut que je le supporte vivant, et que j'assiste à mon propre supplice; j'aurai bien souvent dans mon voyage à gémir de cet inconvénient; mais il faut savoir se résigner. A défaut de conversation suivie qui aurait pu m'instruire des usages, je vous dirai tout simplement ce qui s'est passé sous mes yeux. Tandis que nous étions assis près de la mosquée, les Turcs venaient faire leur prière du soir. Les Musulmans qui interdisent aux chrétiens l'entrée de leurs mosquées et la lecture du Coran, souffrent volontiers qu'on assiste au spectacle de leurs dévotions. Nous les avons vus tout à notre aise faire leurs cérémonies, sous le portique de leur petit sanctuaire. C'est un tableau qui a fixé toute notre attention et qui intéressera peut-être votre curiosité. Chaque dévot, après l'ablution, se tenait debout, arrangeait ses vêtemens et composait son maintien comme un acteur qui va entrer en scène, ou comme un orateur qui va parler à la tribune. Puis, élevant la main jusqu'au niveau de la tête, il portait son pouce dans la partie inférieure de l'oreille et prononçait quelques paroles qu'on appelle le *tekbir*. Après cette première cérémonie, le Musulman se plaçait les mains sur le ventre, la main droite sur la main gauche, et, dans cette posture, récitait quelques versets du Coran. La troisième position ou la troisième partie de cette pieuse scène, consiste à incliner la tête et le corps, en appuyant la main sur les genoux. Ici une nouvelle oraison est prononcée. Quand les fidèles se relèvent, ils récitent encore le tekbir. Ils se prosternent ensuite de manière que leur nez, leur bouche et leur front touchent la terre. Le prophète a recommandé à ses disciples de se prosterner lentement pour ne pas *ressembler à des coqs qui béquètent des grains d'orge.* En se relevant de nouveau, le dévot reste un moment agenouillé, les mains posées sur les cuisses. Il fait une seconde prosternation semblable à la première ; il se relève, les mains appuyées sur les genoux, et récitant le *tekbir.* Chacun termine sa prière par une salutation à droite et à gauche adressée à ses deux anges gardiens, qui sont censés être présens à la cérémonie. Telle est la prière que les Turcs appellent le *Namaz*; c'est une véritable pantomime religieuse. Dans l'espace d'une demi-heure, nous avons vu plus de quarante musulmans arriver à la file devant la mosquée : ils prenaient tous la même attitude, et s'inclinaient de la même manière. Les cimes des arbres et les épis de la moisson s'abaissent avec moins d'uniformité devant le souffle des vents. Les femmes ne vont pas à la mosquée et prient dans leurs maisons. Nous avons remarqué que les musulmans, pendant leur oraison, ne regardent jamais le ciel, et tiennent toujours leurs yeux baissés vers la terre. Vous savez que les Turcs, en priant, sont obligés de se tourner du côté de la *kiabé* de la Mecque. L'esprit de recueillement que les musulmans apportent à ces actes de dévotion, pourrait servir de modèle à d'autres croyances que la leur : la moindre distraction, un geste, une pensée profane suffiraient, dans leur opinion, pour rendre la prière stérile et vaine devant Dieu. Il ne leur est pas même permis de bâiller en priant, car on leur a persuadé que le démon pourrait profiter de cette occasion pour entrer dans leur corps. Je ne vous parle pas de la nécessité des ablutions ; si la prière, aux yeux des musulmans, est la *clé du paradis*, la propreté est aussi la *clé de la prière*.

Après avoir assisté à ce spectacle, qui m'a beaucoup intéressé, nous sommes entrés dans notre logement pour souper. Un coq, qui avait chanté le même soir avec le muézim de la mosquée, a fait tous les frais d'un humble festin apprêté par Michel. Après le souper, M. Poujoulat et moi nous nous sommes couchés sur une natte étendue au pied d'un figuier. Le reste de la caravane s'est répandu à côté de nous dans le jardin, et nous nous sommes endormis en répétant le nom de Priam et d'Hector, et l'esprit tout préoccupé des ruines de la vieille Ilion.

LETTRE XVIII.

A M. M....

ALEXANDRIE DE LA TROADE.

Du village de Keiklé, juillet 1830.

En vous quittant à la fontaine où nous avons abreuvé nos chameaux, je me suis dirigé à l'ouest, suivi de notre Philhellène et de notre grec Dimitri ; nous avons marché une heure et demie à travers des terres incultes, et nous sommes arrivés sur des hauteurs couvertes d'une vaste forêt. Des chênes de différentes grandeurs dont les galles noires tranchent avec la verdure de leur feuillage, des touffes de houx, des buissons, des pâturages que le soleil a jaunis, et, çà et là, de distance en distance, quelques débris sans nom, quelques colonnes gisant sur la terre, tel est le spectacle qui s'est offert à mes regards. « Où donc est Troie? », ai-je demandé à mon guide, car le nom d'Alexandrie lui était inconnu; « C'est ici », m'a répondu le guide. Il faut s'accoutumer à ces sortes de surprises, lorsqu'on va à la recherche des antiques cités d'Orient.

C'est une triste chose pour un voyageur que d'arriver le dernier dans un pays où tant de voyageurs ont passé, surtout quand ce pays est changé en solitude, et qu'on n'y rencontre aucune figure d'homme dont on puisse saisir les traits et le caractère à défaut de monumens. Arrivé dans l'enceinte d'Alexandria-Troas, je voyais des restes d'édifices que vingt voyageurs ont observés, et je me demandais ce que j'avais à vous dire après eux; je cherchais des ruines qui ne fussent point connues, et je ne trouvais que des débris de monumens décrits ou dessinés dans plusieurs relations. Ce qu'il me reste à faire alors, c'est de vous exposer l'état présent de cette nouvelle Troie, c'est de vous dire ce qu'elle était dans les derniers temps, et ce qu'elle est de nos jours; vous aurez ainsi l'histoire de ces ruines qui s'en vont pièce à pièce, et que peut-être les voyageurs à venir ne retrouveront plus.

Alexandria Troas, appelée par les Turcs *Eski-Stamboul* (l'ancienne Constantinople), s'élevait sur un coteau qui s'incline vers la mer, en face de l'île de Ténédos. Les débris les plus remarquables de cette cité, sont les Thermes et l'aqueduc d'Hérode Atticus ; le premier de ces édifices est celui que les navigateurs appellent *le Palais de Priam* ; Pocoke et Chandler l'avaient pris pour un gymnase ; M. de Choiseul, M. Lechevalier et le docteur Clarke, frappés de la ressemblance de ce monument avec les Thermes de Dioclétien et de Caracalla à Rome, lui ont rendu sa véritable origine et sa destination première. Les restes de ces Thermes consistent en trois arcades entièrement debout et construites en pierres de tailles ; l'arcade du milieu, la plus grande des trois, peut avoir trente-cinq ou quarante pieds de hauteur ; la façade de l'édifice a perdu le marbre qui la décorait. Ce grand débris domine la forêt, et les marins le saluent comme un point de reconnaissance. L'aqueduc d'Hérode Atticus, en dehors de la ville, au nord-est, conserve à peine une trentaine de piliers ; cet aqueduc recevait les eaux du Scamandre, au moyen d'un canal dont on reconnaît encore des traces.

Les autres ruines de la cité ont plus ou moins disparu ; il est difficile de donner un nom à ces édifices tombés qui ne ressemblent plus à rien, à tous ces décombres épars au milieu de la solitude. Ce sont des souterrains où les troupeaux et les brigands viennent tour à tour chercher une retraite, d'anciens bains à moitié renversés, des colonnes de granit étendues à travers les broussailles, ou debout et enfoncées dans la terre ; ce sont les vestiges d'un temple qui a perdu son dieu, et qui resté livré au génie de la destruction. Les murailles de la ville ont croulé sous le marteau des Turcs et sont descendues presque au niveau du sol; on en trouve pourtant assez de traces pour qu'on puisse suivre ces murs dans leur circonférence, qui a été évaluée à 5,800 toises; ce qui prouve qu'Alexandrie dut être une vaste cité. Au sud-ouest des Thermes, du côté de la mer, tous les voyageurs ont reconnu un théâtre; le penchant de la colline se prête naturellement à la disposition des gradins, recouverts aujourd'hui de gazon et de petits arbustes. Le théâtre regarde la mer et l'île de Ténédos; vous ne trouveriez point sur cette côte une plus heureuse situation. Deux massifs qui ont appartenu au *proscenium* et que j'étais étonné de trouver encore debout, avoisinent ce théâtre; ils resteront là jusqu'au jour où les gens du pays auront besoin de pierres de construction. J'ai vu du côté de l'aqueduc, hors de la ville, des sarcophages et des couvercles répandus au pied des chênes, qui peuvent indiquer la place où fut la Nécropolis d'Alexandrie.

Sur le rivage de la mer, dans la direction de la cité, on trouve deux bassins comblés par le sable, et séparés l'un de l'autre par une jetée; ces deux bassins, d'une médiocre étendue, formaient l'ancien port de la ville; ce port ne devait guères recevoir que de petites galères, et les navires restaient sans doute dans la rade abritée par un grand plateau. Les vagues viennent se briser sur des colonnes de granit, couchées dans les sables de la rive au milieu des algues marines et d'un vaste amas de coquillages.

Tel est l'état présent d'Alexandria Troas; le désert a pris la place de la cité, des chênes croissent sur les débris des temples et des palais, et les chacals, les loups et les renards ont envahi cette antique demeure de l'homme. Quelqu'un qui traverserait la forêt sans connaître les choses des temps passés, ne se douterait point que là s'élevait jadis une ville, car c'est à peine si on trouve quelques traces du peuple qui dort sous le gazon de ces collines; et le jour n'est pas loin où le voyageur pourra dire aussi d'Alexandria Troas : *Etiam periére ruinæ*, les ruines même ont péri.

Vous savez que, depuis plusieurs siècles, les ruines de cette ville ont été pour les Turcs comme une carrière inépuisable. Il n'est pas un monument à Constantinople et sur les bords de l'Hellespont, qui n'ait eu sa part des dépouilles d'Alexandrie. La mosquée d'Achmet, la plus belle de Stamboul, a été construite presque tout entière avec des pierres ou des colonnes de la cité. Au milieu de ce bouleversement successif, les voyageurs n'ont jamais pu retrouver, à différens intervalles, les mêmes monumens, les mêmes débris; la destruction prenait à chaque époque une autre face, et le spectacle des ruines changeait sans cesse. Le premier avait laissé des monumens que le temps n'avait pas trop frappés, le second en retrouvait à peine des traces; l'un avait découvert des statues ou des inscriptions, un autre revenait et cherchait en vain les inscriptions et les statues. Pour donner à mon récit quelque chose de plus complet, je dois vous rappeler les principaux voyageurs qui ont visité Alexandria Troas; cette récapitulation rapide sera elle-même comme une histoire de ces ruines.

Vous connaissez Pierre Belon du Mans, un des premiers voyageurs qui ait exploré les rives de la Troade; il parcourut, en 1554, les restes d'Alexandrie qu'il croyait être l'ancienne Troie. Les murailles de la cité étaient encore debout, et Belon nous apprend qu'il lui fallut quatre heures pour en faire le tour. Frappé des grands débris qu'il avait sous les yeux, le voyageur du Mans s'écrie que *ces ruines sont si admirables à regarder, que bonnement on ne pourrait exprimer leur grandeur sinon par beaucoup de langage*. Belon trouva des statues colossales couchées sur la terre, des églises, des croix en bas-relief, des portes entières, plusieurs édifices conservés, entr'autres deux grands monumens au sud-est de la ville; sur un de ces monumens on lisait *Julio*, sur l'autre *magistratus*. Pierre Belon ne parle pas de l'aqueduc; il crut voir le Simoïs et le Scamandre dans deux petits ruisseaux qui coulent dans la vallée, à l'orient d'Alexandrie; il s'étonne que la poésie ait pu donner tant d'importance à ces *ruisselets*, toujours à sec pendant l'été, et qui, en hiver, auraient à peine assez d'eau *pour qu'une oie pût y nager*.

George Sandys descendit sur cette côte, un demi-siècle après, et le voyageur anglais reconnut à peu près les mêmes ruines.

Stochove de Bruges, voyageur peu connu, et pourtant conteur assez ingénieux, visita Alexandrie en 1633. Stochove, suivant l'erreur commune, se croyait sur l'emplacement de la ville de Priam. Le port de la cité était alors couvert de belles colonnes, dont plusieurs avaient trente ou trente-cinq pieds de longueur, et de grandes tables de marbre chargées d'inscriptions étaient gisantes sur le rivage. Le voyageur de Bruges trouva des arcades, des portiques, la moitié d'un temple, beaucoup de statues de marbre; à peu de distance de la mer, il découvrit un petit temple qui lui parut de construction plus ancienne que les autres monumens; il remarqua sur les murs de cet édifice des inscriptions romaines que le temps avait usées, et ne put y déchiffrer que ces mots : *Antonio principi*. Comme Belon, Stochove ne vit point l'aqueduc d'Hérode dont je vous ai parlé. Le voyageur de Bruges termine son récit en disant que journellement deux galères de Constantinople vont et viennent pour enlever des colonnes et des matériaux de tout genre.

Plus tard, Lamotraye, Pococke, Vood et autres, n'ont point revu tous les monumens que Belon, Sandys et Stochove avaient mentionnés; ils ont rencontré sur le rivage des colonnes et des marbres destinés à être embarqués, et la plupart des édifices qu'ils ont retrouvés dans l'enceinte d'Alexandrie n'existent plus maintenant. Chandler, qui voyageait dans ces parages, en 1764, parle des murailles d'Alexandrie comme étant dans un assez bon état. Vers la fin du siècle dernier, M. de Choiseul et M. Lechevalier ont parcouru ces ruines. M. Lechevalier raconte qu'il voyait à chaque pas des Turcs occupés à briser des sarcophages de marbre blanc, ornés de figures et d'inscriptions, pour en faire des boulets ou pour décorer des sépultures; à cette époque, l'aqueduc d'Atticus était encore dans une belle conservation, mais les quarante dernières années qui ont passé sur ce monument lui ont été bien funestes. Olivier est le dernier voyageur du XVIIIe siècle qui ait visité les ruines d'Alexandrie; il ne s'est point attaché à décrire ce qui avait survécu à la destruction, et se contente de renvoyer aux relations de Pococke, de Chandler et de M. Lechevalier. Dans notre siècle, quelques voyageurs, entr'autres le docteur Clarke, ont recherché ce qui restait de la ville d'Alexandre, et leurs travaux n'ont guères servi qu'à constater l'état misérable de ces ruines.

En parcourant les bords du plateau de la cité,

j'ai vu des centaines de boulets de marbres rangés par piles, provenant des débris d'Alexandrie. Vous savez qu'au siècle dernier, pendant la guerre des Russes, le fameux Hussan-Pacha ordonna qu'on fît des boulets avec les marbres de cette côte; et c'est ainsi que furent munis les forts de l'Hellespont. Nous devons dire toutefois qu'on n'a jamais pu faire un grand usage de ces boulets; il paraît même qu'ils sont maintenant entièrement dédaignés; car on les trouve répandus dans les champs comme des pierres, et ces boulets qui furent d'abord destinés à détruire, sont employés aujourd'hui dans différentes constructions.

Vous avez lu dans le *Voyage pittoresque* de M. de Choiseul et dans le *Voyage de la Troade* de M. Lechevalier, les principaux traits de l'histoire d'Alexandria Troas; cette histoire est d'ailleurs liée à celle d'*Ilium Recens* dont nous irons bientôt visiter les restes. Le fils de Philippe, dont le cœur battait au seul souvenir des héros grecs et troyens, ne pouvant mêler son nom aux grands noms de l'*Iliade*, voulut au moins laisser des traces de son passage dans la Troade, et cet autre Ilion fut bâti. Alexandre, qui avait surtout voué un culte au grand Achille, *le destructeur des cités*, mettait sa gloire à bâtir des villes; mais toutes ces villes qui devaient nous transmettre sa mémoire, que sont-elles devenues ? Il avait bien raison d'envier au fils de Pelée le bonheur d'avoir eu un Homère, car les chants consacrés à la gloire d'Achille seront redits jusqu'au dernier âge; et le voyageur ne trouve plus que des chênes à la place des marbres qui portaient le nom d'Alexandrie.

On a prétendu que Virgile, comme certains écrivains de l'antiquité, avait placé la ville de Priam au lieu où s'élevait la ville d'Alexandre; on n'a qu'à lire avec attention le second livre de l'*Enéide* pour se convaincre que le poète romain ne mérite point un tel reproche; il suit fidèlement Homère, ses vers ne sont quelquefois qu'une traduction des vers de l'*Iliade*, et puisque son modèle a si bien décrit les lieux, comment le chantre d'Énée eût-il pu s'égarer ainsi pour l'emplacement de Troie? Si, dans le récit de Virgile, quelque chose pouvait donner lieu à ce reproche, ce serait l'épisode des deux serpens de Ténédos, qui semble supposer la ville de Priam sur le rivage de la mer; toutefois le poète fait passer les serpens à travers les campagnes avant d'arriver à Laocoon, *jamque arva tenebant*, et ces mots affaiblissent beaucoup l'objection qu'on pourrait tirer de ce passage. D'ailleurs, la poésie a des priviléges qu'il ne faut point lui disputer, et nous devons l'affranchir quelquefois d'une trop sévère exactitude.

P.....

LETTRE XIX.

BOURNARBACHI, L'EMPLACEMENT DE TROIE.

Koumkalé 28 juillet 1830.

Le 27 juillet, à quatre heures du matin, M. Poujoulat, le philhellène Colin, notre Grec Dimitri et moi, nous étions à cheval. Antoine et Michel sont restés avec les bagages pour se rendre dans la journée, par le chemin le plus direct, au vieux château d'Asie, appelé *Koumkalé*. Dimitri, qui nous conduisait à Bournarbachi, y était allé plusieurs fois sans savoir qu'il y eût là un grand souvenir historique. En partant de Keiklé, nous avons pris notre route du côté du nord-est. Il est impossible d'imaginer des sites plus pittoresques et plus magnifiques que ceux que nous avons vus sur notre route.

Le soleil se levait sur les hauteurs de l'Ida, et inondait de ses premiers rayons les bois verdoyans dont ces montagnes sont couronnées. Les chênes étaient humides de la rosée du matin; le sol nous offrait partout des tamarins bleus ou blancs, des fleurs de mauve épanouies, le thym odoriférant et des espaces couverts de chardons étoilés, dont la fleur bleu-de-ciel donnait à la terre l'aspect de la plaine azurée.

A une heure et demie de *Keiklé*, nous avons passé auprès de quelques cabanes habitées par des familles musulmanes. Ces pauvres chaumières contrastaient d'une manière frappante avec l'éclat et la magnificence de la nature qui les entourait. Nous avons laissé sur notre gauche un petit village turc, appelé *Ouigé*.

La vue du paysage nous préoccupait tellement, que nous avons perdu le chemin, et que nous nous sommes égarés dans les bois. Heureusement que, pour retrouver notre route, nous avions devant nous les sommets de l'Ida, et que nous avons bientôt découvert, au nord-ouest, le cap Sigée, dominant au loin l'Hellespont, et le premier château d'Asie, dont les tours et les murailles blanches se montraient au bord de la mer. Tout ce que nous apercevions autour de nous, semblait nous dire que nous n'étions pas loin des lieux où fut Troie. Madame Cottin me disait un jour que, dans son voyage d'Italie, l'approche de Rome avait tellement exalté son esprit, qu'une étoffe rouge, qui couvrait un pauvre postillon, lui avait paru comme la pourpre consulaire. Mon imagination était affectée de même en approchant de la cité de Priam. Peu s'en faut que les pâtres, qui gardaient leurs chèvres dans les bois, ne rappelassent à ma pensée ce berger phrygien que trois déesses prirent pour juge. Tout à coup nous avons vu paraître au loin une espèce de château en ruines ; j'ai demandé à Dimitri ce qu'étaient ces ruines : *C'est la Tour des Génois*, m'a-t-il répondu. Cette réponse, à laquelle je ne m'attendais pas, a fait tomber tout à coup mon enthousiasme. J'en demande pardon au peuple industrieux qui a laissé dans tout l'Orient des traces de sa gloire ; mais j'ai été tenté de lui dire, en cette occasion, comme Diogène à Alexandre : *Ote-toi de devant mon soleil.*

Enfin, à sept heures du matin, nous avions dépassé l'Érinéos ou la colline des Figuiers sauvages, qui se prolonge jusqu'au chemin, et nous étions dans le village de *Bournarbachi*. Ce village bâti sur une colline d'une pente douce, ne se compose que d'une trentaine de maisons. Bournarbachi n'est habité que par des Turcs.

A peine sommes-nous descendus de cheval, que nous avons voulu voir les sources du Scamandre ; car c'est delà qu'il faut partir pour reconnaître la position de l'ancienne Troie et celle des lieux décrits ou indiqués par Homère. Comme Dimitri ne connaissait pas le Scamandre, et que les Turcs du pays n'ont jamais entendu prononcer ce nom, nous nous sommes mis à parcourir la campagne pour chercher un fleuve maintenant oublié, autrefois si connu des Dieux et des héros. Le hasard a fait qu'au lieu de marcher directement vers la source, nous avons pris une route tout opposée. Après avoir traversé le cimetière de Bournarbachi, nous marchions dans la direction du cap Sigée, lorsque des champs couverts de fleurs bleuâtres nous ont montré de loin une surface azurée qui ressemblait à une nappe d'eau; nous avons cru voir un lac ou un étang, qui paraissait nous indiquer le voisinage d'une source ou d'une rivière. Nous nous sommes précipités du côté de ce champ d'azur; mais nous n'avons pas tardé à reconnaître notre erreur. Revenant sur nos pas jusqu'au village de Bournarbachi, nous avons pris le parti plus simple de suivre des paysans qui portaient des urnes sur leur dos, et qui allaient puiser de l'eau à une fontaine. Bientôt la première source du Scamandre s'est découverte à nos yeux.

Une onde limpide est renfermée dans un petit bassin entouré de pierres de taille et de colonnes de granit. De grands saules ombragent la fontaine; la terre voisine de la source est couverte d'arbustes verdoyans, tapissée de mauves et d'herbes odoriférantes. Une écorce de citrouille flottait sur l'eau comme une tasse offerte aux passans. Mon premier mouvement a été de saisir cette tasse propice et de goûter l'eau du Scamandre. Cette source se trouve au bas de la colline de Bournarbachi. Du côté du midi, sont des rochers assez élevés, du pied desquels s'échappe une seconde source, aussi considérable, mais beaucoup moins visitée que la première. Au reste, de quelque côté qu'on s'avance dans ce vallon couvert de roseaux et de plantes marécageuses, on voit l'eau sortir de la terre, et couler à travers le gazon et l'herbe épaisse. Nous avons compté plus de douze sources qui se réunissent à quelques pas de là, et forment la rivière si poétique du Scamandre.

Après nous être reposés un moment sous les saules, nous sommes revenus à Bournarbachi. Le chemin que nous avons suivi est creusé assez profondément dans le sol, d'où on peut conclure qu'il est fort ancien. Je ne serais pas étonné qu'il remontât aux temps homériques, et que ce fût là le chemin par lequel les dames troyennes venaient à la fontaine pour y laver leurs robes et leurs précieux vêtemens portés sur des chars d'osier. Au milieu de ce chemin, à droite, en montant vers Bournarbachi, s'élève la mosquée du village. En face de la mosquée, on nous a montré une table de marbre blanc sur laquelle les Turcs déposent leurs morts avant de les ensevelir. Près de là, sur le penchant du coteau, est le cimetière de Bournarbachi, dans lequel se trouvent quelques marbres qui paraissent appartenir à d'anciennes ruines. Il est probable qu'on pourrait découvrir aussi de précieux débris dans l'intérieur de la mosquée; mais les étrangers ne peuvent y pénétrer. En visitant les ruines de l'Orient, on a souvent à gémir sur cette difficulté d'entrer dans les mosquées. Que d'inscriptions, que de trésors de l'antiquité restent ignorés et ensevelis dans ces sanctuaires qui ne s'ouvrent qu'à la superstition et à la barbarie jalouse des musulmans!

Au-dessus du cimetière et du village, on aperçoit une hauteur couverte de ruines. Nous y avons trouvé des escaliers de marbre blanc et des pans de murailles encore debout. C'est là ce que notre interprète grec appelle le château des Génois. D'autres disent que cette vieille masure fut autrefois la demeure d'un aga. Il a bien fallu nous contenter de cette explication, toute simple qu'elle est. D'ici à quelques siècles, les savans verront peut-être dans le château des Génois ou dans la maison de l'aga, les nobles vestiges de la magnificence de Priam.

Autour de ces masures, sont gisantes à terre des colonnes de granit qui n'appartiennent pas à des temps très-anciens, et qui m'ont paru avoir été apportées là de quelques villes bâties et ruinées après la destruction de Troie. C'est un spectacle curieux que ce mélange et cette confusion de ruines de tous les âges, mêlées ensemble et venues de plusieurs lieux différens. Les plaines de Troie ont vu dans des siècles divers plusieurs villes tomber et périr, d'autres villes s'élever et disparaître à leur tour. Leurs débris ont été dispersés de tous côtés comme les ossemens d'un cimétière que les instrumens du mineur ont fouillé, ou qu'a profané la charrûe. Si, à la résurrection universelle, les cités sortent comme les humains de la poussière de leurs tombeaux, quel sera l'embarras de toutes ces villes grecques et troyennes pour rassembler leurs propres ruines, et retrouver, je ne dis pas leur splendeur, mais seulement les pierres dont elles étaient construites.

Nous sommes restés fort long-temps sur la hauteur dont je viens de parler, et que je soupçonne être le tombeau de Myrinné ou la colline de *Battieia*. Du haut de cette colline, on voit à l'occident les sources du Scamandre; au midi, l'*Erinéos* ou la colline des Figuiers sauvages qui s'étend de l'est à l'ouest; au nord-ouest, le lieu où s'élevait le chêne cité par Homère, sur lequel les dieux de l'Olympe venaient se percher comme les oiseaux du ciel. A la place qu'occupait le chêne, on aperçoit encore un bouquet d'arbres, que des yeux prévenus pourraient prendre pour des rejetons de l'arbre sacré. Vers l'orient, nos regards se portaient sur un grand plateau qui domine le cours du Simoïs. C'est là qu'était placé l'Acropolis de l'antique Ilon.

Nous nous sommes dirigés du côté de ce grand plateau. On entre d'abord dans une vallée profonde, remplie de ronces et de chardons, qui nous permettaient à peine de marcher. On monte ensuite sur la hauteur de l'Acropolis; je n'ai pas besoin de vous dire quelles impressions éprouvent en ce lieu les voyageurs nourris des souvenirs d'Homère et de Virgile. Je vous ferai connaître en peu de mots ce que nous avons remarqué dans notre première promenade; nous y reviendrons demain, après-demain, pendant plusieurs jours; nous viendrons lire sur les débris de la citadelle troyenne le second livre de l'*Énéide* et plusieurs chants de l'*Iliade;* c'est alors que vous pourrez nous suivre plus facilement, et partager notre enthousiasme poétique.

Le premier objet qui a frappé notre attention en montant sur ce terrain élevé, est un *tumulus* qu'on appelle le tombeau d'Hector; ce tombeau est formé de pierres entassées et présente comme un plateau circulaire sur le grand plateau de l'Acropolis. La pyramide ou le sommet du *tumulus* a été rasé ou démoli; il n'en reste que la base dont le diamètre est d'environ soixante-dix pieds, et cette base peut avoir neuf à dix pieds d'élévation; on remarque sur un des côtés une large ouverture qui atteste des fouilles antiques. Pausanias non apprend que les Thébains, avertis par l'oracle, vinrent chercher dans la Troade les restes du héros qu'on regardait avec raison comme le modèle du patriotisme; on peut croire que l'excavation faite au *tumulus* remonte à cette époque. Le tombeau d'Hector a subi sans doute des profanations moins honorables; il a dû fournir des pierres à des villages voisins, et la cupidité n'a pu manquer d'y venir chercher de l'or; mais ce n'est pas une raison pour le dépouiller de sa véritable gloire. M. de Choiseul et le docteur Clarke contestent à ce *tumulus* l'honneur d'avoir renfermé les cendres d'Hector; ces deux voyageurs prétendent que l'infortuné rival d'Achille fut enseveli hors de l'Acropolis et même hors de la ville d'Ilion; je ne puis partager leur avis par deux raisons; la première, c'est que le tumulus dont il est question répond tout-à fait à ce qu'Homère en a dit; la seconde, c'est que je ne puis croire que les Troyens aient exposé les restes d'Hector aux outrages des Grecs, en leur donnant une sépulture hors de la cité. Nous lisons dans l'*Iliade* qu'on avait mis partout des gardes, pour que la cérémonie funéraire ne fût point troublée par la présence de l'ennemi; cette cérémonie devait donc être célébrée dans l'intérieur des murailles. Comment imaginer d'ailleurs que le vieux Priam, qui venait de braver la colère d'Achille et de prodiguer tous ses trésors pour racheter le corps de son fils, eût permis qu'on ensevelît d'aussi précieuses dépouilles loin de son palais et de sa capitale?

Après le tombeau d'Hector vient un autre *tumulus* qu'on appelle le tombeau de Priam; je n'ai pas la même confiance dans l'authencité de celui-ci. L'antiquité ne nous apprend rien à ce sujet, et parmi les infortunes du dernier roi d'Ilion, je crois qu'il faut compter celle de n'avoir point reçu les honneurs de la sépulture. Le *tumulus* qui porte le nom de tombeau de Pâris et qui se trouve à une centaine de pas de celui de Priam, ne peut guère appartenir non plus au ravisseur d'Hélène; car, si nous en croyons Quintus de Smyrne, Pâris, après avoir été blessé mortellement, se retira sur le mont Ida et fut enseveli par des bergers dans le lieu même où il avait jugé les trois déesses. Ce troisième monticule est ombragé par un groupe de petits chênes, et nous avons vu les chèvres du capitan-pacha brouter l'herbe qui croît sur cette grande tombe inconnue. Je ne vous parlerai pas d'un quatrième *tumulus*, dont quelques savans ont fait les honneurs à Assaracus, tant ils craignaient que les personnages cités dans Homère ou dans Virgile manquassent de sépulture.

Vous n'avez pas oublié la charmante description que fait Virgile dans le septième livre de l'*Énéide*, de la montagne qui formait le royaume rustique d'Évandre, et qui devint ensuite la *ville éternelle*. On aime ce contraste qui nous fait passer de la simplicité à la magnificence, de la vie pastorale à la vie tumultueuse des grandes cités. La colline où brilla la splendeur d'Ilion, nous offre un autre contraste, qui produit sur notre esprit un effet bien différent; c'est la capitale d'un empire qui s'est changée en une solitude triste et aride; Lucain est fort exact, lorsqu'il nous dit *etiam periere ruinæ*, les ruines même ont péri; mais il manque d'exactitude quand il ajoute que les forêts et les moissons s'élèvent à la place des temples et des palais. La vérité est que la charrue n'a pas même fait l'honneur à l'Acropolis de passer sur ses ruines, et que le plateau de la citadelle n'est maintenant qu'une surface couverte d'herbes sèches, de ronces, de bruyères, de petites pierres et de fragmens de poterie.

A l'extrémité du plateau qui s'élève à pic au-dessus du lit de Simoïs, on trouve à droite et à gauche un sentier qui descend jusqu'au fleuve; autour de ces sentiers rapides et pierreux, croissent l'amandier piquant, le palimus et le jasmin jaune; le figuier sauvage et le *conisa candida* sortent à travers les fentes des rochers. Le sommet du plateau qu'entourent des roches grisâtres, est généralement regardé comme l'emplacement de la citadelle des Troyens ; *Turrim in præcipiti stantem,* dit Virgile; et ailleurs le même poète appelle la forteresse troyenne *arx alta.* Homère fait allusion à ce haut sommet quand il place les tours d'Ilion en un lieu *battu par les vents.*

Vous m'accuserez peut-être, mon cher ami, de manquer à la religion des souvenirs, et d'être indifférent pour l'antiquité, si je vous dis que je n'ai pas vu une seule fondation, ou même quelque chose qui ait l'apparence d'un vieux mur; toute illusion à part, je suis forcé de vous avouer que ce que j'ai vu au-dessus de l'Acropolis ne saurait fixer votre attention ni la mienne ; à trente ou quarante pas du pic de ce plateau, nous avons reconnu une citerne à demi comblée par des pierres ; cette citerne pourrait bien être de la plus haute antiquité, et pour peu que cela vous plaise, je vous la désignerai comme la ruine la plus apparente de la vieille Troie. Parmi les voyageurs qui nous ont précédés, les uns ont vu à l'extrémité du Pergama deux assises de pierres taillées et posées les unes sur les autres ; d'autres ont remarqué au-dessous du plateau, au côté oriental, des traces de murailles, des restes d'un escalier. A notre avis, la seule ruine qui parle aujourd'hui de l'antique Ilion, c'est ce grand pic qui portait les hautes tours troyennes, ce sont ces rochers qui défendaient l'Acropolis comme des remparts inaccessibles, ces ravins profonds creusés par le fleuve orageux, qui offraient à l'ennemi comme autant de fossés que nul ne pouvait franchir. Voilà tout ce qui reste de la ville *battue par les vents*, de la citadelle *élevée sur des abîmes;* je voudrais que sur quelque rocher de cette colline solitaire, on gravât ces paroles si souvent répétées : *campos ubi Troja fuit;* ces quatre mots latins seraient comme une inscription funèbre placée sur le tombeau de la cité. Chez les anciens, un lieu frappé de la foudre était comme une enceinte sacrée, personne ne l'habitait ; aucun arbre ne pouvait y croître ; c'était un lieu stérile et désert; tel est aujourd'hui l'emplacement de la vieille Ilion, ou plutôt de son Acropolis.

Nous étions revenus à Bournarbachi vers les deux heures après midi. C'est à Bournarbachi qu'on place les portes Scées ou les portes du couchant. Les portes Scées sont restées aussi célèbres que Troie elle-même, car Homère y a placé les scènes les plus intéressantes de l'*Iliade*. C'est par là que les Troyens sortaient pour combattre les Grecs; c'est là que s'élevaient les hautes tours où les vieillards de Troie racontaient les merveilles des temps passés, *semblables aux cigales oisives qui, perchées sur les arbres, remplissent l'air de leurs chants harmonieux*. On ne peut prononcer le nom des portes Scées, sans se rappeler les *adieux d'Andromaque et d'Hector*, et ce combat héroïque, la plus grande scène de l'*Iliade*, dans laquelle nous voyons triompher la colère d'Achille, et tomber le dernier appui de la ville et du royaume de Priam. Quelques auteurs disent qu'on voyait sur la porte Dardanienne l'image d'un cheval sculpté en bois; ce qui avait donné lieu à la fable du cheval de bois, d'Epeus. Il paraît que les tours qui s'élevaient aux portes Scées étaient très-fortes, car jamais on n'attaqua les murailles de ce côté de la ville. Patrocle osa porter la main sur les murs bâtis par Apollon, mais le dieu défendit lui-même son ouvrage. Il faut ajouter aussi qu'Homère ne parle pas d'un seul assaut livré à la cité d'Ilion, ce qui prouve que l'art des siéges était alors bien peu avancé. Il y avait une autre porte que les portes Scées, et qu'on appelait porte Idéenne ; elle était placée entre l'Erineos et le Simoïs, et regardait le mont Ida dont elle avait pris le nom.

Je ne quitterai point ce lieu sans remercier les savans qui ont retrouvé pour nous l'Acropolis, les portes Scées et les sources du Scamandre. Nous avons avec nous le Voyage de M. Lechevalier[1], que nous relisons souvent. Les explications qu'il nous donne sur la topographie homérique de la Troade, sont si nettes et si claires, qu'on ne peut s'égarer en le prenant pour guide. C'est à lui qu'appartient l'honneur d'avoir reconnu le premier *les champs où fut Troie*, ce qui ne l'empêche pas de vivre aujourd'hui presque ignoré sur sa montagne de Sainte-Geneviève, tant le public est prompt à oublier les pauvres voyageurs. Mais la gloire de M. Lechevalier vit toujours sur les bords du Simoïs et du Xante, et tous ceux qui visitent les lieux illustrés par l'*Iliade*, se plaisent à répéter son nom.

Vers les quatre heures du soir, nous sommes remontés à cheval pour nous rendre à *Kounkalé*, où nous voulions prendre un logement. Nous sommes

---

[1]. Nous connaissons le *Voyage pittoresque* de M. de Choiseul, mais son format ne nous avait point permis de l'emporter avec nous à Bournarbachi ; on trouve dans la partie de ce voyage qui concerne la Troade, une foule de détails curieux et instructifs ; les cartes de M. de Choiseul nous ont beaucoup servi pour retrouver les différentes positions qui tiennent à la géographie de l'*Iliade* ; il n'existe rien de plus complet sur la Troade.

partis des sources du Scamandre, et nous avons suivi d'assez près la rive gauche du fleuve. Les champs qu'arrose le Scamandre sont couverts de pâturages où paissent les troupeaux des villages voisins. Nous avons vu des bergers qui jouaient d'une flûte semblable aux rustiques pipeaux des anciens, et répétaient des airs simples et mélancoliques qu'on pourrait regarder comme de poétiques traditions des vieux âges. A peu de distance des sources du Scamandre, on trouve un moulin avec une écluse et tout ce qu'il faut pour rassembler un volume d'eau qui puisse faire tourner un moulin. Le lit du fleuve est tranquille; le murmure de l'onde qui roule sur le sable et les cailloux s'y fait à peine entendre. Le Scamandre qui tient tant de place dans l'*Iliade*, a tout au plus la largeur de la rivière des Gobelins. Un platane, un saule jeté d'une rive à l'autre, suffit pour y faire un pont. Vous savez que l'armée de Xercès ne put y trouver assez d'eau pour se désaltérer; les canards, les poules d'eau, les plongeons, se jouent dans les roseaux du Scamandre; l'anguille et le barbot habitent son courant limpide; l'aspect de ses rives a quelque chose d'agreste et de riant.

En descendant du côté de la mer, nous sommes arrivés au village d'*Erkessi-keui*. Près de là est le fameux *trosmos* sur lequel les chefs troyens tenaient conseil après la première attaque du camp des Grecs. Le *trosmos* est un plateau élevé qui domine la plaine, et se trouve placé entre les villages d'*Erkessi-Keui* et d'Udjek-Keui. On remarque dans le voisinage le tombeau d'Ilus, si souvent cité dans l'*Iliade*; il a perdu la colonne derrière laquelle Pâris se tenait caché, pour lancer son javelot contre Diomède. Ce *tumulus* a soixante pieds de haut; il est couvert de gazon. En voyant le tombeau d'Ilus, je me suis rappelé le voyage de Priam au camp d'Achille, et j'ai reconnu avec une certaine joie que, pour nous rendre à Kounkalé, nous prenions le même chemin que le vieux roi d'Ilion.

On sait que le Scamandre se réunissait autrefois au Simoïs; mais, dans le siècle dernier, on lui a ouvert un canal qui a changé son nom et son embouchure : il se jette maintenant dans la mer Égée, au-dessus du cap de Troie, à deux heures environ, au sud, du promontoire Sigée. Le nouveau canal est l'ouvrage d'un capitan-pacha, qui détourna ainsi les eaux du fleuve pour faire tourner des moulins, et pour arroser les terres d'un tchifflik, sans trop s'inquiéter de savoir si le Scamandre était le fils de Jupiter, et si un pareil changement dans le cours des fleuves de la Troade ne jetterait pas un peu de confusion dans la science et les recherches futures des géographes et des érudits. Une des singularités historiques de ce pays, c'est que les rives du Xante sont devenues l'apanage des capitans-pachas, et qu'un ministre de la Porte possède aujourd'hui une grande partie des domaines de Priam.

Nous avons traversé le nouveau canal sur un pont de pierres; et, laissant bientôt le cap Sigée à notre droite, nous sommes arrivés à Kounkalé vers les sept heures du soir.

LETTRE XX.

LA NOUVELLE ILION.

Kounkalé, le 28 juillet 1830.

L'aurore *quittait à peine la couche du beau Titon pour annoncer la lumière aux dieux et aux hommes;* J'emprunte cette image à Homère pour vous dire qu'il était quatre heures du matin, lorsque nous sommes partis pour faire notre seconde promenade sur l'emplacement de Troie. Nous étions venus hier à Kounkalé en suivant les rives du Scamandre; nous avons remonté aujourd'hui les rives du Simoïs. Après avoir traversé un pont de bois, à un mille au-dessus de Kounkalé, nous nous sommes trouvés sur un terrain, moitié cultivé, moitié marécageux : nous avions à notre gauche le tombeau d'Ajax et la petite rivière d'*Halileli*, que des voyageurs ont pris à tort pour le Timbrius. Le cimetière commun des soldats d'Agamemnon a d'abord frappé notre attention; et le cimetière actuel du village de *Koun-Keui* nous a montré, tout près de là, des ruines grecques parmi des sépultures turques. Nous avons laissé au nord la belle vallée de Thoumbrek, qu'il ne faut pas confondre avec la vallée de *Thimbré*, et, au midi, le Simoïs qui se rapprochait de nous par une de ses sinuosités. Continuant notre marche du côté de l'est, nous avons atteint les hauteurs sur lesquelles fut bâtie la nouvelle Ilion (Ilium recens). Du haut de ces collines, on voit, à l'orient, le *tumulus* qu'on appelle le tombeau d'OEsiétès, au nord, le village élevé de Tchiblack; plus loin, une colline qu'on croit être le *Callicone*, ou la belle colline d'Homère. Tous ces lieux se trouvent exactement indiqués dans la carte de M. de Choiseul; et, cette carte à la main, vous n'aurez pas de peine à nous suivre dans notre promenade jusqu'à l'Acropolis de Troie.

Les voyageurs ne s'accordent point entre eux sur la véritable position de la *belle colline* d'Homère. Celle qui se présente ici devant nous, répond à la description qu'on en trouve dans l'*Iliade*. Sa forme élégante et la verdure qui la couvre encore dans la saison brûlante où nous sommes, nous l'ont fait juger digne d'avoir servi de siége aux habitans de l'Olympe. Vous savez que les dieux, amis de Troie, s'asseyaient sur les hauteurs de *Callicolone* pour voir les combats des Troyens et des Grecs, tandis que les dieux, amis de la Grèce, étaient assis sur les rochers nus qui bordent la mer Égée. Ainsi, l'Olympe assistait à la guerre de Troie comme le peuple des anciennes cités assistait aux jeux du Cirque. Ce spectacle dura dix ans; et les dieux, si on en juge par l'*Iliade,* ne paraissaient point s'ennuyer à d'aussi longs combats, tant étaient vives et ardentes les passions qui animaient les acteurs et les spectateurs.

Les avis sont aussi partagés sur le tombeau d'OEsiétès, que plusieurs auteurs ont placé de l'autre côté du Scamandre. J'adopte volontiers l'opinion de M. de Choiseul, qui le place près de la nouvelle Ilion. Du haut du *Tumulus* qui s'offre à nos regards, Polytès, envoyé par les Troyens pour épier les mouvemens des Grecs, pouvait voir facilement, et sans être vu, tout ce qui se passait à l'embouchure dn Simoïs. Le *Vieux Calafatli,* village bâti sur les hauteurs d'*Ilium-recens,* et le village de *Tchiblak*, situé à l'extrémité septentrionale de ces collines, sont entourés d'antiques débris. On a cru reconnaître au milieu des ruines dispersées autour de Tchiblak les fondations de la citadelle d'Ilion, et des restes de murailles bâties au temps de Lisimaque. Ces ruines de plusieurs époques se trouvent éparses dans des champs cultivés, et les épis jaunes de la moisson et le pampre des vignes dérobaient ces vieux restes à nos regards. Beaucoup de marbres de la nouvelle Ilion sont répandus dans des cimetières et servent d'ornemens aux sépulcres. Il n'est pas un paysan musulman de ces contrées qui, après sa mort, ne repose sous quelques précieux débris de l'antiquité. Des fouilles faites par les gens du pays, les tremblemens de terre et les pluies ont quelquefois mis à découvert des bas-reliefs et des médailles où les noms d'Hector et d'Énée se trouvent mêlés à ceux d'un prince d'Asie ou d'un empereur romain.

Le pays, qui s'étend maintenant sous nos yeux, resta long-temps désert après la destruction de Troie; les solitudes d'Ilion, toujours fidèles au culte de Minerve, n'avaient guères pour habitans que des barbares nomades. Les Éoliens établis à Lesbos et quelques peuples de la Thrace y laissaient des colonies passagères; enfin, sur la foi des oracles, les Antipaléens se fixèrent sur le territoire de la nouvelle Ilion, qui ne fut bâtie que plusieurs siècles après la vieille cité. Les anciennes traditions de la guerre de Troie subsistaient encore; mais on ne savait plus à quel lieu ou à quel peuple devaient se rattacher des souvenirs vagues et confus. Au milieu de ces traditions incertaines, une cité nouvelle se déclara la ville de Minerve; elle usurpa, sans contestation, les priviléges, le nom et la gloire de la cité de Priam. Le patriotisme jaloux des habitans ne permit pas même qu'il subsistât sur l'emplacement de la première cité des ruines qui pouvaient accuser la vanité de leurs prétentions. Les Iliens avaient leur *Pergama*, leur *Palladium* qu'ils montraient aux étrangers; et se vantaient d'habiter une ville bâtie par Neptune et par Apollon.

La cité ilienne était gouvernée d'abord par les prêtres de Minerve : l'imagination des Iliens s'était fait une religion avec les souvenirs de l'*Iliade*. Ils adoraient les dieux protecteurs de Troie; ils révéraient la mémoire des héros qui s'étaient couverts de gloire dans les champs troyens; le peuple effrayé, croyait les voir apparaître au milieu des nuits, et renouveler sur les bords du Simoïs les batailles décrites par Homère. Achille, Hector, Diomède, les deux Ajax couverts de leurs armes, Pallas, Neptune, le dieu de la guerre combattant dans la mêlée, quel terrible spectacle! La multitude eut besoin d'être rassurée contre de semblables apparitions; et l'histoire nous a conservé le nom d'une plante de la Troade qui avait la vertu singulière de guérir les habitans de la frayeur que leur causaient les héroïques images de l'épopée.

Alexandre, visitant la nouvelle Ilion, se prosterna devant les autels de Minerve *Ilias*, et se revêtit des armes qu'on lui disait avoir appartenu aux guerriers célébrés par Homère. Lorsque les Romains pénétrèrent en Asie, ils crurent retrouver, comme Alexandre, la glorieuse patrie d'Hector, et le souvenir de leur parenté avec le fils d'Énée, leur fit mettre un grand prix à la conquête d'Ilion. Tite-Live nous apprend que les Romains et les Iliens se félicitèrent de leur commune origine. On dit même que, sur la fin de sa vie, Auguste avait formé le projet de transporter le siége de son empire à Ilion, et que l'ode, si souvent citée d'Horace, *Justum et tenacem*, avait pour objet de l'en détourner. La nouvelle Troie fut protégée par Germanicus, persécutée par Tibère, visitée par Caligula ; elle eut beaucoup à souffrir des guerres civiles qui troublèrent l'empire romain. Les barbares la ravagèrent ensuite plusieurs fois, et l'histoire sait à peine comment elle disparut au moyen-âge. Quand le christianisme se montra dans ces poétiques régions, la nouvelle Troie cessa d'être la ville de Minerve pour devenir le siége d'un évêché, souvent cité dans les annales de l'Église. Ce souvenir est le dernier que l'histoire nous ait laissé de la seconde ville d'Ilion.

Lorsque les Turcs poussèrent leurs conquêtes jusqu'au Simoïs, on doit croire qu'ils ne trouvèrent rien à détruire dans *Ilium recens*, et qu'ils s'occupèrent peu de savoir à quelle ville devaient appartenir des ruines dispersées sur les collines. Leur invasion dans la Troade ne fit qu'ajouter à la confusion, et ce n'est que dans les temps modernes, et avec le secours d'Homère, qu'on a pu reconnaître un pays où la guerre, la barbarie et les fausses traditions avaient tout effacé. Les anciens géographes, tels que Strabon et Démétrius de Sepsis, avaient adopté les traditions mensongères des Iliens, et changé la dénomination des fleuves. Le Scamandre et le Simoïs avaient perdu leur gloire et même leur nom, et la géographie, comme l'histoire, ne trouvait plus devant elle que des incertitudes et des ténèbres. Pour retrouver la Troade des premiers temps, la Troade d'Homère, il a fallu d'abord reconnaître les sources et le cours des fleuves si souvent cités dans l'*Iliade*. C'est ce qu'a fait M. Lechevalier, et je me plais à répéter ici que toutes ses explications paraissent claires et satisfaisantes. La plupart des voyageurs ont rendu justice au résultat de ses recherches. Mais, parmi les savans qui voyagent dans les contrées lointaines, il s'en rencontre toujours quelques-uns qui ne se mettent pas en chemin avec l'intention de voir les choses comme d'autres les ont vues; notre public d'Europe veut du nouveau, et lorsqu'il ne reste rien de nouveau à dire, on y supplée par des paradoxes et des systèmes improvisés qui ont l'air d'une nouveauté ou d'une découverte. Je citerai pour exemple le docteur Clarke qui, pour ne pas reconnaître avec M. Lechevalier l'emplacement de Troie à Bournarbachi, a imaginé de chercher cet emplacement sur les bords d'une petite rivière, que les Turcs appellent *Kalafat-Osmak* (eau de Kalafat). Je sais bien que les ruines abondent dans cette partie de la Troade, et qu'on n'en trouve point, ou presque point, dans les plaines du Scamandre et sur les hauteurs où nous plaçons la ville de Priam. Mais il est moins question de trouver des ruines qui, d'ailleurs, ne remontent pas à une haute antiquité, que de chercher dans le pays les localités qui peuvent le mieux s'adapter aux descriptions d'Homère. Pour savoir où était l'ancien Ilion, il ne faut plus le demander à des fragmens de pierre et de marbre; mais, comme je l'ai déjà dit, il suffit d'interroger les sources des fleuves, les montagnes et les collines que le temps n'a pu ni changer ni détruire, et qui sont encore ce qu'elles étaient à l'époque du siège de Troie.

En quittant *Paleo-Kalafatli* (le vieux Kalafat), nous avons traversé le Simoïs du docteur Clarke. C'est un ruisseau dont le cours est fort irrégulier, et qui tantôt s'écoule avec la rapidité d'un torrent, tantôt paraît comme une eau dormante au milieu des marécages. Il n'est pas aisé de croire que le Kalafat-Osmak ait jamais pu rouler dans ses flots des troncs d'arbres et des quartiers de rochers, ni des casques et des armes avec les cadavres des héros. D'après le système du voyageur anglais, la plaine où combattirent pendant dix ans les peuples de l'Asie et de la Grèce, ne serait qu'un espace de terrain qui aurait à peine l'étendue du *Champ-de-Mars* à Paris. Après cela, croyez à ceux qui veulent refaire la vérité et nous donner du neuf. Pour moi, je préfère ceux qui nient l'existence de Troie, comme l'a fait le savant Anglais Bryant, à ceux qui placent cette ville de manière à rendre les tableaux de l'*Iliade* inexacts et souvent inintelligibles.

En descendant des ruines de la nouvelle Ilion, on marche vers le nord-est, et l'on arrive au *Pagus iliensium* ou *village des Iliens*. Ce lieu n'offre rien qui mérite d'être remarqué. Ainsi, l'ancienne Troie, la nouvelle Troie et le village d'Ilion sont aujourd'hui table rase, et la grande affaire des érudits est de savoir à quel point de la carte doivent répondre ces noms illustres. Du village des Iliens, en poursuivant notre route à l'est, nous avons traversé sur un pont de pierre la petite rivière de *Camara*, que Démétrius et Strabon ont prise pour le Simoïs. Il nous restait à voir l'emplacement d'un monument célèbre dans l'antiquité, le temple d'Apollon Tymbréen. Ce temple, bâti à l'embouchure du Tymbrius, était entouré d'un bois de platanes, rendez-vous des Grecs et des Troyens pendant les jours de trève. Ce qui lui avait donné sa célébrité chez les anciens, c'est la mort d'Achille, surpris et tué par Pâris aux pieds même des autels d'Apollon. On ne retrouve aucune ruine, aucune pierre, aucun platane qui indique la place du temple et du bois sacré ; seulement, le Tymbrius, bordé de saules et de lauriers roses, continue à rouler son filet d'eau limpide à travers la jolie vallée de Tymbra, et se jette dans le Simoïs en face des collines de Bournarbachi, ou des portes Scées.

SUITE

DE LA LETTRE XXI.

SOURCES DU SIMOIS, LE MONT IDA.

Koumkalé, 28 juillet 1830.

Je ne veux point quitter le Simoïs sans vous faire connaître son cours et sa source au mont Cotylus. Depuis que j'ai abordé sur cette côte, j'ai souvent interrogé mes guides, les habitans et les voyageurs que j'ai rencontrés. Dans mes questions et dans mes recherches, je n'ai oublié ni le fleuve qui entoure l'Acropolis de son lit sinueux et profond, ni le mont Ida, si souvent visité par Jupiter, et devenu comme un nouvel Olympe pendant toute la durée du siége de Troie. Je remettrai sous vos yeux l'extrait de tout ce que j'ai pu recueillir, et les souvenirs de mes lectures viendront se mêler à mon récit que je veux rendre aussi complet qu'on peut le faire dans une lettre écrite à la hâte et parmi les fatigues et les embarras d'un long voyage.

Il n'y a guères que les savans qui donnent au fleuve venu du Cotylus le nom de Simoïs : on ne le connaît ici que sous le nom moins poétique de *Mendère*. Ce n'est, à proprement parler, qu'un ruisseau, au moins pendant la plus grande partie de l'année; mais il devient en hiver un torrent impétueux qui franchit ses rivages et inonde les plaines voisines. Son lit, profond et vaseux, ses bords élevés permettent à peine qu'on le traverse à cheval, même pendant la belle saison. Une riche végétation couvre ses rives et les petites îles que forme son courant; une ligne de verdure, qui serpente à travers la plaine qu'il arrose, marque son cours depuis l'Acropolis jusqu'à son embouchure sous les murs de Kounkalé. De petits poissons, semblables aux goujons de nos rivières, y cherchent les lieux où l'eau abonde. On y trouve beaucoup de tortues d'une belle grosseur, qui les unes se traînent sur le rivage, et les autres grimpent jusqu'aux branches des saules ou des platanes pour retomber ensuite au moindre bruit. On voit çà et là sur les sables du fleuve des écailles de tortues vides dont les taches vertes, jaunes et brunes présentent au soleil une bigarrure mobile et changeante.

Depuis l'Acropolis de Troie jusqu'à la plaine de *Beiramitche*, située à quatre heures de là, au sud-est, le Simoïs se trouve resserré entre deux montagnes couvertes de rochers et de sapins; son cours prend alors un aspect plus sauvage, et ressemble en quelques endroits à une fondrière ou à un abîme. Le lit du fleuve que nous avons suivi pendant deux heures offre aux voyageurs des troncs d'arbres déracinés, des monceaux de sable de la hauteur de l'homme, des îlots recouverts de verdure où croissent des saules et des platanes; ici des eaux profondes amassées le long de la rive, là un courant d'eau murmurant sur des cailloux; et, sur les deux côtés qui bordent le fleuve, des rocs menaçans, des pentes escarpées et de sombres forêts de sapins. Quand on a remonté le Simoïs l'espace de trois lieues, on arrive à la ville d'Énée, adossée à des rochers, ombragée par des bois de cyprès et dominant une vaste plaine. Près de cette ville est un *tumulus* appelé par les habitans *Ené-tépé* ou *sovran-tépé* (le tombeau d'Énée ou le tombeau du roi); plusieurs savans ont cru y voir le tombeau du fils d'Anchise. La plaine de *Beiramitche*, qui s'étend au-delà de la ville d'Énée, a sept ou huit lieues d'étendue. Le Simoïs la traverse dans sa longueur; plusieurs rivières l'arrosent dans toutes ses parties; on y voit partout des champs bien cultivés, des jardins et des villages où la misère ne se montre point; les rives du Simoïs, quand l'eau des pluies s'est retirée, sont livrées à la culture comme les rives du Nil; et le lit du fleuve est couvert en été des plus belles pastèques du pays.

Avant d'entrer dans la plaine de Beyramitche, le Simoïs s'avance entre de hautes collines boisées, qui rappellent aux voyageurs européens les paysages si pittoresques de la Suisse et du Tyrol. Des pâturages et des troupeaux, des vignes, des moissons, des chaumières se mêlent aux roches arides, aux cavernes sauvages, aux noires forêts. Non loin de Beyramitche, vers l'Orient, est une colline isolée de forme conique, que les gens du pays appellent *Kurchumlu-tépé*; c'est sur cette colline que s'élevait l'ancienne *Cébrenne*. On y a trouvé des restes de grands édifices, beaucoup de colonnes, des fragmens de verre et de poterie. Au sommet de la colline, plusieurs voyageurs ont remarqué les ruines d'un temple qu'on croit avoir été consacré à Jupiter idéen; les pierres qui en forment les murailles sont aussi grossièrement travaillées que celles que nous avons vues à Tyrinthe dans l'Agolide, ce qui annonce la plus haute antiquité; un bois de chêne y couvre de grosses pierres carrées, rangées en cercles druidiques.

Après trois heures de marche, on arrive au village d'*Argillars* (village des chasseurs); c'est le dernier lieu habité de ce côté de la Troade. Après

Argillars, viennent les vallées désertes et les hauteurs escarpées de l'Ida. La route devient raide et pierreuse ; à droite et à gauche, l'œil aperçoit tantôt d'énormes masses de pierres calcaires, tapissées de mousse, d'herbes et de lierre rampant, de hauts sommets de granit qui paraissent comme des ruines de vieux châteaux ; tantôt des amphithéâtres naturels, ornés de roches taillées en colonnades et couronnés de noirs sapins. Un bruit sourd avertit le voyageur qu'il approche des sources du fleuve ; vous entendez la chute des eaux, et la grande voix du Simoïs est la seule qui retentisse dans ces solitudes. Ce désert sombre et montagneux, avait attiré dans son sein les cénobites du troisième et du quatrième siècle. On voit encore sur le penchant des collines et sur les bords escarpés du fleuve naissant, les ruines d'anciennes chapelles et de cellules abandonnées. Il faut croire que le mont Ida fut quelque temps, comme le mont Athos, la retraite de la piété fervente qui s'exilait du monde. Ainsi Homère et la Bible avaient tour à tour animé ces lieux déserts. On adora les images de la Vierge dans les lieux où les trois déesses avaient disputé le prix de la beauté. Ces montagnes poétiques, qui avaient inspiré le chantre d'Achille, répétèrent alors les hymnes sublimes d'Isaïe et de David. Des pans de murailles présentent encore des images, assez bien conservées, de la Vierge et des Saints ; ce qui prouverait que les chapelles et les cellules des cénobites chrétiens n'ont été abandonnées que depuis la conquête des Turcs. L'islamisme victorieux n'a point, selon sa coutume, converti en mosquées les sanctuaires de l'Ida. Les moines musulmans n'aiment guères l'austère solitude; et, si je puis parler ainsi, les échos du désert n'ont jamais beaucoup appris à redire les versets du Coran.

Après avoir traversé les sites que je viens de décrire, on se trouve tout à coup devant une magnifique cascade dont la chute paraît être de cinquante ou soixante pieds. Elle se précipite et bondit de roche en roche, jusqu'à ce qu'elle ait atteint le fond de la vallée qui est à trois ou quatre cents pas de la source. On monte sur des pointes de roc, et de là, on découvre un assez grand bassin qui reçoit d'abord les eaux. Au-dessus de ce bassin, est une caverne ou un antre profond, dans lequel roulent et s'amassent les eaux du fleuve, et d'où elles s'échappent ensuite avec grand bruit. Le bassin est ombragé par des coudriers et des platanes; au-dessus de la cascade, on voit quelques bouquets de pins et de chênes; par delà, l'œil aperçoit un ravin stérile, un précipice effrayant. Si ce tableau est exact, vous avouerez que le Simoïs mérite bien les hommages de l'*Epopée*, et, qu'en s'échappant des flancs de la montagne, il se montre tout à fait digne de la divine origine qu'Homère lui a donnée.

Quand on est arrivé à la source du fleuve, on distingue facilement les quatre sommités de l'Ida;

la première de ces sommités, c'est le Cotylus, qui signifie, en grec, coupe ou vase à boire; la seconde s'appelle *Petna* (panier d'osier); la troisième se nomme *Alexandria*, du nom de Pâris, qui s'appelait aussi Alexandre, et qui jugea en ce lieu les trois déesses; le quatrième sommet porte le nom de *Gargare* (la neige). Tous ces pics forment l'Ida, qui était appelé chez les anciens *Scolopandre* (animal à mille pieds), à cause de sa configuration. Les Turcs appellent cette montagne *Montagne de l'Oie*, parce qu'elle ressemble, par ses ramifications, à une patte d'oie. Les sommets de l'Ida, et surtout le Gargare, étaient consacrés dans l'antiquité à Jupiter; le penchant et le bas de la montagne étaient consacrés à Cybèle. L'Ida n'a point de vallée qui ne soit arrosée par un ruisseau ou par une rivière; ce qui rappelle ces expressions d'Homère: *Montagne abondante en sources et mère des eaux.* Toutes les rivières qui arrosent la Troade, excepté le Scamandre, viennent de là : les Ésepus, le Granique et le Rhodius y prennent aussi leur source.

L'Ida, comme l'Etna en Sicile, offre aux regards une triple zone. La première est une terre cultivée; la seconde est couverte de forêts; la troisième de neiges et de frimas. C'est à la source du Simoïs que commence la région des bois : cette région élevée, produit d'énormes sapins, dont on extrait la poix et la thérébentine. Des huttes, des fourneaux cons-

truits dans ces déserts annoncent la présence des ouvriers qui viennent de plusieurs parties de la Troade exploiter ce genre d'industrie, et vivent là pendant trois mois de l'année parmi les ours, les tigres et les léopards. Il arrive quelquefois, m'a-t-on dit, que le feu prend à ces vastes forêts ; alors on voit çà et là des milliers de pins, brûlés et noircis par le feu, opposant leur teinte sombre à la blancheur des sommets neigeux et au vert foncé des arbres que n'a point atteints l'incendie. C'est dans cette partie de l'Ida que le vaillant Mérion, compagnon d'Idoménée, vint couper les pins et les chênes pour élever le bûcher de Patrocle. « Les soldats empor-
» tant des haches tranchantes, des cordes ou des
» liens, poussaient les mulets devant eux ; arrivés
» dans les bois, ils abattent de grands arbres dont
» la chute fait retentir la montagne ; on charge en-
» suite les mulets qui reprennent la route du camp,
» et chaque soldat prend un tronc d'arbre sur ses
» épaules par ordre de Mérion. »

La région des neiges est presque inaccessible depuis le mois de novembre jusqu'au mois de mai. Un voyageur anglais a trouvé sur ce sommet glacé une surface unie, de forme oblongue, où se voit un mur grossièrement construit, renfermant des morceaux de marbre. Cette clôture a-t-elle été une chapelle, un temple, ou simplement un abri pour les pasteurs ? Le Gargare, d'après le calcul de l'ingénieur Kauffer ne serait élevé que de sept cent soixante-quinze toises au-dessus de l'Hellespont, ce qui n'égalerait pas la hauteur du Puy-de-Dôme, qui s'élève à huit cents toises au-dessus du niveau de la Méditerranée.

L'Anatolie n'a point de spectacle qu'on puisse comparer à celui du Gargare. L'antiquité croyait que les sommets de l'Ida, féconds en prodiges, étaient une des demeures choisies de la divinité. Homère s'empara de ces croyances religieuses qui favorisaient la poésie épique; et de là ce merveilleux qui dans son poème s'unit partout à l'exactitude et à la fidélité des descriptions. Vous ne sauriez croire combien cette exactitude scrupuleuse dans les couleurs qu'il emploie, donne d'intérêt et de charme aux magnifiques tableaux du poète. Tout le monde, par exemple, a pu admirer ce beau passage de l'*Iliade*, dans lequel Junon, précédée de Morphée, et parée de la ceinture de Vénus, va séduire sur le mont Gargare le maître du tonnerre. Tout ce tableau est admirable; mais on est frappé bien davantage lorsqu'on a vu le mont Ida, lorsqu'on a parcouru ces montagnes, dont la déesse a franchi les cimes; on les voit s'élever progressivement depuis le cap Lectos jusqu'à la pointe du Gargare, comme les gradins d'un vaste amphithéâtre, ou comme les degrés d'un escalier divin réservé aux habitans de l'Olympe. Les grandes vues de la Troade et les tableaux d'Homère se mêleront toujours et resteront confondus dans mon esprit.

Les hauteurs du Gargare où règnent les orages, les vallées où sourit le printemps, les rives du Scamandre et du Simoïs; la nature du climat et les beautés du ciel d'Orient, tout ce spectacle se retrouve sans cesse dans l'*Iliade*, avec ses merveilles et ses variétés infinies. Soit qu'il nous représente Jupiter assis au sommet de l'Ida, entouré de majesté, lançant la foudre, ébranlant la terre, soit qu'à travers les vapeurs légères d'un nuage d'or, il nous montre le safran parfumé, le lotot délicat, la blanche hyacinthe et mille autres fleurs croissant à l'envi autour de la couche des dieux. vaincus par l'amour, Homère exprime toujours fidèlement les impressions diverses que font naître les paysages tour à tour rians et sublimes de ces contrées. Par là, le merveilleux du poète ne cesse point d'être naturel et vrai; les tableaux qu'il nous présente ont souvent un air de grandeur, d'exagération même qui n'en altère point la vérité, et tout s'y voit comme dans ces verres de l'optique, où les objets grandissent, mais conservent toujours leurs formes et leurs proportions. Plus on a vu le pays que nous parcourons, et qu'Homère a sans doute visité lui-même plusieurs fois, plus on reconnaît que non-seulement il a décrit les lieux avec fidélité, mais que les lieux ont soutenu, ont animé son génie, et lui ont fourni une grande partie de ses images et quelques-unes de ses plus belles conceptions.

LETTRE XXII.

LECTURE DE L'ILIADE AUX PORTES SCÉES.

29 juillet 1830.

Nous voilà revenus aux lieux où fut l'antique Ilion. Ce n'est plus pour y chercher des ruines, et pour vous décrire des collines et des vallons qui vous sont maintenant connus. Nous sommes ici avec Homère et Virgile, deux enchanteurs sublimes, qui vont repeupler ces solitudes et leur rendre un instant les dieux et les héros des anciens jours. S'il est vrai qu'autrefois dans la Grèce les pierres se soient rangées au son d'une lyre, et qu'on ait bâti des cités avec d'harmonieux accords, pourquoi la vieille poussière d'Ilion ne se ranimerait-elle pas à la voix d'Homère ? pourquoi, aux accens de cette voix immortelle, le sépulcre ne rendrait-il pas sa noble proie ? Supposons donc que les portes Scées viennent de sortir du sein des ruines, et que les pauvres chaumières de Bournarbachi ont fait place aux tours superbes de la ville de Priam.

La vue des portes Scées nous rappelle une des scènes les plus touchantes de l'*Iliade*; j'ouvre le sixième livre, et je vois d'abord arriver une femme avec un enfant *dont la beauté est semblable à celle d'un astre qui se lève sur l'horizon* : j'aperçois en même temps un guerrier, à la démarche noble, et couvert de son casque où brille un panache ondoyant; ce guerrier, c'est le brave Hector, la dernière espérance d'Ilion; cette femme, c'est la fille du grand *Ætion*, la vertueuse Andromaque; cet enfant, c'est le jeune Astianax. Hector, en voyant son fils, le carresse d'un sourire; Andromaque, tout en pleurs, s'approche de son époux, l'embrasse tendrement, et d'une voix entrecoupée de sanglots : « Homme trop magnanime, s'écrie-t-elle, votre courage va faire votre perte; vous n'avez aucune compassion de votre fils, de ce faible enfant, de votre femme qui va être si malheureuse;... ne vous exposez donc point au plus affreux de tous les malheurs... Restez au pied de ce rempart, d'où vous pourrez veiller sur vos soldats qui défendent la colline des figuiers sauvages, le seul endroit par où les Grecs puissent escalader les murs de Troie. »

Hector est touché des alarmes d'Andromaque ; mais que diraient les Troyens et les Troyennes, s'il se tenait éloigné du combat ; ne doit-il pas d'ailleurs rester fidèle à sa propre gloire ; car on l'a toujours vu combattre aux premiers rangs ! Il sait qu'un jour la ville de Troie périra avec son roi et son peuple, et lorsqu'il envisage ce déplorable avenir, ce n'est pas la mort d'Hécube, de Priam et de tous ses frères, qui l'affligent le plus, c'est le sort d'Andromaque, emmenée comme captive, et devenue la vile esclave d'une reine d'Argos. Ah ! que le noir tombeau l'enferme sous des monceaux de terre, avant que cette fatale destinée s'accomplisse, et que sa chère épouse ne soit arrachée de son palais par un vainqueur sans pitié ! En achevant son discours, Hector s'approche de son fils, et lui tend les bras ; Astianax, effrayé à la vue du panache qui flotte sur le casque du héros, se rejette avec de grands cris dans le sein de sa nourrice ; le père et la mère sourient de sa frayeur ; en même temps Hector ôte son casque, le pose à terre, prend son fils entre ses bras, le baise avec tendresse, et l'élevant vers le ciel, il s'adresse à Jupiter et aux autres dieux. Le héros n'a plus les tristes pressentimens qu'il avait d'abord ; car la faiblesse et l'innocence d'un enfant ont dû désarmer la colère céleste : « Faites, dit-il, en s'adressant aux dieux protecteurs de Troie, faites que cet enfant règne un jour dans Ilion, aimé de ses sujets et de ses voisins ; et que sa mère, témoin de sa gloire, sente toute la joie d'avoir un fils digne de l'amour des peuples... » Hector remet Astianax entre les mains de sa mère, qui le reçoit avec un sourire mêlé de larmes. Le héros en est attendri, et cherche à consoler Andromaque. « Femme trop généreuse, modérez votre douleur; car il n'y a point d'ennemi qui puisse me précipiter dans la tombe avant le jour fixé par les destins, et point d'homme vaillant ou lâche qui puisse éviter son sort... Retournez à votre palais, reprenez vos toiles, vos fuseaux, vos laines; distribuez à chacune de vos femmes son ouvrage; pour moi et mes soldats, nous allons veiller aux soins de la guerre et à la défense de Troie. » A peine Hector a prononcé ces paroles, qu'il reprend son casque, se sépare de ce qu'il a de plus cher, et vole au combat. La triste Andromaque rentre dans Ilion, en détournant souvent la tête pour revoir encore son cher époux.

Tels sont en abrégé ces adieux d'Andromaque et d'Hector, que Racine appelait divins; vous me saurez quelque gré d'avoir ramené votre attention sur un des plus beaux tableaux de l'*Iliade*. Tandis qu'Ilion est menacée des plus grands désastres, qui peut retenir ses pleurs à la vue de cette scène de famille, à cette douce image des vertus domestiques! J'ai bien souvent observé que ce n'est pas toujours le malheur qui nous attendrit; il y a tant de malheurs sur la terre, que si leur vue suffisait pour nous arracher des larmes, il nous faudrait passer notre vie à pleurer. Beaucoup d'infortunes frappent tous les jours nos regards, et ne nous inspirent qu'une vague compassion; mais lorsqu'au milieu d'une grande calamité, nous voyons briller quelque vertu, quelque sentiment généreux, quelque chose enfin qui s'échappe du cœur humain, c'est alors que nous sommes vivement émus : voilà ce qui fait le charme et l'intérêt du tableau que nous venons de voir. Avec quelle noble délicatesse Andromaque exprime ses alarmes ! Elle tremble qu'Hector n'expose sa vie, mais elle ne veut point compromettre sa gloire; sa tendresse inquiète ne le presse point de rentrer dans Ilion, mais de rester au pied du rempart, d'où il pourra veiller sur ses guerriers. Je n'ai pas besoin de vous faire remarquer ce qu'il y a d'attendrissant dans le jeune Astianax, qui s'effraye à l'aspect des armes dont Ilion attend son appui; on sourit douloureusement à cette naïveté de l'enfance. Qui ne sait d'ailleurs combien l'image d'un enfant, mêlée aux destinées des empires, nous frappe et nous intéresse ? Nous ne sommes pas moins touchés, en voyant l'héroïsme guerrier pleurer sur le sort d'une épouse et d'un fils, sans rien perdre de son amour pour la gloire et de son dévoûment à la patrie.

Tous ces sentimens étaient vrais il y a trois mille ans; ils le seront toujours. Je vous parlais dans mes précédentes lettres de l'admirable exactitude d'Homère dans la description des lieux; ses peintures du cœur humain n'ont pas moins de vérité, et nous les sentons mieux; il faut avoir vu les pays qu'a décrits le poète, pour apprécier la fidélité de ses couleurs; mais on n'a pas besoin de venir si loin, pour sentir ce qu'il nous dit de la tendresse, de la douleur et de tout ce qui fait battre le cœur de l'homme. En quelque lieu que nous soyons, nous avons en nous-mêmes tout ce qu'il faut pour juger un tableau de mœurs et pour reconnaître l'exactitude de la poésie ou de la peinture dans tout ce qu'elles nous représentent des passions de l'humanité et des scènes diverses de la vie humaine.

Nous étions fort animés de notre lecture, et la chaleur que nous y mettions n'a pas tardé à nous attirer des spectateurs; un petit garçon turc arrivant avec la foule, s'est approché de nous, et je l'aurais pris volontiers, avec son costume oriental, pour le jeune Astianax. J'allais l'embrasser, lorsqu'une vieille femme musulmane est accourue en criant de toute sa force : *Giaour, Giaour;* il n'y avait pas moyen de la prendre pour Andromaque. En même temps des cigognes assemblées dans le cimetière voisin, faisaient entendre leur chant semblable au bruit de deux cailloux qu'on frappe l'un contre l'autre; cette musique formait un singulier contraste avec l'harmonie des vers d'Homère.

Je crois que M. Poujoulat et moi nous étions les

seuls êtres vivans, dans ce pays, à qui il pût venir une pensée ou un souvenir comme celui dont nous étions préoccupés. La Troade, si poétique pour nous et qui l'est si peu pour les Turcs, présente véritablement deux spectacles ou plutôt deux contrées différentes. Les montagnes, les rivières, les plaines, n'ont pour ceux qui demeurent dans le pays et pour ceux qui viennent le visiter, ni le même nom ni la même histoire ; le ciel, la nature, les ruines des cités ne réveillent point les mêmes sentimens, et ne parlent point le même langage pour les habitans et pour les voyageurs ; aussi avons-nous remarqué plusieurs fois que nous étions les uns pour les autres un continuel sujet de curiosité, de surprise et même de défiance.

29 juillet, 1830.

COMBAT D'ACHILLE ET D'HECTOR.

Nous avons vu dans le sixième livre de l'*Iliade*, tout ce que les vertus domestiques ont de plus attachant; ouvrons maintenant le vingt-deuxième livre du poème, et nous y verrons tout ce que l'épopée a de plus noble et de plus sublime dans ses tableaux. Dans ce même lieu qui retentit encore des plus touchans adieux, nous retrouvons le brave Hector, resté seul et attendant le plus redoutable ennemi des Troyens. Les portes d'Ilion sont fermées; l'armée grecque s'avance dans la plaine; le vieux Priam aperçoit Achille, *semblable à l'astre étincelant qui répand sa lumière sinistre au commencement de l'automne.* Le vieillard est saisi d'effroi, et frappant sa tête avec la main, il appelle son fils Hector, il le conjure de rentrer dans la ville; Hécube, tout en pleurs, pousse des cris lamentables; elle découvre son sein d'une main, et de l'autre elle le montre à son fils; « C'est ce flanc qui t'a porté, ce sein qui t'a nourri; pour me payer des soins de ma tendresse, écoute ma prière, et conserve ta vie si chère aux Troyens. » C'est ainsi qu'Hécube et Priam s'efforçaient de fléchir par leurs larmes et leurs supplications le courage du malheureux Hector; le héros de Troie demeure inflexible, et rien ne peut ébranler sa résolution de combattre l'invincible fils de Pélée. Son bouclier est appuyé au pied d'une tour qui avance hors de la muraille, et son esprit s'abandonne aux plus sombres pensées. Cependant le guerrier, effroi d'Ilion, s'avance à grands pas; le voilà devant les portes Scées, tout brillant du feu de ses armes, *qui jettent un éclat aussi vif que celui d'un incendie*; Hector s'éloigne des remparts, et court dans la plaine; Achille le poursuit *avec la rapidité de l'épervier qui fond sur une colombe*. Du lieu où nous sommes assis, nous pouvons suivre les deux guerriers dans leur course rapide; les voilà qui reviennent par la *grande route de Troie;* ils ont laissé à leur droite la colline des figuiers sauvages; ils s'arrêtent près des sources du Scamandre. Les deux combattans s'approchent et s'évitent tour à tour; lorsqu'Hector veut s'approcher des murailles, Achille le devance, il le ramène dans la plaine, et fait signe à ses soldats de ne pas tirer sur son adversaire, car il craint de perdre l'honneur de la victoire. Pour la quatrième fois, les combattans sont revenus aux sources du Xante; alors Jupiter, prenant ses balances d'or, met dans les deux bassins

les destinées d'Hector et d'Achille, et les élève de
sa main puissante; celle d'Hector descend et plonge
dans l'éternel abîme.

Quel spectacle nous avons devant nous! Tout le
peuple d'Ilion sur les remparts, les deux armées
attentives, l'Olympe attendant avec inquiétude, le
maître des dieux interrogeant les destins. Il est facile de prévoir le dénouement de ce drame héroïque; Hector, abandonné par Apollon, combat
encore; mais ses armes se brisent contre le bouclier de son ennemi, ouvrage d'un dieu; Achille,
protégé par Minerve, redouble de fureur; le héros
troyen, blessé au-dessus de la cuirasse, chancelle et
tombe sur la poussière. Il implore son adversaire
pour obtenir la sépulture; mais Achille est impitoyable, et ses imprécations appellent les chiens et
les vautours aux funérailles de son ennemi vaincu.
Cependant les destins ont arrêté qu'Achille tombe-
rait bientôt lui-même devant les portes Scées, et les
dernières paroles d'Hector mourant lui annoncent
cet arrêt des dieux.

En abrégeant ainsi le récit d'Homère, je l'ai sans
doute beaucoup affaibli; j'espère que vous l'aurez
lu avec moi dans l'*Iliade*. Après les grandes images qui viennent de passer sous nos yeux vous
n'êtes pas sans doute tenté de chercher aux portes
Scées des débris de colonnes et des restes d'antiques murailles. Quelle ruine d'Ilion, quel monument des temps fabuleux, pourrait être comparé à

ce que nous venons de lire! Homère a bien senti qu'il ne pouvait porter plus loin l'intérêt de son récit; l'action du poème est terminée; les deux chants qui suivent, consacrés à la mémoire des morts, et remplis d'une mélancolie sublime, sont comme ces hymnes religieux qui accompagnent au tombeau les puissances de la terre. Quintus de Smyrne, dans son poème, nous décrit longuement la destruction de Troie; il aurait mieux fait d'imiter le silence d'Homère, qui se contente de nous montrer le désespoir d'Hécube, de Priam et d'Andromaque, les alarmes du peuple troyen, resté sans appui. C'est à Virgile qu'il était réservé de décrire les désastres d'Ilion, puisqu'il voulait nous intéresser à la cause des Troyens; l'*Iliade* finit où l'*Enéide* devait commencer.

Homère a personnifié en quelque sorte deux grands peuples ou plutôt deux empires; Ilion est tout entière dans Hector; la Grèce respire dans le bouillant Achille. Le caractère des deux héros mérite ici toute notre attention; Hector fut dans l'antiquité le modèle du patriotisme; les Thébains qui, par ordre des oracles, vinrent chercher les cendres du héros pour ranimer chez eux l'amour de la patrie, rendaient un solennel hommage à ce noble caractère. Quand Virgile nous dit qu'*Hector eût sauvé Troie si Troie eût pu être sauvée*, il ne fait qu'exprimer les sentimens des anciens; on se plaisait à voir Homère lui-même donner au fils de

Priam le nom de *divin Hector*. En effet quel plus beau spectacle dans les sociétés humaines que celui d'un héros qui se dévoue au salut de sa patrie et qui périt avec elle! Dans cet Orient que nous parcourons maintenant, n'a-t-on pas vu, il y a trois siècles, un autre Hector périr au milieu des débris d'un autre Ilion; et le dernier des Constantin tombant glorieusement avec Bysance, n'est-il pas plus grand aux yeux de la postérité que le prince du même nom qui avait fondé la cité impériale?

Quant au caractère d'Achille, il est admirable comme conception épique : mais comme caractère moral, il nous révolte en certains endroits; en voyant la fureur qu'il exerce sur le cadavre d'Hector, on a besoin de se rappeler que ce héros impitoyable pleure quelquefois comme les autres hommes, et que c'est l'amitié au désespoir qui le pousse à ces excès de barbarie. J'ajouterai une seule observation qu'on n'a point faite : Achille a le pressentiment de son trépas; les dieux lui ont annoncé qu'il ne reverrait point son vieux père Pélée; cette préoccupation de sa fin prochaine, qui le suit au milieu du carnage, donne à son caractère je ne sais quoi de mystérieux et de triste, qui nous intéresse et nous attendrit; en le considérant ainsi, nous ne voyons plus en lui qu'un glorieux instrument du destin, un héros qui se débat sous la fatalité. Il explique fort bien lui-même son caractère et la mission que les dieux lui ont donnée, lorsqu'il dit à Priam : « Je suis éloigné de » ma patrie, attaché à une cruelle guerre sur ce » rivage et condamné à être le fléau de votre fa- » mille et de votre royaume; pendant que je laisse » mon père sans consolations et sans secours. »

Rappelez-vous maintenant le combat d'Énée et de Turnus dans le douzième livre de l'*Enéide*. Je ne crois pas que le récit de Virgile, quoique rempli de beaux vers, puisse nous faire assister aux scènes qu'il décrit; il ne donne pas l'envie de le relire sur les lieux, et personne, je crois, ne fera pour cela le voyage de Laurente. Le poète latin n'a pu emprunter à Homère ce qu'il a de plus touchant; les personnages d'Hécube, de Priam et d'Andromaque manquent à ses tableaux. Virgile l'emporte, il est vrai, sur son rival ou plutôt sur son maître par la noblesse des sentimens, par la raison poétique, mais combien il reste au-dessous d'Homère pour la grandeur des images, pour l'intérêt des scènes dramatiques!

On peut expliquer cette différence dans le mérite des deux poètes, au moins pour certaines conceptions et pour le caractère des héros, on peut l'expliquer, dis-je, par la différence des sujets qu'ils ont traités et surtout par celle des temps où ils ont vécu. Achille est violent et impitoyable, car le sujet de l'*Iliade* est la chute d'une grande cité; le poète devait montrer les passions qui détruisent; Énée est plus humain, plus généreux, parce que le poème de Virgile a pour objet la fondation d'un empire, et qu'il fallait nous faire voir les vertus qui fondent les états. Le poète latin appartenait d'ailleurs à une époque moins barbare; il faut ajouter que les siècles de civilisation sont peu propres aux conceptions originales et véritablement épiques; l'invention est le caractère des âges primitifs; l'imitation, celui des âges polis.

29 juillet 1830.

LECTURE DU SECOND LIVRE DE L'ÉNÉIDE SUR L'ACROPOLIS.

Si notre séance aux portes Scées a pu vous offrir quelque intérêt, j'espère que vous me suivrez encore à l'Acropolis de Troie. Oubliez que ce plateau que vous voyez là est un plateau sauvage et nu; à la place de ces bruyères, mettez les lauriers qui croissaient dans la demeure du vieux roi; rendez à la colline abandonnée les monumens qui ne sont plus; nous avons devant nous les temples d'Apollon, de Jupiter et de Minerve, la haute citadelle d'Ilion, le palais de Priam, et les pavillons de ses cinquante fils et de ses belles-filles.

Nous voici à la veille du dernier jour de Troie. Le cheval d'Epéus est introduit dans la ville, au milieu de la joie publique; on se rit des prophétiques alarmes; les serpens venus de Tenedos enlacent de leurs replis homicides l'infortuné pontife qui ose déplorer l'égarement des Troyens; le jour se passe dans les folles joies; écoutez les hymnes aux dieux, voyez ces festins. Mais voilà que dans la nuit, le cheval de bois vomit des bataillons armés; la cité, qui s'était endormie au milieu des fêtes, se réveille tout à coup au bruit des temples et des palais qui croulent, aux cris des vainqueurs et des victimes, aux gémissemens des enfans et des vieillards. Quelques épées troyennes brillent çà et là à travers les troupes ennemies; mais toute défense est vaine et le désespoir se consume en efforts impuissans. Voyez la malheureuse Cassandre qu'on entraîne loin des autels de Minerve; ses beaux cheveux flottent épars sur cette terre ensanglantée, et ne pouvant tendre vers le ciel des bras chargés de chaînes, elle implore de ses regards l'appui des dieux amis de Troie. Et qu'est devenue cette Hélène, l'auteur de tous les maux? Le fils d'Anchise vient de l'apercevoir cachée et silencieuse dans le temple de Vesta.

Je vous montrais tout à l'heure cette tour menaçante, *turrim in precipiti stantem*, dont les fondemens touchaient au lit du Simoïs et dont le faîte se perdait dans la nue. L'horrible fracas qui vient frapper notre oreille, c'est la chute de cette tour livrée aux soldats d'Ulysse et de Pyrrhus; ainsi tombée, elle laisse à découvert le palais de Priam, et nous ne voyons plus dans la royale enceinte que les pâles alarmes et le mortel désespoir.

Peut-être aussi voudrez-vous savoir quel a été le sort du vieux roi dans ce grand désastre:

Forsitan et Priami fuerint quæ fata requiras.

Un laurier croissait dans la cour du palais, couvrant de son feuillage les autels domestiques. C'est là que s'était réfugiée Hécube avec les enfans qui lui restaient; elle avait retenu à ses côtés le vieux Priam qui, malgré le poids des ans, voulait armer ses mains débiles du glaive des combats. Cette royale famille implorait les dieux protecteurs de Troie, lorsqu'un dernier fils de Priam, poursuivi par Pyrrhus, cherche un asile auprès de l'autel, et tombe, percé de coups, aux pieds de sa mère. Alors Priam ne peut se contenir : « Toi, s'écrie-t-il, qui verses mon propre sang en ma présence, tu serais le fils d'Achille; non, Achille ne fut point ton père, car le meurtrier d'Hector ne me vit point sans pitié à ses genoux. » En achevant ces mots, il lance un faible trait, *telum imbelle*, qui effleure à peine le bouclier de Pyrrhus. Une famille en pleurs, la majesté d'un roi, la vieillesse vénérable, ne peuvent désarmer un vainqueur farouche, et le potentat de l'Asie, celui qui régnait sur tant de peuples et de pays, *n'est plus qu'un grand débris étendu sur la poussière, une tête séparée du corps, un cadavre sans nom, sine nomine corpus.* Le malheureux monarque avait prédit lui-même sa déplorable destinée, lorsqu'il pressait Hector de rentrer dans les murs de Troie. « Quand j'aurai
» perdu tous mes enfans, quand tous les maux de
» cette vie m'auront accablé, un soldat impie
» viendra plonger le fer dans mon sein, et les

» chiens nourris dans mon palais, et qui en gar-
» dent les portes, viendront se rassasier du corps
» et s'enivrer du sang de leur maître, qu'ils ne re-
» connaîtront plus. »

Nous avons lu tout haut les plus beaux passages du second livre de l'*Enéide*; tandis que nous faisions redire aux échos du Simoïs des malheurs qu'ils avaient depuis long-temps oubliés; nos regards se portaient sur ce *tumulus* solitaire qu'on appelle le tombeau de Priam, plus loin, sur cet autre *tumulus* appelé le tombeau d'Hector, et sur plusieurs autres tombes sans nom. Ces monumens funèbres et le désert qui les environne ajoutent leur témoignage muet au récit éloquent du poète, et chacune de ces pierres dispersées nous dit qu'il n'y a plus d'Ilion. La vue des ruines, comme la voix des mourans, a quelque chose de prophétique; je ne sais pourquoi les révolutions des temps passés me donnent de secrètes alarmes pour le temps où nous sommes; je suis près de regretter les larmes que je viens de donner aux infortunes poétiques du roi Priam. Les destins n'ont pas cessé de *puiser pour les rois dans le tonneau funeste*, et d'autres malheurs, des malheurs plus réels, viendront demain peut-être solliciter notre compassion; mais détournons ces tristes pensées, et revenons à Virgile.

En regardant du côté du Simoïs et de l'Erinéos, nous découvrons l'endroit où fut la porte Idéenne. Le pieux Énée sortit par cette porte lorsqu'il prit le chemin de l'exil. C'est Hector lui-même qui, dans un songe, a conseillé au héros de s'enfuir, car les dieux et les hommes n'ont plus rien à faire pour Priam et pour la patrie. Énée a perdu tous ses amis, *deseruêre omnes defessi.* Après avoir noblement rempli ses devoirs de héros et de citoyen, il lui reste à remplir les devoirs de père, de fils et d'époux. Il vole au palais d'Anchise, qui renferme tout ce que les dieux lui permettent de sauver, une femme, un enfant, un vieillard. Un astre inconnu descend du ciel, brille un moment sur les toits du palais, et se dirige vers l'Ida, comme une lumière miraculeuse qui doit les conduire à travers les ténèbres de la nuit. Voyez cette famille désolée qui s'éloigne avec ses dieux domestiques; suivons des yeux le pieux Énée couvert de la peau d'un lion, portant son père sur ses épaules, tenant par la main le jeune Ascagne qui s'avance à pas inégaux; *non passibus æquis;* derrière eux, Créuse marche en silence. Ces illustres fugitifs choisissent les sentiers déserts. Agités de secrètes alarmes, nous tremblons, comme Énée, *au moindre vent, au moindre bruit;* nous tremblons pour son précieux fardeau et pour le faible enfant qui l'accompagne, *comiti onerique timentem.* On ne se sent rassuré que lorsqu'ils ont franchi les portes et qu'on les voit s'arrêter sous l'antique cyprès qui ombrage le temple de Cérès.

En relisant ce récit dans le poète latin, n'y trouvez-vous pas tout ce qui peut émouvoir les nobles âmes, la piété filiale, la tendresse paternelle, le patriotisme, victime de son dévoûment, la vertu aux prises avec le malheur. Je pourrais vous répéter ici ce que je disais tout à l'heure, en parlant des adieux d'Andromaque et d'Hector, car la fuite du héros troyen est encore une scène de famille. Au milieu de la désolation générale, nous aimons à suivre des pénates errans et proscrits; le malheur prend ici une physionomie d'homme, et nous pouvons distinguer tous ses traits. Nos regards se détournent des scènes confuses de la destruction, mais ils ne peuvent se détacher du spectacle que nous présentent ces derniers restes de Troie, fuyant leurs foyers détruits. Voilà ce qui fait couler nos larmes. Mais si vous n'avez pas oublié ce qu'ont promis les destins, que de nobles pensées viendront se mêler à votre douleur! La *ville éternelle* va naître des cendres d'Ilion, et cette famille sur laquelle vous pleurez, sera l'origine d'un grand peuple; d'un côté c'est l'empire de Priam qui tombe, de l'autre, c'est la grandeur de Rome qui commence.

J'aurais beaucoup de choses encore à vous dire sur cette séance à l'Acropolis; mais je crains d'être au-dessous de la tâche que je me suis donnée; je souhaite que des gens plus habiles que moi achèvent ce que j'ai commencé. Si j'étais riche, j'achèterais du sultan Mamoudh la permission de fonder sur l'Acropolis ou aux portes Scées une chaire tout exprès pour expliquer l'*Enéide* et l'*Iliade*. Je crois qu'on ferait volontiers le voyage d'Orient pour suivre cette école d'Homère et de Virgile, surtout si nos érudits donnaient l'exemple; vous venez de voir que les habitans de l'Olympe visitaient souvent la Troade; c'était là le merveilleux des temps héroïques; le merveilleux aujourd'hui ne serait-il pas de voir d'illustres savans quitter le fauteuil académique pour voir les ruines des vieilles cités et nous enseigner les beautés des anciens? Pourquoi les gens de lettres ne feraient-ils pas comme les botanistes qui voyagent pour étudier les plantes et les fleurs dans le pays qui les a produites et sous le ciel qui les a fait éclore? Homère a long-temps voyagé dans ces contrées, et vous savez quels trésors de poésie il a trouvés sur les ruines d'Ilion. Que de belles pages lord Byron ne doit-il pas à son séjour dans les pays que nous parcourons! N'avons-nous pas vu le plus illustre de nos écrivains du temps présent demander tour à tour de nobles inspirations aux grandes solitudes de l'Amérique et aux ruines de l'antique Asie!

Pour moi, simple voyageur, je n'avance à travers l'Orient que pour m'instruire et non pour instruire les autres, pour jouir des chefs-d'œuvre du génie et non pour produire en public mes propres pensées; je n'ai point d'autre bonheur que celui de relire les poètes qui ont illustré les lieux que je parcours. Dans quelques mois, je visiterai la Palestine, et la

Bible relèvera pour moi les murailles de Sion, comme celles d'Ilion se sont relevées à la voix d'Homère ; je relirai le psalmiste et les prophètes sur les rives du Jourdain, sur les montagnes du Carmel et de Gelboé, comme je lis maintenant les chantres d'Achille et d'Énée, sur les bords du Simoïs et dans les anciens domaines de Priam. Tant que je resterai dans la Troade et sur les rivages de l'Hellespont, Homère et Virgile seront mes guides, mes compagnons de voyage, et mon itinéraire serait tout à fait incomplet, si vous ne me permettiez pas d'y revenir souvent dans mes lettres.

Koumkalé, 30 juillet 1830.

LE SCAMANDRE ET LA PLAINE DE TROIE.

Nous avons passé la nuit dernière au milieu des pauvres musulmans de Bournarbachi, dans la ferme du capitan Pacha; avant de nous renfermer sous le toit hospitalier, nous avons respiré la fraîcheur du soir sur la colline Batthieia, et nous avons passé les premières heures de la nuit à contempler la Troade endormie. Nous voulions savoir aussi comment les étoiles brillent sous le ciel d'Ilion et comment murmure la brise qui descend du mont Ida.

Ce matin, nous avons dit adieu à nos hôtes, et nous avons quitté la ferme ou le Tchifflik, au moment où les troupeaux sortaient de leurs bergeries. Ces troupeaux, quittant le bercail à la voix des bergers et des valets de la ferme, nous ont rappelé une comparaison familière à Homère, lorsqu'il nous représente les Troyens et les Grecs sortant de leur ville ou de leur camp. Comme nous voulions revoir les sources du Scamandre, nous y avons fait porter notre déjeûner; c'étaient des œufs frais et du lait achetés aux portes Scées; Dimitri nous avait fait une provision de vin de Ténédos. Arrivés à la fontaine, notre festin a été dressé sur des branches d'osier, et nous nous sommes étendus sur le serpolet et la sauge odoriférante.

Comme il n'y a point maintenant de fête pour nous, qu'Homère ne soit de la partie, nous avons voulu relire le passage de l'*Iliade* où le poète nous raconte le combat d'Achille et du Xante; quel tableau plein de naïveté et de charme! De tous les dieux qui président aux fleuves et aux fontaines, le Xante était sans doute le plus débonnaire; aussi, lorsqu'il ordonne à Achille de s'arrêter, celui-ci répond: *Xante, je t'obéirai une autre fois;* il est curieux de voir aux prises le fleuve dieu, amoncelant ses flots écumeux pour vaincre son ennemi, et le fils de Thétis, armé vainement de son bouclier, s'attachant aux arbres de la rive, ou traversant les eaux sur le tronc d'un orme déraciné. Le Xante appelle à son aide son frère le fier et impétueux Simoïs; tous les fleuves et tous les ruisseaux de la Troade se liguent contre le plus redoutable ennemi de Troie; rien n'est plus ingénieux et plus naturel que cette fiction; dans ce qui suit, les couleurs du tableau ne sont pas moins riantes et pittoresques. La ligue des fleuves est près de submerger Achille, lorsque Junon invoque contre eux le secours de Vulcain; on ne peut s'empêcher de sourire en voyant le dieu du feu appelé à combattre la puissance de l'onde. Rappelez-vous les scènes de l'Acropolis et des portes Scées, rappelez-vous les combats d'Achille et d'Hector, les combats des dieux, et représentez-vous en même temps le Scamandre poursuivi jusques dans ses roseaux par le dieu du feu; quels contrastes pleins de poésie! La nature n'est pas plus riche et plus variée dans ses ouvrages.

Nous aimons à suivre les combats du Xante, parce que la pensée du fleuve divin se mêle à celle d'Ilion; il est le seul de tous les dieux que nous avons vu figurer dans la Troade, qui soit resté dans le pays; toutefois ce fils de Jupiter a eu aussi ses révolutions; car il se trouve soumis maintenant à la domination du capitan-pacha, qui ne le respecte pas plus que le bouillant Achille, et qui le condamne à faire tourner des moulins. Le Scamandre n'a pas moins eu à souffrir de l'ignorance de certains géographes qui ont voulu lui ôter son nom, et le placer ailleurs, ce qui équivalait à un véritable exil; le Scamandre a néanmoins conservé les vieux marbres de sa fontaine, et sa gloire se retrouvera toujours dans l'*Iliade*.

Pendant que nous étions assis sous les saules du Xante, nous avons eu la visite de plusieurs habitans du pays. Ils nous ont appris que le Scamandre est appelé par les Turcs, *Bournarbachi mendéré* (rivière de Bournarbachi). Le terrain d'où jaillissent les sources, porte le nom de *Kir-joss* (*les quatre yeux*). Les Turcs racontent que plusieurs génies viennent pleurer en ce lieu, et que les larmes qu'ils répandent forment les différentes sources que nous voyons. Cette origine du Xante n'est pas moins poétique que celle qui nous est donnée par Homère; et lorsqu'il s'agit d'un fleuve, j'aime autant le voir descendre d'un génie qui pleure, que du dieu qui lance la foudre. Nous avons été charmés d'apprendre que les femmes de Bournarbachi ou des portes Scées vont encore laver leurs robes à la fontaine du Scamandre; elles y vont en cérémonie, et à des jours marqués, comme les dames troyennes; le linge et les vêtemens sont portés sur des chars d'osier, semblables à ceux dont on se servait pour le même usage dans l'antique Ilion. Ainsi de pauvres villageois ont conservé une coutume qui remonte plus loin que le règne de Priam, et le hameau a gardé religieusement les souvenirs de la grande cité.

Nous avons demandé à nos visiteurs turcs si, parmi les sources du fleuve, il y avait une source chaude. Ils nous ont répondu que la première source, celle auprès de laquelle nous étions assis, n'était pas chaude en été, mais qu'en hiver elle prenait un certain degré de chaleur, et qu'alors une vapeur légère s'élevait au-dessus du bassin. Ainsi, voilà le récit d'Homère confirmé par les paysans de Bournarbachi; j'admire, d'après cela, la plupart de nos savans voyageurs, qui arrivent gravement, le thermomètre à la main, et qui prononcent sur la foi de leur instrument, comme si Homère avait pu lui-même calculer à quel degré au-dessus de *zéro* s'élève la chaleur de la fontaine. Nous avons demandé encore aux paysans turcs s'il n'y avait pas d'autre source dans le pays; ils nous ont assuré qu'il n'y en avait point dans tout le territoire de la Troade; après les sources de Bournarbachi, les seules qui existent dans la contrée se trouvent aux pieds du mont Ida. Voilà donc les thermomètres à peu près inutiles; il ne s'agit plus de choisir entre des sources chaudes et des sources froides; Homère dit positivement qu'à la porte de Troie il y avait deux sources; la Troade n'en a que deux; elles sont donc celles dont nous parle l'*Iliade*.

Après nous être entretenus ainsi pendant près d'une heure avec les Turcs de Bournarbachi, nous sommes montés à cheval, et nous avons repris la route de Kounkalé. Nous avons laissé à notre droite le bouquet d'arbres qui a remplacé le chêne divin d'Homère, et nous sommes descendus, par une pente douce, dans la plaine située entre le Scamandre et le Simoïs. Les terres qui avoisinent ces deux fleuves, paraissent cultivées avec quelque soin ; on y sème de l'orge, du blé, du sésame et du maïs; vous savez que cette dernière plante nous vint de l'Anatolie pendant les Croisades, et que d'abord cultivée en

Italie, elle passa ensuite dans les provinces méridionales de la France, où elle porte encore le nom de blé de Turquie. On vient de moissonner le froment dans la plaine de Troie, et j'ai eu grand plaisir à voir les gerbes transportées sur des chars tout à fait semblables aux chars d'Achille et d'Hector. La manière de battre le blé, par le moyen d'un plateau armé de pointes de fer, et traîné par des bœufs, n'a pas changé depuis le temps d'Homère. Des pâtres grecs ou turcs, comme nous en avions vu naguères le long des rives du Xantes, jouaient du flageolet, ou tiraient des sons d'une lyre faite avec des écailles de tortue.

Telles sont aujourd'hui les campagnes que la muse de l'épopée a remplies de tant de batailles glorieuses. Cette poussière, maintenant immobile sous nos pieds, volait en tourbillons sous les chars des héros; ces champs, qui se couvrent paisiblement de moissons, furent arrosés du sang des guerriers, et couverts de boucliers et de lances brisés. La plaine de Troie, qui a tout au plus l'étendue de la plaine de Saint-Denis, présente partout une surface plane et unie, sans aucun arbre; des sentiers ou des chemins à peine tracés traversent la campagne en plusieurs sens; des boulets de granit, jetés çà et là, sont les seules pierres et les seules ruines qu'on y rencontre. Le voyageur ne distingue dans cette plaine aucun endroit auquel il puisse donner un nom; aussi Homère, dans ses récits de batailles; ne nomme-t-il pas un seul lieu qui puisse nous aider à suivre les combattans. Comme sur ce terrain vague, sur cette grande table rase aucun objet, aucune localité particulière ne venait nous distraire, il ne nous restait qu'à étudier dans l'*Iliade* le caractère et la physionomie des combats dont la plaine a été le théâtre. Je pourrais vous peindre ici les mœurs belliqueuses des héros et des dieux d'Homère, les passions barbares, les passions généreuses qui se montraient dans les combats; les scènes variées à l'infini d'un champ de bataille. Je pourrais vous parler des armes et de la discipline des guerriers, de leur manière de combattre; mais après vous avoir retenu si long-temps dans les lieux où fut Troie, je ne veux pas vous poursuivre encore avec l'*Iliade*, et vous accabler de mon érudition nouvelle. Je ne veux pas trop imiter les héros d'Homère, qui n'en finissent point avec leurs longs discours, et je ne désire pas que vous me compariez à ce bon Nestor, qui croyait n'en avoir jamais assez dit.

Je vous ferai donc grâce de mes digressions, mais ce que je ne puis passer sous silence, c'est l'accident qui nous est arrivé, et qui aurait pu terminer notre voyage d'une manière tragique. Dans notre promenade à travers la plaine de Troie, nous nous rapprochions tantôt du Scamandre qui, à quelque distance de sa source, coule sans bruit et sans ombrages; tantôt du Simoïs qui conserve, pour dernière gloire, ses platanes, ses saules et ses tamarins; nous étions près d'arriver à l'endroit où se joignaient autrefois les deux fleuves, lorsque nous nous sommes égarés dans des champs couverts de chardons étoilés; ces chardons avaient plus de trois ou quatre pieds de hauteur; et leurs pointes acérées atteignaient le ventre et le poitrail de nos montures. Tout à coup nos chevaux se sont emportés; nous n'avions point de bride pour les retenir, point d'étrier pour conserver notre équilibre; il a fallu nous résigner à une chute, et nous avons eu le sort des héros précipités de leurs chars : nous sommes tombés parmi les chardons et les ronces. Chacun de nous avait les mains et les jambes ensanglantées. Je me suis fait, pour ma part, une légère contusion au pied droit. Un érudit aurait pu ennoblir notre accident, et placer notre chute parmi les grandes scènes de l'*Epopée*. Il ne tiendrait qu'à nous de constater, Homère à la main, que nous sommes tombés dans l'endroit même où *Junon et Minerve descendirent de leur char, et marchant sans presque toucher la terre, s'avancèrent comme des colombes vers l'armée des Grecs*. Sans nous donner cette consolation poétique, nous nous sommes relevés, nous en prenant à notre guide Dimitri, et secouant tristement la poussière dont nous étions couverts. Ce qu'il y avait de plus malheureux dans cette mésaventure, c'est que nos chevaux s'étaient enfuis; les muletiers se sont mis à courir pour les rattraper. Nous les avons attendus pendant plus d'une heure sous les saules du Simoïs; lorsqu'ils sont revenus, nous avons continué notre route, et nous sommes arrivés à Kounkalé avant le coucher du soleil.

LETTRE XXII.

LE CAMP DES GRECS.

Kounkalé, 31 juillet 1830.

Classibus hic locus...
Hic Dolopum manus, hic sævus tendebat Achilles.

» C'est ici qu'étaient leurs flottes.....
» Ici étaient les troupes des Dolopes; là campait
» le cruel Achille, »

C'est Virgile qui vient nous indiquer ainsi la tâche qu'il nous reste à remplir. Nous allons visiter, comme les Troyens, les lieux déserts et le rivage abandonné :

Desertosque videre locos littusque relictum,

Au temps du siége de Troie, le lieu où nous sommes était entièrement couvert par les flots. Le territoire de Kounkalé a été formé par les sables et les terres qu'emporte le Simoïs dans son cours. Les Grecs campaient à plus de deux milles du château bâti par les Turcs sur cette rive de l'Hellespont. Nous avons soigneusement visité les environs de Kounkalé, pour reconnaître avec quelque précision toutes les positions occupées par l'armée grecque. Voici ce que nous avons observé, et ce qu'il y a de plus probable dans les recherches et les assertions des voyageurs les plus instruits.

Nous sommes allés d'abord au village de *Koun-Keui*, qui signifie *village de sable*, comme *Koun-Kalessi* signifie *château de sable*. Non loin de là est un autre village dont je vous ai déjà parlé, et qu'on nomme *Kalafat* (lieu de radoub). C'est là qu'on radoubait les navires. On ajoute que la partie de la plaine située entre Kounkalé et l'*Ayanteium*, où se trouvait la station navale des Grecs, est encore désignée dans des actes et des contrats sous le nom de Boyadeh-déré (la vallée des barques). Il paraît donc évident que la mer s'est retirée à une assez grande distance de son ancien rivage. Je n'ai rien de mieux à faire ici que de vous citer Homère, qui, à travers ses formes épiques, est toujours le plus exact des historiens et des géographes. « Après le départ des Grecs, Neptune et
» Apollon résolurent de détruire jusqu'aux derniers

» vestiges du camp, en poussant vers ce lieu tous
» les fleuves, tels que le Rhésus, le Granique, le
» Carésus, le Rhodius, le divin Scamandre et le
» violent Simoïs. Jupiter, de son côté, versa con-
» tinuellement des cieux un déluge d'eau, et Nep-
» tune, son trident en main, renversa les murailles,
» et livra leurs vastes débris aux flots écumeux.
» Quand les eaux eurent bien aplani le terrain
» jusqu'à l'Hellespont, le dieu permit aux fleuves
» de reprendre leur cours, et couvrit de sable tout
» le rivage pour empêcher que la postérité ne pût
» jamais reconnaître le lieu où les murs des Grecs
» avaient été élevés. » — On peut conclure de ce passage de l'*Iliade*, qu'au temps où Homère écrivait, la mer avait commencé à se retirer. Malgré une assertion aussi positive, il s'est trouvé des savans qui ont recherché et cru reconnaître les vestiges du camp des Grecs. Pour moi, je respecte trop les traditions homériques, pour croire que les ordres de Jupiter n'ont pas été accomplis, et pour avoir la prétention de retrouver des fossés et des murs qu'Apollon et Neptune ont détruits. Je me bornerai donc à vous exposer quelques conjectures sur la position des lieux, et j'y joindrai les souvenirs que me fournira l'*Iliade*.

Les Grecs avaient besoin du voisinage d'une rivière ou d'un fleuve pour l'usage de leur armée, et l'embouchure du Scamandre ou du Simoïs leur offrait cet avantage. Le Simoïs devait traverser le camp, et les Grecs y avaient sans doute jeté un pont pour communiquer entre eux. Pourquoi donc l'auteur de l'*Iliade*, qui n'épargne point les détails de localité, n'a-t-il rien dit sur cette particularité si importante? J'avoue que ce silence d'Homère m'étonne, et qu'il pourrait être une objection contre l'emplacement assigné au camp des Grecs, si les Grecs avaient pu s'établir ailleurs. Il en est de l'emplacement de ce camp comme de l'emplacement de Troie, sur lequel on ne peut se méprendre quand on a parcouru le pays.

Maintenant transportons-nous encore une fois aux derniers temps du siège d'Ilion, et cherchons à connaître quelle était la disposition du camp des Grecs. La mer formait une baie à l'embouchure du Scamandre ou du Simoïs. Les Grecs, qui abordèrent dans cette baie, avaient tiré leurs vaisseaux sur la rive et les avaient rangés sur deux lignes. On dressa d'abord des tentes, et on éleva des cabanes en avant des navires. Plus tard, le camp fut environné d'un mur flanqué de tour de bois et d'un fossé garni de palissades; il s'étendait sur les deux rives du Simoïs, depuis le cap Sigée jusqu'au cap Rhétée. Ajax occupait l'extrémité septentrionale du camp, Achille l'extrémité méridionale. Homère ne nous dit point en quel lieu Agamemnon avait déployé ses tentes. Le poète pensait sans doute que le roi des rois ne devait point avoir de demeure particulière, et qu'il devait se trouver partout à la fois. On doit croire néanmoins que le roi d'Argos campait au centre de l'armée ; car, lorsqu'il donnait ses ordres, sa voix se faisait entendre aux deux extrémités du camp. Idoménée, avec ses Crétois, était à la droite d'Ajax ; puis venaient Nestor avec les Pyliens, Mnestée avec les guerriers d'Athènes, Ulysse avec sa troupe choisie. Cette partie du rivage avait plus d'habitans que la capitale même de Priam. Supposez, disait Agamemnon, que les Grecs et les Troyens soient réunis en un festin, et que les Grecs, rangés par dizaines, prennent seulement un Troyen pour leur verser du vin, nous aurions plusieurs dizaines qui manqueraient d'échansons.

Les guerriers d'Ilion s'avançaient rarement jusqu'au camp des Grecs. L'armée d'Agamemnon n'eut que deux fois à se défendre dans ses retranchemens, et ces attaques ne durèrent que deux jours ; mais ce furent de véritables journées d'Épopée, dont le récit occupe huit chants de l'*Iliade*. Je ne m'arrêterai point sur tous ces grands combats ; j'aimerais mieux, si j'en avais le temps, vous dire quelles étaient les habitudes, les mœurs, et la physionomie de cette armée ou plutôt de cette colonie qui demeura dix ans entre les deux promontoires.

Sur les deux rives du Simoïs, s'élevaient une multitude de tentes et de pavillons, construits en bois de sapin, et recouverts avec les roseaux du fleuve. Non loin des vaisseaux d'Ulysse était une grande place, toujours remplie par la foule ; c'est là que s'assemblaient les magistrats pour juger les différens ; près de l'Aréopage, on avait placé les autels des dieux ; là le pontife Calchas immolait les taureaux et les brebis. Il interrogeait les entrailles des victimes, les phénomènes du ciel, le vol des oiseaux pour connaître la volonté céleste et l'heure propice des combats. Cette place était aussi un marché ou bazar dans lequel on mettait en vente toutes sortes de provisions ; Homère nous dit qu'on y vendait du vin de Lemnos, et que les acheteurs donnaient en échange de l'argent, du fer, des peaux de bœufs et même des captifs.

Il est probable que les dépouilles des peuples vaincus se trouvaient souvent au milieu des marchandises étalées dans ce bazar, et qu'on y vendait les femmes captives, que les Grecs dans leurs excursions regardaient toujours comme la partie la plus précieuse de leur butin. Aussi le camp des Grecs était-il rempli de femmes esclaves ; toutes ces femmes veillaient aux soins du ménage, étendaient les tapis, préparaient les repas, lavaient les vêtemens, présentaient la coupe de l'hospitalité ou du festin. Chaque chef avait une esclave favorite qu'il prenait quelquefois pour épouse. Achille avait promis à Briseis de l'emmener chez son père Pelée ; Ajax devait conduire la belle Tedmene à Salamine ; Agamemnon ne craignait pas de dire devant le grand prêtre Calchas qu'il préferait la jeune Criséis à la reine d'Argos. Il est à remarquer qu'aucun des héros grecs n'avait amené sa femme avec lui ; quoiqu'ils eussent pris les armes pour venger l'hymen outragé, tout ces guerriers, jusqu'au vénérable Nestor, avaient une ou deux captives, objet de leur préférence. Ils passèrent ainsi dix ans avec leurs nouvelles compagnes, ce qui ne fut pas ignoré sans doute des épouses délaissées, et dut exciter de terribles jalousies; vous savez quelles furent les suites de ces longues infidélités pour le prudent Ulysse et pour le superbe Agamemnon.

La population du camp des Grecs ne se composait pas seulement de guerriers ; mais un peuple nombreux avait suivi l'armée; toute la Grèce était là avec son industrie et ses arts encore grossiers, avec ses passions et ses misères, avec ses vertus et ses vices. On regrette quelquefois qu'un aussi grand peintre qu'Homère ait négligé de nous montrer avec quelques détails tout ce qu'il devait y avoir de mouvement et de vie dans ce peuple campé ainsi en présence d'Ilion. La foule vulgaire des Grecs ne figure jamais dans les tableaux de l'*Iliade;* le poëte ne nous dit point assez quelle part prenait ce peuple à la gloire, aux travaux, et même aux fêtes de l'armée grecque. On ne voit jamais sur la scène que les chefs, soit qu'il représente la course des chars ou qu'il décrive la course à pied et le combat du ceste, Homère ne fait entrer dans la lice que des guerriers tels qu'Agamemnon et Ménélas, Diomède, Ulysse, Ajax, fils d'Oïlée, Antiloque, fils de Nestor.

Les regards du poëte ne s'arrêtent que sur des rois et des princes, et sa muse aristocratique porte ses dédains jusques sur le champ de bataille; il faut commander aux autres pour avoir droit à ses éloges et même à son attention; au reste, cette espèce de mépris ou plutôt cette indiférence qu'il affecte pour la multitude exprime assez fidèlement l'esprit des temps héroïques, à qui le gouvernement populaire était inconnu, et qui ne comprenaient que l'aristocratie et la royauté.

En parcourant les environs de Kounkalé, nous ne pouvions oublier ni la petite cité d'*Achilleum* qui fut bâtie au lieu même où s'élevait la tente d'Achille, ni l'*acritos tumbos* ou *tombeau commun* placé en avant du camp des Grecs; nous n'avons trouvé aucune trace de la cité qui portait le nom d'Achille; le tombeau commun, situé près du village de *Konn-Keui*, est encore une élévation ou un grand monceau de terre couvert de gazon; sur ce vaste tumulus sont dispersés plusieurs tronçons de colonnes qui sans doute ont été apportées là dans des temps modernes. Le tombeau commun comme tous les tombeaux de la Troade attestent le respect des anciens pour les morts; c'est à ce respect pour les saintes dépouilles de l'homme que nous devons les seuls monumens qui soient restés dans ce pays, et qui attireront long-temps encore les regards des voyageurs.

En visitant l'Acropolis, je vous ai parlé des tombeaux d'Hector et de Priam ; je vous ai parlé aussi des tombeaux d'Ilus et d'Æsiétès ; il me reste à vous faire connaître les monumens d'Achille et d'Ajax.

SUITE

DE LA LETTRE XXIII.

TOMBEAUX D'ACHILLE ET D'AJAX. LE CAP SIGÉE.

Nous avons plusieurs fois visité le tombeau d'Achille, situé sur le revers du promontoire Sigée; il s'élève non loin du tombeau de Patrocle dans un terrain planté de vignes, à peu de distance de la mer. La tombe du fils de Pélée est couverte d'herbes et de chardons étoilés. Une excavation assez profonde rappelle aux voyageurs les fouilles qu'on a faites dans ce tumulus au siècle dernier. Sur le monument d'Achille, on voit une sépulture musulmane ornée de quelques marbres taillés. Cette sépulture, qui présente déjà l'aspect d'une ruine, deviendra peut-être dans la postérité le sujet de quelque méprise pour les savans. A quelques pas de là, sans sortir de la vigne, on nous a montré un cimetière juif ; sur deux tombes récentes, nous avons remarqué une couronne de laurier assez bien sculptée; tandis que le tombeau du héros de l'*Iliade* n'est recouvert que d'un humble gazon, on s'étonne de trouver cet emblème de la valeur sur le sépulcre de deux Israélites qui ont sans doute passé une vie obscure et pacifique dans la petite ville de Kounkalé.

Le tertre qu'on appelle tombeau d'Achille, a son histoire qui remonte aux temps les plus reculés. Les générations qui suivirent le siége de Troie, gardèrent religieusement la mémoire du fils de Pélée. Sa tombe devint bientôt l'objet de la vénération des peuples. On y bâtit un temple, on y éleva des autels : le souvenir d'un héros si redouté des Troyens dut mêler une espèce de terreur au respect qu'on avait pour sa mémoire; personne n'eût osé passer la nuit devant son tombeau, car on croyait le voir sortir couvert de ses armes et brandissant sa lance. Ainsi le caractère impétueux d'Achille en faisait un dieu. Il faut croire que les anciens qui révéraient surtout les personnages de l'*Iliade*, s'arrêtèrent principalement aux carectères les plus passionnés pour en faire l'objet de leur idolâtrie. On adora la colère d'Achille comme on adora la violence d'Ajax : on peut dire qu'au temps du paganisme les passions humaines s'étaient emparées du ciel et que chaque fois qu'il se montrait une passion forte dans le cœur de l'homme, il y avait un dieu de plus dans l'Olympe ou sur la terre. Je ne vous parlerai point des Thessaliens, qui venaient chaque année par députation honorer la tombe d'un héros, enfant de la Thessalie, ni des peuples de la Grèce, de l'Ionie et de la Thrace, qu'attirait aussi le culte du demi-dieu. Tous ceux qui avaient entendu quelques chants d'Homère mettaient une sorte de gloire à accomplir ce pélerinage poétique. L'antiquité s'est plue à nous montrer le fils de Philippe, le héros de l'histoire ancienne, honorant par des cérémonies religieuses le héros de l'épopée. Après le grand Alexandre, j'hésite à vous nommer Caracalla, qui voulut aussi visiter le tombeau d'Achille, avec lequel il s'imaginait avoir quelque chose de commun : il eut la fantaisie de renouveler les funérailles du fils de Thétis, telles qu'elles sont décrites par Homère, et la mort de son favori vint donner à cette représentation bizarre une sorte de réalité. Après la fondation de l'empire d'Orient, l'histoire ne parle plus du tombeau d'Achille; au milieu des ténèbres du moyen-âge, il perdit tout à fait sa gloire et son nom. Ce n'est que dans le dernier siècle que les savans d'Europe l'ont en quelque sorte retrouvé. Vous savez qu'en 1783 M. de Choiseul le fit ouvrir. Quoiqu'il ne fût pas constaté que les objets découverts dans le monument fussent les dépouilles d'Achille, on ne révoqua point en doute l'authenticité de ce tombeau. Pourtant les fragmens d'antiquité trouvés dans le Tumulus avaient donné de grands scrupules à M. de Choiseul ; et, lorsqu'il publia ses dernières recherches sur la Troade, il ne vit plus dans le monument d'Achille que la sépulture du favori de Caracalla. J'avoue que je ne partage point les scrupules du noble voyageur, et je persiste dans l'opinion qu'il m'avait lui-même donnée. La circonstance qui l'a fait changer d'avis, ne fait qu'ajouter à ma première conviction ; car s'il est vrai qu'on ait trouvé les restes de Festus, on ne peut douter que ces restes n'annoncent la présence du tombeau d'Achille. Caracalla qui voulait honorer la mémoire du héros grec et renouveler la cérémonie de ses funérailles, devait avoir choisi pour cela le lieu même où était son tombeau et sur lequel l'antiquité lui avait dressé des autels. Hérodien, que M. de Choiseul cite à l'appui de son opinion, ne parle point d'un nouveau tumulus qui aurait été élevé par Caracalla ; il dit seulement que cet empereur couvrit de fleurs et d'offrandes la tombe d'Achille, et qu'il fit brûler sur un bûcher les dépouilles de Festus. M. de Choiseul, obligé de chercher ailleurs le tombeau du fils de Thétis, ne me paraît pas heureux dans sa nouvelle découverte ; il place le monument d'Achille sur les bords du Simoïs, près d'un pont en ruines, et dans un lieu qui est aujourd'hui un cimetière turc. Il a cru reconnaître le tombeau qu'il cherchait à une petite élévation de terrain et à quelques débris de marbre. Ce tombeau, nous dit-il, fut sans doute détruit et rasé avec le temple et la statue d'Achille par le fanatisme des premiers chrétiens. Cette opinion paraît peu vraisemblable, car on ne voit pas trop pourquoi les chrétiens auraient, je ne dis pas abattu un temple païen, mais rasé un tertre, un tumulus qui ne pouvait blesser en rien leur croyance. Que serait d'ailleurs devenu le monument de Patrocle, que toutes les traditions placent à côté de celui d'Achille? Une dernière objection qui me paraît sans réplique, c'est que le tombeau d'Achille ainsi placé n'aurait pu être vu de la mer, ce qui ne s'accorderait point avec ce que dit Homère. Pour moi, je crois fermement que le tombeau du héros grec est celui que nous avons visité et qu'on montre à tous les voyageurs. Trente siècles se sont écoulés, le gazon a reverdi trois mille fois sur ce tertre révéré, sans que le monument ait rien perdu des formes que les Grecs lui avaient données, et, selon les prophétiques paroles de l'*Odyssée*, le tombeau d'Achille sera salué dans tous les âges par les navigateurs de l'Hellespont.

Je vais vous parler du tombeau d'Ajax. La gloire du fils de Talamon eut aussi ses vicissitudes comme celle d'Achille. On sait que plusieurs chefs de l'armée grecque refusèrent d'abord la sépulture aux dépouilles d'Ajax. Quelques auteurs rapportent qu'on ne brûla point le corps du héros parce que le grand prêtre Calchas avait interdit les honneurs du bûcher à ceux qui se donnaient la mort. Ces traditions furent plus ou moins accréditées chez les anciens; mais je pense que, pour ce qui regarde la mort et la sépulture d'Ajax, il est convenable de s'en rapporter à Quintus qui consacre à ce sujet un chant tout entier de son poème. Or, le poëte de Smyrne nous dit qu'on dressa un bûcher, et que les dépouilles mortelles du fils de Télamon furent consumées par les flammes. On recueillit dans un vase d'or les cendres et les ossemens du héros, et ce vase d'or fut déposé dans un tombeau, autour duquel *on éleva un amas prodigieux de terre, non loin du promontoire et du rivage de Rhétée*. Ce tombeau ne fut d'abord qu'un simple monument sur lequel le nom d'Ajax attirait l'attention; mais à mesure que ce nom glorieux retentit parmi les peuples, les arts vinrent ajouter leurs ornemens à la simple parure de gazon qui couvrait le tombeau du héros. On bâtit un temple de marbre sur le sommet du Tumulus, et dans ce temple, on montrait la statue du divin Ajax. Mais les siècles vinrent jeter l'oubli sur ce monument; et pendant long-temps on passa près du tombeau sans y voir autre chose que de la terre et des pierres. En 1770, un commandant des Dardanelles fit démolir ce qui restait des murailles du temple pour construire un pont dans le voisinage.

Maintenant ce tumulus n'offre plus qu'un double

caveau, dans lequel on peut pénétrer par une ouverture latérale. M. de Choiseul n'avait pu reconnaître le fond de ce caveau parce que des terres y étaient amoncelées. Depuis quelque temps, de nouveaux éboulemens ont encombré l'intérieur du sépulcre; des pierres éparses sur le sommet du sont les derniers restes du temple d'Ajax. Toutefois, monticule nous pouvons dire que le monument du cap Rhétée est encore ce qu'il était au temps du siège de Troie, un *prodigieux monceau de terre;* quoiqu'il ait perdu les précieuses dépouilles qu'on lui avait confiées, il n'en garde pas moins le nom d'Ajax, qui lui est donné non-seulement par les voyageurs, mais encore par les Grecs du pays, qui l'appellent *Aïan-Tafos*, et par les Turcs, qui le nomment *Aïan-Tépé*.

Après avoir visité les tombeaux d'Ajax et d'Achille, notre dernière promenade nous a conduits au village de Sigée. Ce village se nomme maintenant *Yenicher*, qui veut dire *nouvelle ville*, et non point *la ville des janissaires*, comme on le croit communément. Homère ne parle point du cap Sigée, qui n'avait point encore de nom au temps de la guerre de Troie; la ville de Sigée, fondée par les Lesbiens, et bâtie avec les ruines de la vieille Ilion, devint dans la suite une colonie d'Athènes; au milieu des révolutions qui changèrent si souvent ce pays, elle eut le sort d'*Ilium recens* et de plusieurs autres cités de la Troade. Au temps de l'empire grec, on n'en trouve plus de trace que dans les annales de l'Église; où elle est désignée comme le siége d'un évêché dépendant de Cysique.

La *Nouvelle Ville*, ou le village d'Yenicher apparaît de loin avec les moulins à vent qui couvrent sa colline. La population de Sigée, toute composée de Grecs, ne s'élève pas au-delà de neuf cents habitans. L'origine de cette population grecque remonte évidemment à la colonie des Athéniens. Si nous pouvions faire un long séjour parmi les Grecs d'Yenicher, il est probable que nous trouverions dans leurs usages et leurs coutumes quelques traces vivantes de l'antiquité; souvent les mœurs d'un simple village ont mieux conservé les souvenirs du passé que les grandes cités avec leurs monumens de marbre et d'airain : les habitans de Sigée sont presque tous livrés à l'agriculture; la plupart possèdent des terres qu'ils cultivent; la propreté, une certaine aisance paraissent régner dans leurs maisons; comme tous les autres Grecs, ils aiment les chants et les fêtes; ils sont surtout enclins à la superstition.

Yenicher a plusieurs églises, entre autres celles de Saint-Jacques, de Saint-Spiridion, de Saint-Georges. Ces églises, recouvertes de tuiles rouges, ressemblent, dans leurs formes extérieures, à nos bergeries de Provence ou à nos chalets des Alpes. Leur étroite enceinte, comme la plupart des sanctuaires grecs, ne présentent qu'une grande profusion d'ornemens sans goût et de peu de valeur. Cependant, le voyageur s'arrête à la porte d'une de ces églises, pour voir de beaux marbres antiques qui s'y trouvent rangés en forme d'avenue. Autrefois on venait visiter la fameuse pierre de Sigée, sur laquelle on lisait une inscription très ancienne. Cette pierre, enlevée par lord Elgin, est maintenant en Angleterre; on en parle encore dans ce pays où elle est regrettée, non pour son antiquité, mais pour la vertu qu'elle avait de guérir des fièvres invétérées. D'autres débris ont été enlevés de même par les Anglais. Dans toutes nos courses en Orient, je n'ai pas encore entendu dire qu'une statue ou un marbre précieux ait pris la route de France; nous avons fait sur l'Orient de fort beaux livres; mais nous n'en avons rien emporté que des cartes, des dessins et des images. Les Anglais se sont attachés au solide, et mille chefs-d'œuvre, nés sous le beau ciel qui nous éclaire maintenant, brillent aujourd'hui comme ils peuvent sous le ciel brumeux de la Tamise.

Des hauteurs de Sigée, on a devant soi, sur le penchant du promontoire, les tombeaux d'Achille et de Patrocle; vers le midi, à une lieue de distance, on aperçoit d'autres tumulus qui portent les noms d'Antiloque et de Pénelée. Rien n'est plus admirable que le spectacle qui s'offrait à nos regards; d'un coup-d'œil nous avons pu revoir tous les lieux désignés par Homère, tous les lieux que nous avions parcourus les jours précédens. Le Tasse, à qui on demandait une définition de l'épopée, montra, pour toute réponse, des plaines, des montagnes, des fleuves, des cités, et dit : *Voilà mon poème;* en voyant d'un côté le mont Ida et les campagnes de Troie, de l'autre le large Hellespont, nous aurions pû dire aussi : *Voilà l'Iliade.*

Il ne nous reste donc plus rien à voir ; en parcourant la Troade, Homère à la main, je puis dire que j'ai goûté deux plaisirs à la fois ; l'aspect du pays m'a fait mieux sentir les beautés du poète, et le pays, vu à travers les couleurs de l'épopée, m'a offert un spectacle toujours nouveau. Les lectures que nous avons faites dans les plaines de Troie resteront toujours dans ma mémoire, et je me souviendrai du chantre d'Achille comme d'un hôte magnifique qui m'a reçu dans le pays d'Ilion et m'en a montré toutes les merveilles. Je n'ai point lu les ouvrages de nos savans qui ont contesté au prince des poètes jusqu'à son existence, et qui ont conclu de l'*Iliade* qu'Homère n'avait jamais existé, comme certains athées ont conclu de l'univers qu'il n'y a point de Dieu. Ces savans ont pensé que la colère d'Achille et la guerre de Troie avaient inspiré plusieurs poètes différens, et que de leurs chants réunis on avait composé un chef-d'œuvre immortel. L'unité qui existe dans le poème de l'*Iliade*, l'ordre qui en lie si bien toutes les parties, m'avaient d'abord porté à ne voir qu'un paradoxe difficile à soutenir dans une opinion qui n'a point d'ailleurs pour appui l'autorité des anciens. Mais depuis que j'ai relu le poème d'Homère en présence du mont Ida, aux bords du Simoïs et du Xante, sous le beau ciel de la Troade, une opinion si nouvelle et si hardie m'a paru encore bien plus étrange. Lorsqu'on voit la physionomie de ces contrées si fidèlement empreinte dans tous les chants de l'*Iliade*, on se persuade qu'il a fallu voir les lieux pour réunir une si haute poésie et tant de vérité et d'exactitude. Or, si le chef-d'œuvre de l'épopée est, comme on le dit, l'ouvrage de plusieurs auteurs, on est obligé d'admettre que tous ces auteurs ont visité le théâtre des événemens, qu'ils ont tous vu les mêmes choses et de la même manière; car dans toutes les parties du poème, ce sont toujours les mêmes couleurs locales, c'est le même ciel, la même nature, le même aspect du pays. Un si parfait accord entre plusieurs poètes différens serait presque un miracle. Je n'ai point assez de livres avec moi pour discuter à fond une semblable question; mais lorsque je serai de retour en France, je veux m'en occuper sérieusement, si la jalouse politique nous permet encore de nous occuper de littérature. Pour prix de tous les plaisirs que m'a donnés Homère, combien il me serait doux de contribuer à lui rendre son nom, et de faire entendre ma voix en faveur du divin poète qu'on veut dépouiller de sa gloire.

LETTRE XXIV.

MŒURS DE KOUNKALÉ.

Kounkalé, 1ᵉʳ août.

Nous voilà tombés des hauteurs d'Ilion, des hauteurs de l'Olympe, dans la petite ville de Kounkalé ou château de sable. Nous n'avons plus rien à faire ni avec les héros ni avec les dieux; je suis réduit à vous parler de moi et de mes compagnons de voyage. Je vais donc user du privilége des voyageurs, à qui il est permis de raconter ce qu'ils ont fait, et qui, en parlant d'eux, intéressent parfois leurs lecteurs. Aux commodités près, les pauvres voyageurs sont comme les princes de la terre; le public veut savoir à quelle heure un prince se couche et se lève, à quelle heure il a dîné, s'il a été à la chasse, s'il a la migraine. Je sais bien qu'on se moque de ceux qui abusent de la permission; mais puisque vous voulez avoir des tableaux de mœurs, ne faut-il pas que nous nous mettions souvent en scène, ne fût-ce que pour constater notre présence au milieu d'un peuple étranger. Lorsque j'ai quelque chose d'intéressant à vous apprendre sur les usages des Barbares, une scène curieuse à mettre sous vos yeux, exigerez-vous de moi que je me tienne à l'écart, et que, pour vous parler de ce que j'ai vu, j'aille me cacher derrière un paravent?

Vous saurez donc, mon cher ami, que lorsque nous quittâmes, le 27 juillet, le petit village de Keiklé pour visiter l'emplacement de Troie, notre cuisinier Michel et le fidèle Antoine avaient suivi nos bagages à Kounkalé; il s'occupèrent d'abord d'avoir un logement, et n'en ayant point trouvé, ils eurent l'idée de louer une boutique pour quelques jours; cette boutique n'avait que les quatre murailles, et quelques bancs ou estrades placés dans le fond et sur les côtés. Dans cet humble réduit, nos malles nous servent de lit, de sopha et de table. Les uns couchent étendus parmi les hardes; les autres passent la nuit sur les planches qui forment le devant de la boutique.

Comme nous étions presque toujours en course, nous ne nous sommes guère aperçus des incommodités d'un pareil gîte. Mais l'accident qui nous était arrivé dans la plaine de Troie, est venu déranger pour quelque temps notre manière de vivre; je vous ai dit que je m'étais fait une contusion au pied; cette contusion ayant été négligée, m'empêchait de marcher; M. Poujoulat me disait que j'avais été blessé au pied comme le fils de Thétis; cette blessure, toute poétique qu'elle était, me faisait beaucoup souffrir; la petite ville de Koun-kalé n'offrait aucune ressource. En relisant l'*Iliade*, j'ai vu que le brave Hector, ayant été blessé dans les retranchemens des Grecs, lava sa blessure dans le Simoïs, et qu'il se trouva tout à coup guéri; ce remède était à notre portée, et nous n'en avions point d'autre; on m'a conduit à l'embouchure du Simoïs. Une haie de saules pleureurs ombrage le fleuve; un sable fin couvre la rive; ce lieu semble consacré aux nymphes; après être resté une demi-heure dans l'onde propice, j'en suis sorti très-soulagé; j'étais tout fier, quand je suis revenu dans notre gîte, car ce n'est pas une petite gloire, dans la vie d'un homme de lettre, que d'avoir été, dans la même semaine, blessé comme Achille et guéri comme Hector.

Toutefois, j'étais obligé de garder de grands ménagemens, et je me suis interdit les longues promenades; toutes les courses que je me permets consistent à visiter le tombeau d'Achille et les environs de Kounkalé. Forcé de rester souvent au logis, je n'ai pas tout à fait perdu mon temps; les habitans sont venus nous voir, et nous avons pu connaître à notre aise les Turcs de cette ville. Comme nous sommes logés dans une boutique, on nous a pris d'abord pour des marchands, et la foule est accourue pour voir nos marchandises. Les Turcs, en général, ne sont pas curieux, mais ils sont oisifs; ce qui est quelquefois la même chose. Nous les voyons arriver à la file, s'accroupissant sans façon autour de nous, prenant du tabac dans nos tabatières, nous questionnant dans leur propre langue, et sans attendre notre réponse, se mettant gravement à fumer leur chibouc; quand la chambrée est pleine, ceux qui sont arrivés les premiers sortent pour faire place à d'autres, absolument comme à la curiosité de nos boulevards.

Ces visites nous ont rempli toute une journée; plusieurs de nos visiteurs nous faisaient de grandes protestations d'amitié, et nous demandaient, en échange de leur estime, ce que les Turcs appellent un *bacchis* (une gratification); un *topchi bachi* (capitaine des canonniers du fort) ayant vu que je portais des bas de soie, m'a fait dire, par son interprète, que je lui ferais un grand plaisir de les lui donner. Mon refus l'a presque mis de mauvaise humeur. Notre voisin le barbier m'avait demandé avec instance un flacon d'eau de Cologne que je lui avais montré; je ne jugeai pas à propos de satisfaire son désir; je ne sais pas comment cela s'est fait, mais vers le soir mon flacon avait disparu. J'ai toujours pensé que les Turcs n'étaient point voleurs; à Dieu ne plaise que j'aille compromettre l'honneur d'une nation pour un flacon d'eau de Cologne, et que je rende le peuple des Osmanlis responsable de la friponnerie d'un barbier ! J'ai pris mon parti sur la disparition de mon flacon, et je me suis contenté de dire qu'*il y a de mauvais Turcs*.

Parmi la foule, nous avons remarqué quelques juifs, qui venaient chez nous comme ils vont au bazar. Je n'ai pas besoin de vous dire qu'ils n'étaient point amenés par la curiosité; la plupart venaient nous offrir d'être nos courtiers pour tout ce que nous aurions à acheter ou à vendre. L'un d'eux nous avait apporté des œufs frais, et comme c'était le samedi ou le jour du sabbat, il n'a pas voulu en recevoir le prix ce jour-là ; le lendemain dimanche, il est venu nous demander ce qu'on lui devait de la veille avec les intérêts. Les juifs de toutes ces contrées observent la solennité du sabbat avec un scrupule dont vous ne pourriez vous faire une idée. On m'a raconté qu'un israélite de Magnésie était allé prier le vaïvode de faire éteindre le feu qui avait pris à sa maison un samedi; il s'excusait de ne pouvoir de s'en occuper lui-même, attendu que sa religion lui défendait de puiser de l'eau ce jour-là. Tous les juifs qu'on rencontre en assez grand nombre sur les rives de l'Hellespont, viennent originairement des royaumes d'Espagne et de Portugal, dont ils ont conservé la langue, fidèles aux coutumes d'Israël, ils chantent encore sur les bords du Scamandre et du Simoïs le psaume de l'exil *Super flumina Babylonis*. J'ai lu dans je ne sais quel auteur que le roi Priam, assiégé dans sa capitale, avait fait demander des secours au roi David ; nous devons regretter que les guerriers de la Judée ne soient pas venus alors dans les plaines de Troie. Quel intérêt auraient pour nous des souvenirs historiques qui nous montreraient sur le même champ de bataille les héros de l'*Iliade* et les héros de la Bible, la gloire d'Ilion et la gloire de Solime ! Cette seule pensée me ferait aimer les pauvres Juifs de Kounkalé.

Nous avions parmi nos visiteurs quelques Grecs du pays ; ceux-ci, quoiqu'ils aient plus de sympathie avec les Francs, se présentaient avec plus de circonspection et de timidité que les autres. On voit bien que cette nation n'en est plus au siège de Troie, et que l'ombre d'Achille et d'Ajax ne la protége plus. L'historien Calchondile dit quelque part que les Turcs, qu'on appelle en latin *Turci et Teucri*, descendent en droite ligne de *Teucer*, un des héros de Troie, et que ce peuple a reçu du ciel la mission de venger les malheurs d'Ilion. Il faut avouer que jamais mission ne fut mieux remplie ; et qu'il ne manque rien à la punition des pauvres descendans d'Achille et du roi des rois. Les osmanlis affectent en toute occasion avec les Grecs une supériorité brutale, et ne leur permettent pas de douter un moment de leur état d'humiliation et de servitude. A peine les Grecs de Kounkalé osent-ils demander ce qui se passe aujourd'hui dans la Grèce, et porter leurs regards vers le pavillon de Capo-Distrias qui, de temps en temps, montre sa croix et sa couleur bleu de ciel sur l'Hellespont.

Nous parlions souvent aux Turcs des réformes de Mahmoudh; ils ne disaient rien. La révolution réussira-t-elle? Mahmoudh est-il un grand prince? *Dieu le sait.* C'étaient là toutes leurs réponses. Il y a de quoi s'étonner de voir le silence au milieu duquel marchent les événemens d'Orient, tandis que, dans notre Europe, les partis s'agitent avec tant de fracas. Nous avons, en face de notre logement, un café où se rendent les notables de Kounkalé; on les voit arriver armés de leur longue pipe, portant les feuilles de la plante parfumée dans un sac de cuir ou d'étoffe pendu à leur côté. Chacun va s'accroupir sur une estrade : tout le monde garde le plus profond silence, et personne ne songe à demander ce qu'il y a de nouveau. Quelle différence avec nos cafés de Paris et même de nos provinces, où chacun se passionne pour la nouvelle du jour, où les opinions se croisent et s'échauffent les unes par les autres, où tout devient un sujet d'agitation et de conversations bruyantes. Je ne crois pas que la déesse aux cent voix soit jamais entrée dans un café turc; le silencieux osmanli ne paraît pas plus s'inquiéter de ce qui peut arriver dans son propre pays, qu'il ne s'inquiète de ce qui se passe chez des peuples inconnus. Mille têtes sont tombées, des pachas lèvent l'étendard de la révolte, un Turc ne donnerait pas un para pour savoir pourquoi on a coupé ces têtes, et qui doit l'emporter de la Porte ou des pachas rebelles. Ainsi, une grande révolution s'avance sans être à peine remarquée dans le pays où elle se fait. Il me semble voir un orage qui éclate sous un ciel serein et qui tombe sur la terre sans bruit.

Vous pouvez juger par-là que si le sultan Mahmoudh n'est pas secondé dans son entreprise par les sentimens populaires, il ne sera jamais non plus contrarié par une opinion très-hostile. Si j'étais souverain de la Turquie, et que j'eusse des projets de réforme, peut-être aimerais-je mieux avoir affaire à l'indifférence qu'aux passions, même à celles qui pourraient me favoriser un moment. On sait que l'indifférence laisse faire tout ce qu'on veut; elle n'est jamais exigeante et ne demande jamais de compte à personne; l'indifférence, en un mot, ne sert pas, mais elle est rarement un obstacle. Les passions vous aident quelquefois, mais elles sont comme les vents de la mer pour les navigateurs; ils vous poussent lorsqu'ils sont favorables, mais lorsqu'ils viennent à tourner, leur souffle impétueux vous emporte tout à coup à cent lieues de votre chemin.

Cependant les habitans de Kounkalé ne cessaient

point d'affluer dans notre étroit asile. Nous ne pouvions trouver un moment pour écrire ou pour prendre nos repas. Au reste, si nous sommes pour les visiteurs un objet de curiosité, ils sont aussi un spectacle fort curieux pour nous; ces Grecs, ces Turcs, ces Juifs, pour parler le langage des peintres, viennent poser devant nous, et nous n'avons qu'à les peindre tels qu'ils se présentent. On a reconnu le premier jour que nous n'étions pas des marchands; mais le lendemain la foule s'était accrue, parce qu'on nous prenait pour des médecins. Il faut vous dire que l'air du pays n'est guère plus sain que du temps d'Agamemnon; les exhalaisons qui s'échappent des marais et des lieux inondés par le débordement du Simoïs, répandent beaucoup de maladies dans la contrée; ce ne sont plus les flèches d'Apollon qui portent partout le deuil et les funérailles, mais les rhumatismes aigus, le typhus, la fièvre quarte et la fièvre tierce. Tout le monde était malade à Kounkalé quand nous y sommes arrivés. On ne rencontrait dans les rues que des figures blêmes; au milieu de cette population malade, il n'y avait pas un médecin, pas même un charlatan. C'est le cas de faire ici une réflexion qui s'est présentée souvent à mon esprit; les contrées que nous parcourons maintenant ont été dans l'antiquité le berceau de la médecine; Esculape professait l'art de guérir à Bergame, qui lui éleva des autels; son école, encouragée par ces

honneurs divins, dut faire de merveilleux progrès.
Les premiers et les plus grands médecins après Esculape, dont l'histoire nous ait transmis les noms,
tels que le centaure Chiron, Galien, Hippocrate,
avaient pris naissance sur les frontières de l'Asie,
ou dans les îles de la mer Égée; ces noms illustres,
qui retentissent encore dans notre Europe, sont
tombés en Orient dans un entier oubli, et le dieu
de la médecine a perdu à la fois ses temples, ses
adorateurs et ses disciples. Les Turcs, lorsqu'ils
sont malades, vont demander leur guérison à des
Santons ensevelis dans le voisinage; les Grecs à
des images de la Vierge, à des fontaines réputées
saintes, ou à des pierres comme la fameuse pierre
de Sigée; les exorcismes des papas, des amulettes
et des reliques portées sous un turban ou sous un
tolpach, des prières adressées au prophète de la
Mecque ou à la *panagia*, tels sont leurs remèdes et
leurs préservatifs ordinaires. Quand les maladies
se multiplient, et résistent à tous ces moyens curatifs, il n'est pas étonnant que le peuple dans son
ignorance s'adresse aux étrangers et surtout aux
Francs, qui sont tous à ses yeux des médecins; pour
les musulmans, le salut de l'âme vient de la Mecque, et la médecine, qui est le salut du corps,
vient de l'Occident.

Nous sommes devenus tout à coup l'espérance de
ceux qui souffraient; toutes les infirmités humaines, toutes les maladies nous sont arrivées à la file;

l'un nous parlait de son mal dans un langage que nous n'entendions pas, l'autre nous tendait un bras nu, comme pour nous inviter à lui tâter le pouls, un autre s'approchait ouvrant une large bouche et tirant un pied de langue. Nous étions fort embarrassés, et le sort du *médecin malgré lui* s'est présenté quelquefois à notre pensée. Nous nous sommes donc décidés de bonne grâce à tâter le pouls des malades, à étudier leurs maux, et nous avons donné fort gravement des consultations; la plupart des maladies étaient, comme je l'ai déjà dit, des rhumatismes et des fièvres chroniques. Au milieu de la foule, nous avons distingué un capitaine des canonniers du fort; il était accompagné de deux de ses soldats dont l'un avait la fièvre tierce, et l'autre, un rhumatisme aigu au genou. Le capitaine, assez bel homme, qui paraissait avoir trente ou trente-cinq ans, pouvait à peine marcher; il n'a pu nous expliquer clairement le mal dont il souffrait, mais nous avons compris à ses discours, quoique assez mal rendus par son interprète, que le vin et les femmes l'avaient réduit à un état d'épuisement dont il ne pouvait se rétablir.

Le conseil que j'avais à lui donner en pareil cas, c'était de s'abstenir de tout ce qui avait pu le mettre dans le fâcheux état où il se trouvait. Ce conseil, qui me semblait assez raisonnable, n'a pas été bien reçu, et le capitaine des canonniers a paru prendre mon savoir en pitié. « Je n'ai pas besoin de vos avis, m'a-t-il dit, pour m'abstenir de ce qui peut me nuire; les privations que vous m'ordonnez seraient pour moi une maladie de plus, une maladie plus fâcheuse que celle dont je vous demande la guérison; je ne veux qu'une chose, c'est un remède qui conserve ma santé, sans rien changer à ma manière de vivre; n'y aurait-il pas moyen en un mot de me bien porter, et de continuer à faire tout ce que j'ai fait jusqu'ici? » Le cas était difficile et ma médecine se trouvait tout-à-fait en défaut; je m'en suis tiré comme j'ai pu, et j'ai conseillé à mon malade d'aller prendre les eaux thermales d'*Alexandria Troas*. C'est un moyen auquel ont recours des médecins plus habiles que moi, lorsqu'ils veulent se débarrasser de leurs malades qu'ils ne peuvent guérir. Il me fallut aussi donner une consultation aux deux cannoniers qui accompagnaient le capitaine; je leur dis qu'il y avait dans la plaine de Troie une herbe qui pouvait les soulager, mais que je n'en savais pas le nom. « Allez dans la campagne, leur dis-je, et vous ramasserez toutes les plantes que vous trouverez. » Ils partent aussitôt et reviennent quelques heures après, chargés de toutes sortes d'herbes et d'arbustes. Ils étaient tout en sueurs, et paraissaient beaucoup mieux; l'excessive transpiration avait produit un merveilleux effet, et j'ai reconnu avec joie que ma consultation n'a pas été sans fruit. Le capitaine à qui j'ai conseillé d'aller prendre les eaux, a été si content de nous, qu'il nous a envoyé une cruche remplie de vin de Ténédos, et des gâteaux avec du lait caillé et durci qui vient de la plaine de Bera-mitsch, et qu'estiment beaucoup les gourmets de Kounkalé. Il est venu lui-même nous remercier, et comme nous étions à dîner, il s'est mis sans façon à table avec nous. Des flots de la liqueur défendue ont coulé dans son verre, et les libations se sont renouvelées si souvent, qu'il a fallu reconduire notre pauvre capitaine jusque dans sa caserne. Nous avons déjà plusieurs fois remarqué que les militaires turcs ne se font plus aucun scrupule de boire du vin, et se persuadent volontiers que le culte de Bacchus entre nécessairement dans le régime européen auquel on veut les soumettre ; le fruit de la vigne leur paraît un des élémens de la civilisation, et le vin est maintenant en Turquie la boisson des philosophes et des esprits forts.

Cependant notre réputation s'accroissait d'heure en heure, et quoiqu'on ne pût citer aucune de nos guérisons, tout le monde voulait nous consulter. Les femmes seules n'osaient venir dans notre boutique, mais elles nous envoyaient leurs maris. Enfin on est venu nous prier de nous transporter dans le harem du directeur de la douane. J'étais retenu par ma blessure au pied, et je ne me souciais guère de pousser plus loin le rôle qu'on nous faisait jouer. Pressé par les plus vives instances, je me suis décidé à envoyer à ma place notre cuisinier Michel; je lui conseillé d'être fort prudent, et de n'ordonner à ses malades que d'innocentes tisannes. Il est revenu après quelques visites, tout fier de l'importance qu'on lui avait donnée, et surtout émerveillé des beautés musulmanes dont il avait tâté le pouls.

Deux jours s'étaient ainsi écoulés depuis qu'on nous avait forcés à faire de la médecine; le troisième jour, au lever de l'aurore, nous respirions l'air frais du matin devant notre logis, lorsque nous avons vu passer un enterrement. J'ai pensé d'abord que le mort porté en terre pouvait bien être un des malades que nous avions traités la veille; il me semblait que tous les regards allaient se porter sur les médecins, et qu'on ne manquerait pas de nous accuser de la mort d'un musulman. Toutefois, je n'ai pas tardé à être rassuré; car personne n'a songé à nous; ce qu'il y a de commode ici pour la médecine et pour ceux qui l'exercent, c'est que toutes les fois qu'un homme quitte cette vie, il meurt parce que Dieu l'a voulu; or, il serait bien étrange que, lorsque Dieu veut la mort d'un malade, les médecins y missent la moindre opposition. La médecine par là se trouve tout-à-fait à couvert.

Nous n'avions point encore vu de funérailles depuis notre arrivée en Turquie; nous nous sommes mis à suivre la cérémonie qui passait devant notre porte. Quatre vrais croyans portaient le cercueil sur leurs épaules, et couraient plutôt qu'ils ne marchaient, comme si c'eût été une affaire pressée, et que la tombe n'eût pas le temps d'attendre. J'ai demandé à notre grec Dimitri pourquoi on courait ainsi en portant un mort. — C'est pour obéir au prophète, car le prophète a dit : *Si le mort est du nombre des élus, il est bon de le faire parvenir en diligence à sa destination, et s'il est du nombre des réprouvés, il est également bon de s'en décharger.* Le mort était enveloppé d'un linceul bordé de rouge; au-devant du cerceuil, on avait placé un bouquet de basilic et de giroflée; ce bouquet reposait sur une étoffe verte qui avait couvert le tombeau de Mahomet à Médine. Chaque mosquée principale possède un pareil morceau d'étoffe, destiné à orner le cercueil des morts au moment des funérailles. Une vingtaine de Turcs suivaient le convoi, et tous ont porté le mort à leur tour; car il n'y a point d'action plus méritoire chez les musulmans que celle de porter un cercueil sur ses épaules, et celui qui fait quarante pas, chargé de ce fardeau sacré, a effacé quarante de ses péchés dans le livre de l'éternel. La bière a été déposée sur un banc de pierre en face de la mosquée (les morts n'entrent jamais dans les mosquées). Alors ceux qui suivaient le cortége ont été faire leurs ablutions dans le bassin d'une fontaine voisine; puis un vieil iman est arrivé, et les assistans se sont placés sur trois rangs autour du mort. Le prêtre musulman s'est approché du cercueil, et

étendant la main, « O mon Dieu, a-t-il dit, faites
» vivre dans l'islamisme ceux d'entre nous à qui
» vous avez donné la vie, et faites mourir dans la
» foi ceux d'entre nous à qui vous avez donné la
» mort.... Distinguez le mort qui est devant vous,
» par la grâce de votre miséricorde, ajoutez à sa
» bonté s'il est au nombre des bons, pardonnez-lui
» s'il est au nombre des méchans.... O mon Dieu,
» convertissez sa tombe en un lieu de délices égales
» à celles du paradis, et non en fosse de douleurs
» semblables à celles de l'enfer. »

Ces paroles de l'iman étaient répétées par tous ceux qui assistaient à la cérémonie. Personne n'a pleuré, ni montré sa douleur par des gestes ou des soupirs, car le prophète ne permet point aux fidèles de déplorer trop vivement un malheur inévitable comme le trépas. La cérémonie n'a pas duré plus de vingt minutes, et le convoi s'est remis en marche pour le cimetière, situé à un mille de Kounkalé, non loin du lieu où était placée la tente d'Achille.

Quoique nous n'ayons plus d'alarmes, et que personne ne songe à nous demander compte de nos consultations; nous avons jugé cependant que notre réputation ne pouvait se maintenir long-temps, surtout s'il survenait encore quelque cérémonie funèbre. Il est bien vrai que les méprises de la médecine s'expliquent ici par la volonté céleste; mais lors même que j'aurais partagé, sur ce point, la manière de voir des Turcs, je ne me serais point soucié d'être plus long-temps auprès des malades l'instrument du destin.

Nous nous sommes donc occupés de poursuivre notre voyage, et de quitter la ville de Kounkalé. Il fallait faire une visite au commandant du fort pour obtenir de lui la permission d'avoir des chevaux. C'est un homme grave et réfléchi : dans la conversation, je lui ai parlé de l'embarras où nous nous étions trouvés lorsque la ville de Kounkalé nous avait forcés de faire de la médecine, sans en avoir la moindre notion. Il nous a répondu par un proverbe turc : *L'ignorance est un métier plus difficile que l'horlogerie.* Nous avions grande envie de visiter l'intérieur du château, non pour voir les boulets de granit et les énormes bouches à feu qui sont là depuis l'invention de la poudre, mais pour y découvrir quelques débris, quelques colonnes des anciennes villes de la Troade. Le commandant turc n'a pu satisfaire notre curiosité : l'accès des forteresses est toujours sévèrement défendu aux étrangers. Autrefois, les Turcs cherchaient à cacher le secret de leurs forces ; ils cachent aujourd'hui leur décadence, et les précautions sont toujours les mêmes. Au reste, ces forts, bâtis sur l'Hellespont, sont une assez fidèle image de l'empire ottoman, dont on avait peur autrefois, et qui ne présente plus que des ruines. Puissent les réformes de Mahmoudh rendre à cet empire la gloire qu'il a perdue ! Puisse cette nation turque, si *propre à posséder inu-*

tilement de grands royaumes, apprendre enfin à profiter de ses avantages!

Je m'aperçois, en terminant ma lettre, que je vous ai à peine parlé de Kounkalé. La population de cette petite ville est, comme celle de Baba, à peu près de deux mille âmes. La multitude de boutiques qui s'y trouvent, annonce que le commerce et l'industrie y ont prospéré. Mais aujourd'hui la plupart des boutiques sont à louer, comme celle qui nous sert de gîte, ce qui prouve qu'il y a décadence. Les habitans sont bons et hospitaliers. La ville n'a pas une seule maison bien bâtie ; elle n'a que deux mosquées. Le long du Simoïs, on voit d'assez beaux jardins.

Les chevaux sont à notre porte : ils sont chargés de tous nos bagages. La population de la ville se rassemble pour nous faire ses adieux. Je reprendrai la plume à notre arrivée aux Dardanelles.

FIN DU PREMIER VOLUME.

TABLE

DES MATIÈRES DU PREMIER VOLUME.

Lettre I. Départ de Toulon ; la Corse, la Sardaigne ; Stromboli ; la Sicile et la Calabre, Messine ; l'Etna, les côtes de la mer Ionienne ; arrivée à Navarin. Page 1
— II. Navarin et Modon. 30
— III. Route de Navarin à Naupli ; le mont Itôme, Calamata, le Magne ; vue du Magne, mœurs des Maniottes ; le cap Malé, l'île de Cérigo, Napolie de Malvoisie. 49
— IV. Naupli ; le président de la Grèce ; ruines de Tyrinke. 75
— V. Promenade à Argos et à Mycènes. 113
— VI. De la Morée au moyen-âge. 119
— VII. Départ de Naupli ; Spezzia, Hydra, le Pirée ; arrivée à Athènes. 138
— VIII. Description des ruines d'Athènes. 156
— IX. Histoire d'Athènes. 179

Lettre X. Le cap Sunium, Ipsara, arrivée à Smyrne ; description de
Smyrne. 194
— XI. Suite de la description de Smyrne ; visites chez les Turcs ;
visites chez les Francs. 215
— XII. Les environs de Smyrne ; promenade à Bournabat ; une
journée à Koukoudjia. 250
— XIII. Itinéraire de Smyrne aux ruines d'Ephèse, en passant par
Echelle-Neuve, l'ancienne Néopolis. 273
— XIV. Description des ruines d'Ephèse et d'Ain-Solouk. 287
— XV. Départ de Smyrne, côte de Mithylène, Adramitti, Cidonie,
baie d'Erisso. 306
— XVI. Séjour dans la baie d'Erisso, courses dans l'île de Métélin,
ruines d'Erissus ; de la baie d'Erisso au cap Baba. 315
— XVII. Du cap Baba au village de Kéiklé. 336
— XVIII. Alexandrie de la Troade. 352
— XIX. Bournarbachi, l'emplacement de Troie. 362
— XX. La nouvelle Ilion. 379
— XXI. Sources du Simoïs, le mont Ida. 388
— XXII. Lecture de l'Iliade aux portes Scées ; les adieux d'Andro-
maque et d'Hector ; combat d'Achille et d'Hector ; lecture du
second livre de l'Enéide sur l'Acropolis de Troie ; le Scamandre
et la plaine de Troie. 412
— XXIII. Le camp des Grecs ; les tombeaux d'Achille et d'Ajax ; le
cap Sigée. 429
— XXIV. Mœurs de Kounkalé. 449

ERRATA.

Page 287, *au lieu de*, suite de la lettre XIV, *lisez* : lettre XIV.
Page 315, *au lieu de*, suite de la lettre XVI, *lisez* : lettre XVI.
Page 388, *au lieu de*, suite de la lettre XXI, *lisez* : lettre XXI.
Page 429, *au lieu de*, Lettre XXII, *lisez* : lettre XXIII.

www.ingramcontent.com/pod-product-compliance
Lightning Source LLC
Chambersburg PA
CBHW052337230426
43664CB00041B/2121